融合型·新形态教材
复旦社云平台 fudanyun.cn

U0730628

普通高等学校学前教育专业系列教材

学前儿童健康教育

主　编　徐　娟

副主编　赵俊儒　洪　树　左斌营

编　委　滕　薇　徐　娟　赵俊儒　洪　树　左斌营

　　　　门　艳　王晓艾　余　舒　韩苏曼　张　萌

　　　　杨　悦　张海萍　李　丽　扶跃辉

复旦大学出版社

图书在版编目(CIP)数据

学前儿童健康教育/徐娟主编. --上海:复旦大
学出版社,2025.8. -- ISBN 978-7-309-18069-5

Ⅰ. G613.3

中国国家版本馆 CIP 数据核字第 2025BN4299 号

学前儿童健康教育

徐 娟 主编

责任编辑/赵连光

复旦大学出版社有限公司出版发行

上海市国权路 579 号 邮编:200433

网址:fupnet@ fudanpress.com http://www.fudanpress.com
门市零售:86-21-65102580 团体订购:86-21-65104505
出版部电话:86-21-65642845
上海丽佳制版印刷有限公司

开本 890 毫米×1240 毫米 1/16 印张 10.75 字数 333 千字
2025 年 8 月第 1 版第 1 次印刷

ISBN 978-7-309-18069-5/G · 2720
定价:48.00 元

复旦社云平台
数字化教学支持说明

为提高教学服务水平，促进课程立体化建设，复旦大学出版社建设了"复旦社云平台"，为师生提供丰富的课程配套资源，可通过"电脑端"和"手机端"查看、获取。

【电脑端】

电脑端资源包括PPT课件、电子教案、习题答案、课程大纲、音频、视频等内容。可登录"复旦社云平台"（www.fudanyun.cn）浏览、下载。

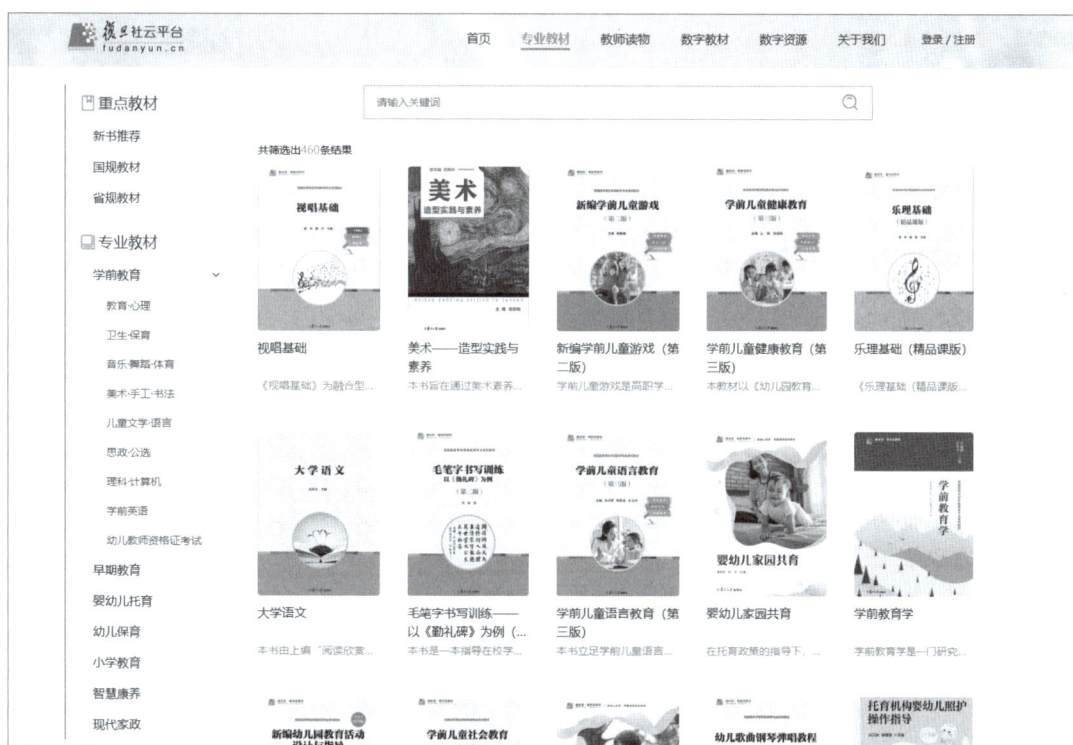

Step 1 登录网站"复旦社云平台"（www.fudanyun.cn），点击右上角"登录／注册"，使用手机号注册。

Step 2 在"搜索"栏输入相关书名，找到该书，点击进入。

Step 3 点击【配套资料】中的"下载"（首次使用需输入教师信息），即可下载。音频、视频内容可点击【数字资源】，搜索书名进行浏览。

【手机端】

PPT 课件、音视频、阅读材料：用微信扫描书中二维码即可浏览。

扫码浏览

【更多相关资源】

更多资源，如专家文章、活动设计案例、绘本阅读、环境创设、图书信息等，可关注"幼师宝"微信公众号，搜索、查阅。

平台技术支持热线：029-68518879。

"幼师宝"微信公众号

前 言

学前教育阶段是国民教育体系的奠基阶段，是儿童身心发展的黄金时期。在新时代"健康中国"战略引领下，学前儿童健康教育已成为落实"立德树人"根本任务的重要途径。为回应国家对学前教育高质量发展的迫切需求，培养兼具科学健康观与实践能力的幼教人才，我们整合多年教研成果与实践经验，编写了这本《学前儿童健康教育》教材。本教材以《幼儿园教育指导纲要（试行）》《3—6岁儿童学习与发展指南》为政策基石，以儿童发展规律为科学依据，旨在构建系统化、专业化、实操性的健康教育课程体系，为学前儿童的健康成长筑牢生命基石。

一、兼具时代使命与创新诉求的编写背景

当前，学前儿童健康教育面临三重挑战：一是健康内涵的拓展，从单一身体养护转向"身体-心理-社会适应"多维健康观；二是教育方式的革新，须打破说教式传统，强调儿童主体性与实践参与；三是家园社协同的深化，亟待形成教育合力。本教材直面这些挑战，从理论创新、实践创新和协同创新三个方面进行定位。

理论创新方面，突破"健康即无病"的狭隘认知，引入世界卫生组织（WHO）多维健康标准，结合皮亚杰认知发展理论阐释儿童对"安全""疾病"的独特理解，构建"生理、心理、行为"三位一体的健康教育模型。

实践创新方面，每个模块以实践任务情境为引，收集了40多个案例。如模块二中，大班交通安全活动"我会乘地铁"将安全知识融入儿童熟悉的情境中，通过活动提升经验；模块六中，"情绪周主题活动"通过脸谱识别、日记分享等游戏化解情绪认知难题。

协同创新方面，围绕家园协同的健康共育模式展开内容设计。如模块六中的"情绪游戏"，模块二中的"小班亲子活动：我会擦嘴巴"等工具，推动健康教育从课堂延伸至家庭。

二、全链条健康素养培育的内容架构

教材以"知健康、护健康、创健康"为逻辑主线，构建八大模块的教育链。理论奠基，树立科学健康观；安全为基，筑牢生命防护网；运动为翼，赋能身心发展；预防为先，构建疾病防火墙；营养为根，培育健康生活力；心理为本，滋养积极人格；习惯养成，促进自理能力；教育评价，驱动教育优化。

（一）理论奠基，树立科学健康观

模块一"基本理论"锚定教育起点。解析健康概念的演变历程，从静态医学观到动态生态观；采用"健康教育三维目标设计法"，从认知、技能、情感三个方面界定目标，解决目标空泛的问题。

（二）安全为基，筑牢生命防护网

模块二"安全教育"直击痛点。聚焦交通、消防、食品安全等高危场景，解析集体教学活动、区角活动、应急演练活动三类教育形式，提供10类突发意外事故的急救指南，如"外伤包扎""异物卡喉"等操作方法，将安全教育转化为趣味活动。

（三）运动为翼，赋能身心发展

模块三"运动教育"破解实践难题。细化走、跑、跳等六类动作发展指标；开发"器械组合玩法库"，如轮胎的平衡、投掷、钻爬等多形态应用；提供雨雪天气"室内运动"方案，确保每日运动量达标。

（四）预防为先，构建疾病防火墙

模块四"疾病预防"凸显科学防控。通过设计"消化小卫士"活动，帮助学习者了解健康教育活动的设计与实施方法；学习常见传染病防控与消毒处置规范性流程，切实提升幼儿园传染病应急处置的专业能力与实战水平。

（五）营养为根，培育健康生活力

模块五"营养科学"注重习惯养成。通过"平衡膳食宝塔"展示和"营养金字塔"任务，强化膳食均衡实践；针对过敏儿、肥胖儿等设计个性化食谱，体现包容性教育理念。

（六）心理为本，滋养积极人格

模块六"心理健康"聚焦人格养成。通过"情绪小怪兽"案例，帮助儿童识别和表达情绪；针对儿童特殊心理障碍与行为问题设计任务，培养应对特殊儿童的能力。

（七）习惯养成，促进自理能力

模块七"生活习惯"设计分层自理能力训练体系，如小班穿脱鞋袜、中班扣纽扣、大班系鞋带。通过一日生活活动、游戏化任务、家园共育等多元途径，实现习惯养成的常态化渗透。

（八）教育评价，驱动课程优化

模块八以"教育评价"形成闭环，构建多维度的评价体系，整合课程目标、教学方法、资源利用等教育要素评价，通过多元主体、综合评价方法的运用，建立"准备—实施—反馈"闭环流程，确保评价结果驱动教育优化。

三、岗课赛证融通设计为核心特色

为对接学前教育专业发展需求，本教材实现三重突破：

真实任务驱动——每个模块以幼儿园真实情境导入，配套"任务支持—实践项目—岗课赛证"训练链。

赛证资源嵌入——整合幼儿园教师资格考试、保育师考试等各类真题，纳入院校技能训练评价标准，强化就业竞争力。

教学资源扩容——配制丰富的拓展阅读、教学课件、微课视频等资源并持续更新，扫码即可获取动态资源。

四、致谢与愿景

本教材由上海市四所应用型高校学前教育专业优秀教师，包括上海师范大学天华学院徐娟、赵俊儒、洪树、门艳，上海震旦职业学院左斌营，上海思博职业技术学院余舒，上海开放大学静安分校王晓艾，以及幼儿园一线教师共同淬炼而成，包括上海市实验幼儿园、上海市闵行区一品漫城幼儿园等提供了宝贵案例。本教材也借鉴了教育部"学前儿童健康学习与发展核心经验"课题组的前沿成果。

我们期待这本扎根中国实践、融合实践应用特色的教材，能成为职前培养与职后培训的标尺，推动健康教育从"知识传授"转向"素养培育"，让每个孩子站上公平而有质量的健康起点！

徐　娟

上海师范大学天华学院教育学院院长

2025 年 7 月

目 录

模块一

学前儿童健康教育基本理论

健康是人类生存和发展的基本条件之一,具有重要的价值和意义。首先,健康是人类幸福生活的保障。身体健康和心理健康都对人类的幸福生活产生深远的影响,能够让人们更好地享受生活,追求自己的理想和价值。其次,健康是人类社会发展的基础。只有身体健康、精神饱满的人才能更好地为社会做出贡献,推动社会的发展和进步。最后,健康是人类文明进步和人类命运共同体建设的重要内容之一。在全球化、信息化的背景下,保障全人类的健康已经成为全球性的、紧迫的任务,这需要全球范围内的合作和共同努力。

对于学前儿童来说,健康更是至关重要。在学前阶段,儿童的身体和心理发展都处于关键时期,通过健康教育,我们可以帮助他们建立健康的生活方式和良好的卫生习惯,为其打下健康的基础,让他们在未来的生活中能够更好地成长和发展。除此之外,学前儿童健康教育还可以帮助家长更好地照顾和教育孩子。在学前儿童健康教育的过程中,家长可以了解到儿童的健康需求和发展特点,掌握一些有效的教育方法和技巧。这样,他们就能更好地照顾孩子的健康和成长,为孩子的未来打下更加坚实的基础。

总的来说,健康对于个人和社会都具有重要的意义。学前阶段的健康教育能够为儿童的未来打造更加美好的生活,同时能够帮助家长更好地照顾和教育孩子,为孩子的成长和发展提供全面的保障。

知识导航

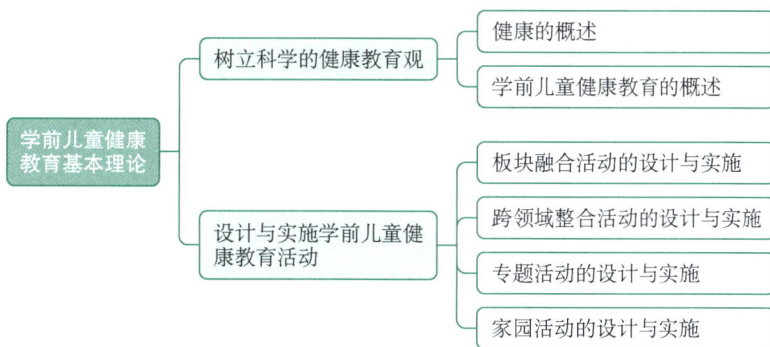

任务 1
树立科学的健康教育观

📌 **任务目标**

1. 理解"健康"的本质,包括健康的标准和影响因素。
2. 了解学前儿童健康教育的概念、意义和内容。
3. 理解教师的健康观对学前儿童健康教育的影响,能通过反思自身的健康观更好地理解、解决学前儿童健康教育中的问题。

📌 **任务情境**

> 在"学前儿童健康教育"的第一次课程中,同学们被问及:
>
> 1. 健康是什么?
> 2. 健康教育包括哪些内容?
> 3. 如何才能开展学前儿童健康教育工作?
>
> 针对上述三个问题,大家表达了对于健康与健康教育不同的理解。
>
> 同学 A 说:"健康就是身体好。健康教育应该是告诉我们如何保持身体健康的方法。"
>
> 同学 B 说道:"健康除了身体好,也包括心理健康。健康教育应该是教给我们保持身体健康和心理健康的方法。"
>
> 同学 C 提道:"这里的健康教育应该既包括保持身心健康的方法,也包括教会儿童保持身心健康的教学方法吧!"
>
> 同学 D 认为:"要开展学前儿童健康教育,应该要知道儿童健康教育是什么。"
>
> 上述说法反映出同学们对健康和健康教育的基本理解,具有一定的代表性。健康到底是什么?健康的标准是什么?健康教育到底是教给我们保持健康的方法,还是教给我们教会别人保持健康的教育方法呢?
>
> 完成本任务的学习后,请用自己的话总结以上问题的答案。

📌 **任务支持**

一、健康的概述

(一) 健康的含义

健康是一个包含身体、心理和社交层面的综合性概念,通常包括身体和心理的平衡、社交互动的能力和适应环境的能力。身体上的健康指人体各个器官、系统协调运作,没有生理异常或疾病的状态。心理上的健康指人的情感、认知、行为等方面正常发展和平衡,能够处理各种压力、情绪的能力。社交健康指与他人交往的能力和社会适应能力,包括与他人建立良好的关系、解决社交问题、参与社区活动等。

（二）健康的标准

世界卫生组织对健康标准的界定是生理、心理和社会适应能力全面完好的状态。对于儿童健康的标准,在围绕以上定义的同时,需要考虑到儿童成长和发展的特点,具体应包括健康的身体状况和动作发展、良好的心理与适应能力,以及良好的生活习惯和生活能力的发展。

（1）健康的身体状况和动作发展应包含:儿童的身高、体重、头围等生长标准符合世界卫生组织提供的相关标准;听力、视力、口腔健康符合相关的医学检测标准;大动作、精细动作发展符合年龄段的特征,可参考《3—6岁儿童学习与发展指南》。

（2）良好的心理与适应能力应包括:良好的自我意识,如自尊、自信、独立自主的人格特征,情绪安定;能适应外在环境的变化,如适应气候、季节等变化,不易生病;能够适应一般的社会规则,如能与人友好相处,能够以真诚、平等、尊重、信任的态度对待他人,有适宜的交往策略和自律规则调节能力,接纳现代社会文明所需要的归属感、分工协作、规则与纪律、诚信的意识与能力。

（3）良好的生活习惯和生活能力应包括饮食习惯、睡眠习惯、卫生习惯和生活自理能力。良好的饮食习惯包括均衡饮食和适量的饮食。良好的睡眠习惯包括保持规律充足的睡眠时间、良好的睡眠姿势和睡眠环境的优化。良好的卫生习惯包括:生活卫生习惯,如勤洗手、勤洗头、勤洗澡、勤剪指甲、早晚刷牙、餐后漱口、保持身体和衣物清洁等;学习卫生习惯,如阅读、写字、绘画、唱歌、运动等过程中的坐、站、行姿势正确,注意用眼卫生,保持物品清洁;公共卫生习惯,如不乱扔垃圾、不随地吐痰等。生活自理能力包括能够自己进餐、穿脱衣袜、洗漱、整理物品等。

（三）健康的影响因素

健康的影响因素非常广泛,家庭、社会和环境等多个方面的因素影响着人们的健康状况,儿童健康的影响因素也可以从家庭、社会和环境因素来进行概括。

1. 家庭因素

家庭因素是较为直接的影响因素,主要包括遗传因素、习惯养成、家长受教育程度和社会经济地位等方面。家族遗传病史对儿童的健康有较为直接的影响,如果家族中有某些疾病的遗传倾向,那么儿童也有可能患上这些疾病。习惯养成主要是在家庭环境中,养成儿童良好的饮食、运动、睡眠等习惯,对于儿童健康有至关重要的作用。在饮食方面,家长应尽量选择新鲜、天然的食物,减少儿童摄入过多的加工食品和糖分,让儿童多吃蔬菜、水果、全谷物和蛋白质食品。在运动方面,儿童每天至少需要1小时的中等强度运动,如跑步、游泳、骑车或参加体育课程等,适当的运动可以促进儿童身体健康和心理健康。在睡眠方面,应保证儿童每晚8~12小时的睡眠,以确保他们的身体和大脑得到足够的休息,同时应保持儿童睡眠环境的安静和整洁。家长的受教育程度和社会经济地位也间接影响着儿童的健康。父母受教育程度越高,他们对儿童的健康和营养需求就越了解,也越有可能提供健康的食物和生活环境。家庭的社会经济地位高低,决定了家庭能否为儿童提供足够的健康保障和资源。除此以外,一个安全、稳定、充满爱和支持的家庭环境,可以保障儿童的身体和心理健康,促进儿童的健康和幸福。

2. 社会因素

社会因素主要包括托幼机构的保教质量水平和社区卫生保健服务水平。托幼机构良好的保教质量可以为儿童提供安全、健康的环境,促进儿童健康成长。社区卫生保健服务包括定期的体检、疫苗接种、必要的疾病筛查、及时诊断和治疗各种疾病,可以保障儿童的身体健康和预防潜在的健康问题。

3. 环境因素

环境因素主要包括不适当的温度、湿度、照明、空间和噪声等刺激作用,空气和水污染、有毒物质和化学物质等环境污染,生活中对儿童的侵犯性和伤害性行为,致病性细菌、病毒引发的疾病等,这些都会对儿童的健康产生负面影响。

二、学前儿童健康教育的概述

（一）学前儿童健康教育的含义

健康教育是通过信息传播和行为干预，帮助个人和群体掌握卫生保健知识，树立健康观念，自愿采纳有利于健康的行为和生活方式的教育活动与过程。

健康教育的教育活动是有计划、有组织、有系统和有评价的。它的核心是教育人们树立健康意识、养成良好的行为和生活方式。健康教育的实质是一种干预，它向人们提供行为改变必需的知识、技术与服务（如免疫接种、定期体检）等，使人们在面临促进健康、预防疾病、治疗康复等各个层次的健康问题时，有能力做出行为抉择。所以，卫生宣传是健康教育的重要措施，而健康教育是整个卫生事业的组成部分，也是创造健康社会环境的"大卫生"系统工程的一部分。

学前儿童健康教育作为幼儿园教育活动的组成部分，和其他领域的教育一样，都是通过生动、活泼的形式，有目的、有计划地引导幼儿养成健康生活的意识和行为习惯。其主要功能和发展目标是保护和促进幼儿的健康，帮助幼儿丰富有关身体保健与身体锻炼的知识和技能，使得幼儿形成对待健康的积极态度和情感，逐步养成有利于健康的行为和习惯，达成身体、心理和行为的健全状态。学前儿童健康教育不仅为幼儿身心的发展提供了良好的健康环境，而且为幼儿园开展其他教育提供了良好的条件。

（二）学前儿童健康教育的目标

学前儿童健康教育的目标是要让幼儿通过相应的健康教育活动，了解健康教育的基本内容，学习健康生活的技能和方法，形成健康生活的习惯，并体验健康生活的舒适和美好。《幼儿园工作规程》中规定的幼儿园保育和教育的首要目标就是"促进幼儿身体正常发育和机能的协调发展，增强体质，促进心理健康，培养良好的生活习惯、卫生习惯和参加体育活动的兴趣"。这个目标的首要关注点是幼儿的身体发育和健康，这是幼儿成长的基础。通过促进身体的正常发育和机能的协调发展，幼儿可以增强体质，建立健康的生活和卫生习惯。此外，《幼儿园工作规程》提到的参加体育活动的兴趣也非常重要。因为对于幼儿来说，适当的体育锻炼可以促进身体和大脑的发育，同时可以帮助幼儿建立自信和自尊。因此，这个目标的实现对于幼儿的健康和全面发展至关重要，也是幼儿园工作的重要使命所在。

《幼儿园教育指导纲要（试行）》中健康领域的总目标为："身体健康，在集体生活中情绪安定、愉快；生活、卫生习惯良好，有基本的生活自理能力；知道必要的安全保健常识，学习保护自己；喜欢参加体育活动，动作协调、灵活。"这个目标非常有意义，因为幼儿园通常是幼儿接触社会的第一个场所，对于他们的身体健康和情感发展有着至关重要的影响。这个目标的设立，旨在帮助幼儿养成良好的生活习惯、自理能力和安全保健知识，以及培养他们对体育活动的兴趣和动作协调、灵活的能力。同时，这个目标要求幼儿在集体生活中保持情绪稳定和愉快，这对于他们的心理健康和人格发展同样至关重要。因此，幼儿园应该在教育过程中更加注重健康教育，帮助幼儿全面、健康地成长。

《3—6岁儿童学习与发展指南》将健康领域划分为"身心状况""动作发展""生活习惯与生活能力"三个方面。身心状况的标准包括"具有健康的体态""情绪安定愉快""具有一定的适应能力"。动作发展的标准包括大肌肉动作和小肌肉动作：大肌肉动作需要"具有一定的平衡能力，动作协调、灵敏""具有一定的力量和耐力"，小肌肉动作需要"具有手眼协调的能力""能使用工具"。生活习惯与生活能力标准包括"具有良好的生活与卫生习惯""具有基本的生活自理能力""具备基本的安全知识和自我保护能力"。以上三个方面的发展又按照3～4岁、4～5岁、5～6岁三个年龄阶段进行了纵向的发展标准界定。因此，该指南可以作为学前儿童健康教育的阶段性发展目标参考，详见表1-1。

表 1-1 学前儿童健康教育目标

维度	目标	小班(3～4岁)	中班(4～5岁)	大班(5～6岁)
身心状况	具有健康的体态	1. 身高和体重适宜,参考标准为男孩身高94.9～111.7厘米、体重12.7～21.2千克,女孩身高94.1～111.3厘米、体重12.3～21.5千克 2. 在提醒下能自然坐直、站直	1. 身高和体重适宜,参考标准为男孩身高100.7～119.2厘米、体重14.1～24.2千克,女孩身高99.9～118.9厘米、体重13.7～24.9千克 2. 在提醒下能保持正确的站、坐和行走姿势	1. 身高和体重适宜,参考标准为男孩身高106.1～125.8厘米、体重15.9～27.1千克,女孩身高104.9～125.4厘米、体重15.3～27.8千克 2. 经常保持正确的站、坐和行走姿势
	情绪安定愉快	1. 情绪比较稳定,很少因一点小事哭闹不止 2. 有比较强烈的情绪反应时,能在成人的安抚下逐渐平静下来	1. 经常保持愉快的情绪,不高兴时能较快缓解 2. 有比较强烈的情绪反应时,能在成人提醒下逐渐平静下来 3. 愿意把自己的情绪告诉亲近的人,一起分享快乐或求得安慰	1. 经常保持愉快的情绪。知道引起自己某种情绪的原因,并努力缓解 2. 表达情绪的方式比较适度,不乱发脾气 3. 能随着活动的需要转换情绪和注意力
	具有一定的适应能力	1. 能在较热或较冷的户外环境中活动 2. 换新环境时情绪能较快稳定,睡眠、饮食基本正常 3. 在帮助下能较快适应集体生活	1. 能在较热或较冷的户外环境中连续活动半小时左右 2. 换新环境时较少出现身体不适 3. 能较快适应人际环境中发生的变化,如换了新老师能较快适应	1. 能在较热或较冷的户外环境中连续活动半小时以上 2. 天气变化时较少感冒,能适应车、船等交通工具造成的轻微颠簸 3. 能较快融入新的人际关系环境,如换了新的幼儿园或班级能较快适应
动作发展	具有一定的平衡能力,动作协调、灵敏	1. 能沿地面直线或在较窄的低矮物体上走一段距离 2. 能双脚灵活交替上下楼梯 3. 能身体平稳地双脚连续向前跳 4. 分散跑时能躲避他人的碰撞 5. 能双手向上抛球	1. 能在较窄的低矮物体上平稳地走一段距离 2. 能以匍匐、膝盖悬空等多种方式钻爬 3. 能助跑跨跳过一定距离,或助跑跨跳过一定高度的物体 4. 能与他人玩追逐、躲闪跑的游戏 5. 能连续自抛自接球	1. 能在斜坡、荡桥和有一定间隔的物体上较平稳地行走 2. 能以手脚并用的方式安全地爬攀登架、网等 3. 能连续跳绳 4. 能躲避他人滚过来的球或扔过来的沙包 5. 能连续拍球
	具有一定的力量和耐力	1. 能双手抓杠悬空吊起10秒左右 2. 能单手将沙包向前投掷2米左右 3. 能单脚连续向前跳2米左右 4. 能快跑15米左右 5. 能行走1千米左右(途中可适当停歇)	1. 能双手抓杠悬空吊起15秒左右 2. 能单手将沙包向前投掷4米左右 3. 能单脚连续向前跳5米左右 4. 能快跑20米左右 5. 能连续行走1.5千米左右(途中可适当停歇)	1. 能双手抓杠悬空吊起20秒左右 2. 能单手将沙包向前投掷5米左右 3. 能单脚连续向前跳8米左右 4. 能快跑25米左右 5. 能连续行走1.5千米以上(途中可适当停歇)
	手的动作灵活协调	1. 能用笔涂涂画画 2. 能熟练地用勺子吃饭 3. 能用剪刀沿直线剪,边线基本吻合	1. 能沿边线较直地画出简单图形,或能边线基本对齐地折纸 2. 会用筷子吃饭 3. 能沿轮廓线剪出由直线构成的简单图形,边线吻合	1. 能根据需要画出图形,线条基本平滑 2. 能熟练使用筷子 3. 能沿轮廓线剪出由曲线构成的简单图形,边线吻合且平滑

维度	目标	小班(3~4岁)	中班(4~5岁)	大班(5~6岁)
动作发展	手的动作灵活协调			4. 能使用简单的劳动工具或用具
生活习惯与生活能力	具有良好的生活与卫生习惯	1. 在提醒下,按时睡觉和起床,并能坚持午睡 2. 喜欢参加体育活动 3. 在引导下,不偏食、挑食。喜欢吃瓜果、蔬菜等新鲜食品 4. 愿意饮用白开水,不贪喝饮料 5. 不用脏手揉眼睛,连续看电视等不超过15分钟 6. 在提醒下,每天早晚刷牙、饭前便后洗手	1. 每天按时睡觉和起床,并能坚持午睡 2. 喜欢参加体育活动 3. 不偏食、挑食,不暴饮暴食。喜欢吃瓜果、蔬菜等新鲜食品 4. 常喝白开水,不贪喝饮料 5. 知道保护眼睛,不在光线过强或过暗的地方看书,连续看电视等不超过20分钟 6. 每天早晚刷牙、饭前便后洗手,方法基本正确	1. 养成每天按时睡觉和起床的习惯 2. 能主动参加体育活动 3. 吃东西时细嚼慢咽 4. 主动饮用白开水,不贪喝饮料 5. 主动保护眼睛,不在光线过强或过暗的地方看书,连续看电视等不超过30分钟 6. 每天早晚主动刷牙,饭前便后主动洗手,方法正确
	具有基本的生活自理能力	1. 在帮助下能穿脱衣服或鞋袜 2. 能将玩具和图书放回原处	1. 能自己穿脱衣服、鞋袜、扣纽扣 2. 能整理自己的物品	1. 能知道根据冷热增减衣服 2. 会自己系鞋带 3. 能按类别整理好自己的物品
	具备基本的安全知识和自我保护能力	1. 不吃陌生人给的东西,不跟陌生人走 2. 在提醒下能注意安全,不做危险的事 3. 在公共场所走失时,能向警察或有关人员说出自己和家长的名字、电话号码等简单信息	1. 知道在公共场合不远离成人的视线单独活动 2. 认识常见的安全标志,能遵守安全规则 3. 运动时能主动躲避危险 4. 知道简单的求助方式	1. 未经大人允许不给陌生人开门 2. 能自觉遵守基本的安全规则和交通规则 3. 运动时能注意安全,不给他人造成危险 4. 知道一些基本的防灾知识

根据以上目标要求,幼儿园在设计与实施幼儿健康教育活动的过程中,还需要设立具体的健康教育活动的目标。在设计与撰写活动目标时,应关注目标的分类、目标的表述和目标的行为主体三个方面。目标的分类即认知目标、技能目标和情感态度目标,也被称为"三维目标"。三维目标需要明确:通过教育活动幼儿获得了哪些认知和经验,习得了哪些技能或行为,体验了怎样的情感、态度或价值观。活动目标的表述应包括行为、条件和标准。行为是指通过活动能让幼儿做些什么,指向幼儿的行为或者变化;条件是指说明这些行为在什么条件下产生;标准是指出合格行为的最低标准。目标的行为主体包括教师和幼儿,在目标的表述时要统一从一个角度表述,要么从教师的角度,要么从幼儿的角度。幼儿是学习的主体,因而在目标表述时一般倡导从幼儿的角度出发,体现幼儿的主体地位。除此以外,目标表述要清晰、明确、具体,具有可操作性,避免笼统、概括和抽象的表述。例如,针对中班健康教育活动"今天,你吃蔬菜了吗",表1-2呈现了两个活动目标的案例。

表1-2 活动目标对比案例

活动目标案例一	活动目标案例二
1. 认识各种蔬菜 2. 让幼儿懂得吃蔬菜有利于身体健康 3. 培养幼儿每天吃蔬菜的习惯	1. 认识西蓝花、胡萝卜、青椒及其营养成分 2. 了解吃蔬菜能够补充身体需要的多种维生素和膳食纤维 3. 愿意每天吃蔬菜

从目标的分类来看,两个案例中的目标1和2属于认知目标,目标3属于情感态度目标。从目标的表述来看,案例中的目标表述中含有行为,包括认识蔬菜和营养,了解吃蔬菜的好处等。从目标的行为

主体来看,案例一中既有幼儿,也有教师,案例二的行为主体为幼儿。

两个案例对比来看,案例一中:目标1和2表述过于笼统,不够具体;此外,目标1是幼儿发展目标,行为主体为幼儿,而目标2和3是教育目标,行为主体为教师,行为主体不同会导致目标不够明确。案例二中:目标1和2是对幼儿的认知提出了恰当的要求,表述较为具体,列举了幼儿需要认识的具体的蔬菜名及需要了解的相关信息,目标3是在幼儿具备了上述认知的情况下,对其情感态度提出的要求,虽然要求较高,却是合理的;三个目标的行为主体均为幼儿,体现了幼儿作为学习主体的理念。幼儿园教育活动目标,因活动时长和内容所限,不必强求每个活动都设计出三个分类目标,只要目标切实可行,不必拘泥于目标的数量。同时,在教育活动的目标表述中,行为的表述是最基本、最核心的成分。因此,在教育活动的目标表述中,要避免用活动的过程和方法来代替活动的结果。

(三)学前儿童健康教育的内容

《3—6岁儿童学习与发展指南》将幼儿在健康领域中的学习与发展划分为"身心状况""动作发展""生活习惯与生活能力"三方面内容。麦少美、孙树珍将学前儿童健康教育的内容划分为身体健康教育和心理健康教育两大方面。身体健康教育包括体育锻炼、生活卫生习惯、饮食与营养和安全自护;心理健康教育包括引导幼儿学习表达与调节自己情绪的方法,培养其社会交往能力,锻炼其独立学习和生活能力,帮助其养成包括讲礼貌、热爱集体、与同伴友好相处、爱护公共卫生和设施、爱护花草树木和小动物等良好的习惯,进行性教育,以及学前儿童心理障碍和行为异常的预防[①]。叶平枝将学前儿童健康教育的内容界定为身体健康、心理健康、适应能力、动作发展、生活习惯和生活能力、安全能力六个方面[②]。

依据以上界定,本教材将健康教育内容定义为可以指导儿童身体健康、心理健康与良好的社会适应的所有教育内容。身体健康具体包括安全教育、体育运动、疾病预防、营养科学四个方面,心理健康和生活习惯指向心理健康和社会适应。

1. 身体健康

安全教育是关系到幼儿生命安全的最重要、最基本的内容,安全教育主要包括交通安全、消防安全、食品安全、水电安全、玩具安全和交往安全。应引导幼儿了解基本的安全和避险知识,帮助其学习基本的安全避险技能,培养其养成主动避险的意识和习惯。

体育运动既能锻炼幼儿的肌体,增强体质,又能锻炼幼儿的意志品质,提高适应能力。体育运动教育的主要内容包括使幼儿了解运动活动的基本组织形式,如体操、体育教学活动、体育游戏、器械练习、远足旅行、运动会等,其核心在于指导教育者理解幼儿体育运动活动的实施要点,掌握设计幼儿体育运动活动目标、内容和步骤的方法。

疾病预防与幼儿的身体健康密切相关,也是健康教育的重要内容之一。疾病预防主要包括:常见传染病的识别和预防,如流行性感冒、流行性腮腺炎、水痘、病毒感染、手足口病等;疾病的处理应对,消毒和防控;疾病的预防教育,包括引导幼儿认识疾病,进行疾病防护教育、身体保健教育、性教育、生命教育、疫苗知识教育等。疾病预防教育旨在帮助幼儿了解和学习基本的疾病预防与处理的知识、方法,养成自我保健的意识和习惯。

营养科学教育旨在帮助幼儿了解自己身体发育需要的各种食物与营养。主要内容包括:指导教育者掌握儿童营养膳食的配置,设计与实施营养膳食教育活动;帮助幼儿了解食物名称、属性特征、营养成分,掌握饮食方法和技巧,养成良好的饮食习惯,遵守文明的进餐礼仪;处理特殊儿童营养膳食。

2. 心理健康

心理健康是指个人没有心理与精神疾病,在情绪情感、性格品质等方面发展良好并具有较好的社会适应性。心理健康教育的主要内容包括:使教育者掌握学前儿童心理健康的标准,理解影响学前儿童心理健康的因素及其意义;理解学前儿童心理健康教育活动的目标和内容,掌握学前儿童心理健康教育活

① 麦少美、孙树珍.学前儿童健康教育活动指导(第二版)[M].上海:复旦大学出版社,2012:14-16.
② 叶平枝.幼儿园健康领域教育精要——关键经验与活动指导[M].北京:教育科学出版社,2015:21-25.

动的设计与指导;了解学前儿童常见的心理障碍与行为问题的表现,理解并掌握常见心理障碍与行为问题的矫治方法。

3. 生活习惯

生活习惯是影响一个人身心健康发展的重要因素。生活习惯教育的主要内容包括使教育者了解生活习惯教育的基本概念,理解生活习惯教育活动的作用,掌握如何设计生活习惯教育活动的目标、内容,以及实施生活习惯教育活动的途径和方法。

(四)学前儿童健康教育的价值追求

▶微课

从"巫术"
到整体观

1. 健康观的演变

健康观随着社会的变迁而不断进行着演变。原始社会的巫术神灵观认为,疾病源于超自然力量;古希腊的自然平衡观认为,人体的内在平衡与外部环境的和谐是健康的关键;中世纪受宗教神学主导,疾病常被视为上帝的惩罚或考验,健康则代表虔诚与恩典;文艺复兴后转向生物医学观,确立了"病原体-疾病"的单一因果关系模型,健康被定义为"没有疾病";20世纪中叶至今,健康观发展为"生物-心理-社会"整体模式,世界卫生组织定义健康为身体、精神和社会适应的完好状态,并日益强调积极健康观,关注预防、福祉和健康公平。社会上的健康观从依赖超自然力量,到探索自然规律,再到聚焦生物病原体,最终发展为理解生物、心理、社会复杂互动的整体观,并追求积极的健康状态和生活质量。

2. 学前儿童健康教育的价值追求

学前儿童健康教育的核心价值追求在于为儿童终身健康发展奠定坚实基础,促进身心和谐发展,培养健康行为习惯,提升健康潜能与适应力,营造支持性健康环境。

奠定终身健康基石需要教师传授基础健康知识、安全技能与疾病预防知识,培养儿童对健康的积极态度,为未来的健康生活方式打下根基。促进身心和谐发展需要同时保障身体正常发育、动作协调与疾病防控,重视培养积极情绪、良好性格、抗挫力和人际能力,追求身心统一。培养健康行为习惯的核心在于将健康理念转化为日常行动,通过引导与实践,帮助幼儿形成良好的生活、卫生及安全习惯。激发健康潜能与适应力可以通过运动、游戏等增强体质、协调性和感官能力,培养环境适应力、解决问题及初步自我管理的能力,提升应对成长挑战的能力。营造支持性健康环境需要引导家庭科学养育,推动幼儿园及社区共同创设安全、卫生、关爱的物理与心理社会环境。

总而言之,学前儿童健康教育的价值追求在于生命早期可塑阶段,通过知识、态度、行为、能力与环境等多维度综合干预,播下"健康种子",赋能儿童追求并享有身体、心理及社会适应的完满状态,为其一生幸福奠基。

任务 2
设计与实施学前儿童健康教育活动

任务目标

1. 了解学前儿童健康教育活动的设计。
2. 掌握学前儿童健康教育活动的实施策略。

任务情境

　　一家以健康教育为特色的幼儿园开展了丰富多彩的健康教育活动,包括健康周活动、健康月活动、亲子情绪课堂、田野活动等。幼儿园里还建设了情绪主题室、宝宝营养室、幼儿门诊室、宝宝议事厅等健康教育专用活动室。该幼儿园采用"融合、自主体验、田野"等方式,在主题背景下,以生活、运动、学习、游戏交互、交织的形态,将健康教育学习呈现于幼儿的一日活动中。作为幼儿园园本特色,该幼儿园从理念到形式、从实施到评价,将健康教育活动开展得有声有色。在一次同行展示交流活动中,需要幼儿园梳理其所有的健康教育课程与活动,并将其有结构地呈现出来。

　　完成本任务的学习后,请帮助他们梳理一幅课程结构框架图。

任务支持

　　学前儿童健康教育活动通常由教师根据幼儿园的课程计划进行设计,将健康教育的内容融合在一日生活、学习、运动、游戏四大课程板块之中,形成板块融合活动;或者与社会、语言、科学、艺术等发展领域内容进行整合设计,形成跨领域整合活动。学前儿童健康教育活动的设计也可以根据幼儿当下的发展情况,设计单独的健康教育主题活动。

一、板块融合活动的设计与实施

　　健康教育的任务主要有三个:一是丰富幼儿对健康的认识,如知道吃青菜对身体好,偏食不利于健康等;二是帮助幼儿树立正确的健康态度,如虽不喜欢喝水,但对喝水不反感;三是使幼儿形成健康的行为,如养成及时洗手、早睡早起等良好的行为习惯[①]。帮助幼儿养成健康的行为习惯是其中最重要的任务。这些行为习惯的养成与幼儿园一日活动息息相关,十分适宜进行板块融合活动设计。

(一) 生活活动

　　幼儿园一日生活板块包括餐点、饮水、如厕、洗手、午睡等环节,每个环节都可以,也需要融入健康教

---

① 叶平枝.幼儿园健康领域教育精要——关键经验与活动指导[M].北京:教育科学出版社,2015:33.

育的内容。饮食习惯、个人卫生习惯、睡眠习惯等,都可以融合在生活板块进行培养。例如:可以在每日餐点环节,通过示范讲解的方法,引导幼儿了解正确使用餐具的方法,培养幼儿餐点过程中自我服务的行为习惯;也可以通过餐点活动,帮助幼儿了解食物的营养知识,培养幼儿均衡饮食的习惯。在如厕环节,通过在卫生间创设洗手流程图,帮助幼儿学习正确的洗手方法,养成如厕后洗手的习惯。在午睡环节,通过故事讲解、睡前仪式(如阅读、听轻音乐)等活动,帮助幼儿建立固定的睡眠习惯等。

(二)学习活动

幼儿园学习活动适合开展健康教育知识的传授和情感教育,如引导幼儿认知身体器官,学习疾病预防知识、安全知识,培养幼儿的情感表达能力,使其学会关爱自己和他人等。

幼儿园学习活动包括集体学习和个别化学习。在集体学习活动中,教师可以将健康教育相关的知识、态度和行为习惯等作为学习内容,融合在学习活动的内容中,帮助幼儿丰富对健康的认知,树立健康的态度。

微课

[二维码]

三步写出
好目标

1. 集体学习

学前儿童健康教育集体学习活动是一种有目的、有计划地引导班级全体幼儿参与,旨在保护和促进幼儿身心健康发展的教育活动。这类活动通常结合幼儿身心发展的特点,通过多种形式和方法,帮助幼儿掌握基本的健康知识和技能,养成良好的健康习惯。集体学习活动应设置明确的学习目标和详细的学习过程,包含丰富的学习内容和多样的活动形式。案例1-1是一个健康教育集体学习活动案例。

案例 1-1

"小小营养师"集体学习活动

【活动目标】

1. 了解食物的分类和营养价值。

2. 学习合理搭配食物。

3. 提高对健康饮食的认识和兴趣。

【活动准备】

1. 各种食物模型或图片,以及食物分类和营养价值的简单介绍材料。

2. 评分表及评价工具。

【活动过程】

引入阶段:教师通过故事讲述或视频展示,简要介绍食物的重要性和分类。引导幼儿思考并讨论日常饮食中的食物种类和营养价值。

学习阶段:教师详细讲解食物分类和营养价值,如蔬菜富含维生素、肉类提供蛋白质等。通过游戏或互动问答的方式,加深幼儿对食物营养价值的理解。

实践阶段:幼儿分组进行食物搭配游戏,每组需要根据给定的食物模型或图片,搭配出一份营养均衡的餐食。教师观察并记录幼儿的搭配过程和结果。

展示与评价阶段:各组展示搭配成果,并简要说明搭配的理由和营养价值。教师根据搭配的营养均衡性、创意性和幼儿的表现进行评价。评选出最佳搭配小组,并给予一定的奖励和鼓励。

"'小小营养师'集体学习活动"案例中教师的活动目标设定明确,活动过程有计划性,预设合理。通过"小小营养师"活动,幼儿不仅了解了食物的分类和营养价值,还学会了如何合理搭配食物,提高了对健康饮食的认知和兴趣。同时,活动也培养了幼儿的团队合作能力和创新思维。

学前儿童健康教育集体学习活动是一种富有成效的教育方式,它通过明确的目标设定、合理的教学过程和灵活丰富的学习内容,帮助幼儿掌握基本的健康知识和技能,养成良好的健康习惯。在实际教学中,教师应根据幼儿的年龄特点和兴趣爱好,设计符合他们认知发展水平的教学活动,以促进幼儿的健康发展。

2. 个别化学习

学前儿童健康教育个别化学习是指教师在教育过程中,以幼儿现有的能力水平为基础,采取能满足幼儿个体需求、兴趣和能力的教育组织与实施方式,来促进每个幼儿的个性发展。个别化学习不仅仅是一种教育组织形式,更是一种教育理念。它强调尊重幼儿的个体差异,关注每个幼儿的学习需求和发展潜力,通过提供个性化的学习环境和支持,促进幼儿自主学习和主动探索。

个别化学习可以通过环境创设、活动设计和师幼互动等方式来开展。

环境创设为幼儿提供丰富多样的学习环境和材料,满足不同幼儿的学习需求和发展水平。例如,可以将活动室或特定区域划分为不同的健康教育活动区,如营养知识区、卫生习惯区、体能锻炼区等。在这些区域内,幼儿可以自主选择活动材料、与同伴互动,通过游戏、操作、探索等方式,获得关于健康饮食、个人卫生、身体锻炼等方面的知识和经验。

个别化活动设计需要根据幼儿的个体差异和学习需求,设计具有针对性的学习活动,确保每个幼儿都能在活动中获得成长和发展。例如,学习健康饮食的相关知识,可以根据幼儿的兴趣和能力,提供不同难度的食物搭配任务。能力较弱的幼儿可以选择简单的食物分类活动,而能力较强的幼儿则可以尝试制订一周的营养餐单。

个别化活动需要关注师幼互动的质量,加强教师与幼儿之间的互动和交流,关注幼儿的学习状态和情感体验,尊重幼儿在学习过程中的想法和选择,鼓励幼儿表达自己的观点和意愿。当幼儿提出不同的想法或做出不同的选择时,教师应给予积极的反馈和肯定,激发幼儿的学习兴趣和创造力。营造宽松、自由的学习氛围,让幼儿在没有压力和负担的情况下进行学习。在这种氛围中,幼儿可以更加自由地表达自己的想法和感受,与教师和同伴进行积极的互动。在幼儿遇到困难时,教师应及时给予帮助和支持,鼓励幼儿克服困难,继续学习。例如,教师通过语言解释、动作示范等方式向不会正确洗手的幼儿展示正确的洗手步骤。教师每展示一个步骤,就可以问幼儿:“这一步我们应该怎么做呢?”鼓励幼儿积极回答,并模仿教师的动作,直到幼儿完整模仿整个洗手步骤。在指导过程中,教师需要观察幼儿的操作情况,及时给予指导和纠正。同时给予幼儿积极的反馈和鼓励,让其感受到自己的进步和成就,增强幼儿的自信心和学习动力。教师还应关注每个幼儿的个体差异,了解他们的学习风格、兴趣爱好和认知水平。根据幼儿的个体差异,教师可以制订个性化的学习计划,为每个幼儿提供适合他们的学习资源和支持。

(三)运动活动

幼儿园运动活动是指针对幼儿设计并实施的一系列以发展基本运动技能、培养运动兴趣和习惯、促进身体健康为目的的身体活动。健康领域中的运动核心经验包括走、跑、跳、攀登、钻爬的身体移动活动,窄道移动、旋转、闭目行走、滚动、悬垂的身体控制与平衡动作,滚(球)、抛(球)、接(球)、拍(球)、踢(球)、投掷的器械(具)操控动作[①]。运动活动是促进幼儿运动核心经验发展的活动,可以结合幼儿园室内外自主运动活动、体操练习、体育游戏、远足旅行活动、运动会等形式开展。它不仅仅包括体育技能的训练,更涵盖了通过体育运动来培养幼儿的体育意识、快乐运动精神和健康生活方式的内容。

运动活动设计应关注场地、器具等环境创设、材料准备和教学策略预设。例如,跳跃与跨越类动作需要较大的场地空间,可以在场地中设置一定的障碍物(如敏捷圈、跨栏架),幼儿可以按照一定的行进路线依次跳过障碍物,锻炼跳跃能力和平衡感。接抛与投掷类动作,需要投放绒布球、投掷筐等器具,进行接抛和投掷游戏,发展幼儿的手眼协调能力和精确性。功能性动作,如旋转、翻滚等,需要教师先进行动作分解和示范,再让幼儿练习,使幼儿逐步达到动作要求。

---

① 柳倩,周念丽,张晔.学前儿童健康学习与发展核心经验[M].南京:南京师范大学出版社,2016:7.

（四）游戏活动

幼儿园游戏活动是在幼儿园教育环境下,教师根据幼儿身心发展的规律和特点,有目的、有计划、有组织地创设各种游戏情境,提供适宜的游戏材料,引导幼儿自愿、自主、自由地进行探索、学习、交往和表达,从而促进幼儿在身体、认知、情感、社会性等方面得到和谐发展的活动。

学前儿童健康教育融入游戏活动的方式丰富多样,通过趣味性和互动性的游戏可以促进幼儿对健康知识的理解和健康行为的养成,既能锻炼幼儿的身体素质,又能培养他们的团队合作精神和竞争意识。健康教育游戏活动主要有角色扮演游戏、体育游戏、音乐舞蹈游戏、竞技游戏、手工创意游戏、户外体验游戏、家庭参与式游戏等。

角色扮演游戏。可以通过准备相应的道具和服装,营造真实的游戏场景,通过角色扮演模拟现实生活中的健康场景,让幼儿在游戏中学习健康知识,增强健康意识。如厨师与食客、医生与病人、清洁工与社区环境等。这种游戏可以帮助幼儿理解健康行为的重要性,并学习如何在日常生活中应用。

体育游戏。可以将体育活动与健康教育相结合,设计既锻炼身体,又传授健康知识的游戏。比如:"运动小达人"中开展跳绳、运球等竞赛游戏;举办"健康小勇士"障碍赛,让幼儿在跨越障碍的同时,学习如何保持身体平衡、增强心肺功能等;"小兔子跳圈圈""小小投手""儿童瑜伽"等游戏,让幼儿在游戏中学习健康知识。

音乐舞蹈游戏。可以利用音乐和舞蹈来传达健康信息,如编排关于洗手、刷牙等卫生习惯的舞蹈或歌曲。这种游戏方式既能让幼儿享受音乐和舞蹈的乐趣,又能加深他们对健康行为的认识。

竞技游戏。通过问答、抢答或竞赛的形式,激发幼儿对健康知识的兴趣。可以设置奖励机制,鼓励幼儿积极参与并学习健康知识。

手工创意游戏。利用手工制作材料(如纸张、布料、黏土等)设计与健康相关的创意游戏。例如,制作健康食品模型,设计个人卫生宣传海报等,让幼儿在动手制作的过程中学习健康知识。

户外体验游戏。可以组织户外探险活动,如自然观察、环保行动等,让幼儿在亲近自然的同时学习健康环保知识。这种游戏可以培养幼儿的环保意识、观察力和团队合作能力。

家庭参与式游戏。鼓励家长与幼儿共同参与健康教育游戏,如家庭运动会、亲子健康食谱制作等。这种方式可以增进家庭成员之间的情感交流,同时促进幼儿健康行为的养成。

通过以上游戏形式,可以将学前儿童健康教育内容有效地整合到幼儿园游戏活动中,使幼儿在充满趣味性的环境中,学习健康教育知识,养成健康的行为习惯,促进身心健康发展。

二、跨领域整合活动的设计与实施

（一）跨领域整合活动的概念

跨领域整合活动,是指将健康教育的目标、内容与其他领域(如语言、社会、科学、艺术等)的教育活动相结合,通过跨领域的方式,促进学前儿童在身心健康方面得到全面发展的一种教育模式。跨领域整合活动需要通过有计划、有组织、有系统地设计教育活动,将健康教育的核心理念和具体内容融入幼儿园的领域教学之中。它具有综合性、互动性、趣味性、实践性的特点。综合性是指活动设计涉及多个领域的知识和技能,促进学前儿童在认知、情感、动作等多方面的综合发展。互动性是指强调幼儿与教师、同伴及环境之间的互动,幼儿需要通过亲身体验和实际操作来学习和理解健康知识。趣味性是指注重活动的趣味性和游戏性,激发幼儿参与的兴趣和积极性。实践性是指鼓励幼儿将所学知识应用于实际生活中,以培养良好的健康习惯和行为模式。

（二）跨领域整合活动的内容

跨领域整合活动的内容应包括多个领域的知识、技能和经验,同时将健康教育的知识、技能、行为习惯或经验融入其中。整合活动可以突出某一个领域,将其他领域作为辅助性渗透的内容,也可以将几个领域的内容均衡地进行设计。如人体结构、生理功能、疾病预防等基础知识;健康行为的培养,如正确的饮食习惯、睡眠习惯、运动习惯等;心理健康引导,通过故事讲述、角色扮演等方式,帮助学前儿童理解情绪、表达情感、建立积极的人际关系;安全教育,包括交通安全、防火防电、防溺水等安全知识的普及和演练。

基于跨领域整合活动强调多领域知识、技能融合,并将健康教育核心要素(知识、行为、心理、安全)有机渗透的设计理念,我们可以清晰地看到其灵活的实施路径:既可以围绕单一领域(如健康或科学)深度展开,辅以其他领域巧妙支撑;也可以均衡融合多个领域,形成综合性的学习体验。为了更具体地阐释这一理念如何在实践中落地生根,并有效促进幼儿的全面发展,以下将通过两个具有代表性的活动案例"健康小卫士"与"食物的旅行"进行详细说明。前者展现了多领域(科学、艺术、语言、社会)围绕"增强健康意识和自我保护能力"目标的均衡整合模式;后者则聚焦于健康与科学领域的深度结合,以趣味化的方式探索人体奥秘。这两个案例共同印证了跨领域整合活动设计的多样性与实效性。

案例 1-2

跨领域整合活动——健康小卫士

【活动目标】

通过跨领域整合活动,增强健康意识并提升自我保护能力。

【活动内容】

科学领域:通过实验观察了解食物的营养成分和消化过程。

艺术领域:通过绘画、手工制作等方式表达对健康饮食和运动的认识。

语言领域:通过故事讲述和角色扮演了解健康行为的重要性。

社会领域:通过小组合作和竞赛等形式培养合作精神和竞争意识。

【实施过程】

活动导入:通过故事或视频引入活动主题,激发幼儿的兴趣。

分组活动:幼儿按照兴趣和能力分组进行各项活动。

成果展示:各组展示活动成果并分享经验。

总结反思:教师和幼儿共同总结活动收获和不足,提出改进建议。

以下以科学领域为例,扩展具体案例。

健康与科学领域整合活动——"食物的旅行"

【活动目标】

了解食物的消化过程,产生对科学现象的好奇心和探索欲。

【活动内容】

通过故事讲述和图片展示,让幼儿了解食物从口腔进入胃、小肠、大肠等消化器官的过程;设计"食物的旅行"游戏,让幼儿扮演不同的消化器官,通过身体动作模拟食物的消化过程;引导幼儿观察并讨论食物在消化过程中的变化,如食物的颜色、形状、味道等。

【活动地点】

教室或户外宽敞地带。

【材料准备】

消化器官的图片、食物模型、音乐等。

【人员分工】

教师负责讲解和引导,幼儿分组扮演不同的消化器官。

【活动实施】

教师先通过故事讲述和图片展示,向幼儿介绍食物的消化过程。然后,组织幼儿进行"食物的旅行"游戏,让他们亲身体验食物的消化过程。在游戏过程中,教师及时给予指导和支持,帮助幼儿理解消化现象。最后,教师带领幼儿进行总结和回顾,巩固所学知识。

通过"健康小卫士"中涵盖科学观察、艺术表达、语言沟通、社会协作的多维度活动,以及"食物的旅行"里聚焦健康科学知识、通过角色扮演和游戏化体验深入理解消化过程的生动实践,我们得以直观地感受到跨领域整合活动的强大育人价值。这些精心设计的活动不仅成功地将健康教育的核心内容——从基础的生理知识(人体结构、消化过程)到关键的健康行为(饮食、运动习惯)和认知能力(观察、表达、合作)——自然地编织进幼儿主动探索和互动的过程中,更重要的是,它们有效地激发了幼儿的好奇心、探索欲和内在动力。由此可见,此类整合活动绝非知识的简单堆砌,而是构建了一个支持幼儿在积极参与中、在真实情境里,自然而然地吸收多领域养分、锻炼综合能力并最终指向身心健康发展的理想学习场域。

(三) 跨领域整合活动的设计

跨领域整合活动的设计应按明确活动目标、选择整合领域、设计活动内容、制订活动方案等步骤展开。明确活动目标包含两部分:要确定健康教育活动的主要目标,如培养幼儿良好的饮食习惯、增强身体素质、提高自我保护能力等;同时考虑与其他领域(如科学、艺术、语言等)相结合的目标,使活动兼具综合性、实践性和趣味性。选择整合领域时需要根据活动目标,选择与之相关的其他领域进行整合。例如:健康与科学整合,可以关注食物的营养成分和消化过程;健康与艺术整合,可以通过绘画、音乐等形式表达健康主题。设计跨领域的活动内容,既要确保包含健康教育的核心要素,又要融入其他领域的特色内容。例如,通过将健康领域知识、能力融入运动游戏、科学探究活动、角色扮演等社会活动、故事讲述等语言活动、艺术创作等多个领域活动,使幼儿获得多领域的丰富经验。活动方案的制订要详细,需要确定活动时间、地点、活动形式、材料准备、人员分工等。活动方案要具有可操作性,考虑到幼儿的年龄特点和发展水平。

案例 1-3

小小科学家——探索身体里的健康奥秘
(健康与科学跨领域整合活动)

【活动目标】

健康领域:增强对身体机能的基本认识,了解健康饮食、适量运动的重要性。

科学领域:通过观察、实验和讨论,培养观察力、探究能力和初步的科学思维。

【活动准备】

教具材料:人体模型,健康食物与不健康食物的实物或图片,简易心率监测器(如手指脉搏血氧仪,需成人协助使用),运动前后的心率记录表。

实验材料:水果(如苹果、香蕉)、蔬菜(如胡萝卜、黄瓜)、水、果汁、牛奶等,用于简单的健康饮食对比实验。

视频资料:关于食物消化过程、心脏跳动原理的动画短片。

记录工具:彩笔、纸张、贴纸等,用于记录观察结果和实验过程。

【活动流程】

1. 导入环节:神奇的身体探索

(1) 教师利用人体模型,介绍身体的主要部位及其功能,特别是心脏、胃、肺等。

（2）幼儿观看动画短片，了解食物消化和心脏跳动的基本原理，激发好奇心。

2. 健康饮食实验：食物的颜色与营养

（1）教师展示健康食物与不健康食物的实物或图片，引导幼儿观察并讨论它们的不同之处。

（2）分组进行简单实验：将水果、蔬菜分成小块，观察其颜色、质地，并讨论它们所含的营养成分。

（3）幼儿记录实验观察结果，用图画或简单文字描述食物的特点。

3. 运动与心率监测：身体的变化

（1）教师介绍心率的概念，演示如何使用简易心率监测器测量心率。

（2）幼儿在安静状态下测量心率并记录数值。

（3）幼儿进行简单的体育活动（如跳绳、跑步），再次测量心率并记录变化。

（4）幼儿讨论运动前后心率变化的原因，理解适量运动对身体的好处。

4. 创意讨论：我的健康计划

（1）幼儿结合今天的活动内容，制订个人健康计划，包括每天需要吃的食物种类、饮水量、运动时间等。

（2）幼儿使用贴纸、彩笔等材料，制作个性化健康计划表，并在小组内分享。

5. 总结与反馈

教师邀请幼儿分享自己的健康计划，鼓励他们在日常生活中实践。教师总结今天的活动内容，强调健康饮食和适量运动的重要性，并邀请家长参与日常生活实践的监督和支持。

【活动评估】

（1）观察幼儿在实验和讨论中的参与度，评估其观察力、探究能力和科学思维的发展。

（2）通过幼儿制作的健康计划表，了解其对健康知识的理解和应用。

（3）收集家长的反馈，了解幼儿在家中的健康行为变化，以及活动对家庭健康习惯的影响。

【注意事项】

（1）幼儿在进行心率监测时，需有成人协助，确保安全。

（2）实验材料应选用安全、卫生的食品，避免过敏和食品安全问题。

（3）鼓励幼儿积极参与，但也要尊重个体差异，对不愿意参与实验或讨论的幼儿给予更多鼓励和支持。

案例1-3呈现了健康领域与科学领域的跨领域整合活动。在案例中，健康领域是知识目标，科学领域是方法和素养目标。幼儿通过科学领域的方法，达成健康领域对身体机能认知的要求，同时兼顾了科学思维培养的素养目标。

跨领域整合活动的设计还应关注情境创设、家园合作和评估反馈。情境创设是指需要教师创设与健康教育相关的情境，让学前儿童在情境中学习和体验。家园合作是指加强幼儿园和家长的沟通与合作，共同关注学前儿童的身心健康发展，形成教育合力。评估反馈是指需要建立科学的评估机制，定期对学前儿童的身心健康状况进行评估和反馈，以及时调整教育策略。

三、专题活动的设计与实施

（一）专题活动的概念

幼儿园专题活动是指聚焦于某一知识、技能或经验开展的教育教学活动。通常而言，专题活动的内容聚焦，教育方法直接，评价方式客观，教师角色较单一，周期较短。专题活动包括专项活动、主题活动等，形式包括比赛活动、主题周活动、亲子活动、展览活动、研学考察活动等。学前儿童健康教育专题活动是指聚焦于健康领域知识、技能或经验而设计和开展的专题活动,旨在培养幼儿良好的健康生活习惯,促进其身心和社会性的健康发展。

(二)专题活动的内容

健康教育专题活动的内容可以从生活卫生习惯培养、心理健康引导、营养与饮食教育、安全教育、运动教育等方面入手。生活卫生习惯培养,比如设计"叠被子""叠衣服"等比赛活动,通过赛前练习、赛中实践和赛后评价,培养幼儿良好的生活自理能力和意识。心理健康引导需要关注幼儿的心理健康,开展情绪认知、压力应对、人际关系处理等主题活动,帮助幼儿了解自己和他人的情绪变化,培养积极乐观的心态和良好的情绪管理能力。比如设计"情绪周"主题活动,通过一周时间,以情绪小剧场体验活动、情绪脸谱识别活动、情绪表达活动、情绪调节体验活动、情绪日记分享活动等形式,帮助幼儿建立对情绪的初步了解和认知,学习初步的识别、表达、调节和分享的策略方法。营养与饮食教育可以通过设计"幼儿厨艺体验"活动,通过教师与幼儿共同烹饪食物的过程,使幼儿了解食物的营养和烹饪的相关知识和技能。安全教育包括交通安全、防火防电、防溺水等安全知识的普及,可提高幼儿的自我保护意识和能力,可以通过"安全演习"活动、"消防局"研学考察活动、急救演练活动等专题活动开展。运动教育可以通过各类运动游戏、运动会、操节比赛等专题活动开展,如跳绳、踢毽子、跑步等,培养幼儿的运动兴趣和习惯,促进其身体协调发展。

(三)专题活动的设计

设计学前儿童健康教育专题活动时,需要综合考虑幼儿的年龄特点、发展需求、教育目标以及活动的趣味性和实践性。设计方案应包括活动目标、活动准备、活动过程、活动延伸以及评价反馈等方面。

案例 1-4

情绪周专题活动方案——探索与表达我的情绪世界

【活动目标】

1. 能够识别并命名基本情绪(快乐、悲伤、生气、惊讶、害怕),理解情绪是每个人正常的心理反应。

2. 能够通过面部表情、肢体语言和简单词汇表达自己的情绪,学习初步的情绪调节策略。

3. 能够认同自我情绪,乐于体验积极向上的情绪态度,学会尊重和理解他人的情绪。

【活动对象】

幼儿园中、大班幼儿。

【活动时间】

为期一周,每天安排一个相关主题活动。

【活动准备】

1. 环境布置

(1)情绪主题墙:在幼儿园内设置情绪主题墙,展示不同的表情和情绪管理小贴士。如使用彩色卡纸制作情绪脸谱,并配以简短的文字说明,帮助幼儿直观认识情绪。

(2)情绪角:在教室的不同区域设置情绪角,如快乐角、悲伤角、愤怒角等,每个角落提供相应的书籍、玩具和音乐,营造不同的情绪氛围,让幼儿在区角游戏中体验不同的情绪。

(3)材料:准备足够的绘画材料(如彩笔、画纸)、情绪卡片、角色扮演服装等,以便在活动中使用。

2. 教具准备

(1) 情绪脸谱：准备多种情绪脸谱图片或卡片，包括快乐、悲伤、生气、惊讶、害怕等基本情绪，用于展示和识别不同情绪。

(2) PPT 课件：制作包含情绪故事、情绪调节方法的 PPT 课件，以便在活动中播放和讲解。

(3) 情绪日记本：为每名幼儿准备一本情绪日记本和一套彩笔，用于记录自己的情绪变化。

【活动过程】

1. (第一天，导入)情绪体验：情绪初体验——情绪小剧场

活动内容：教师准备几个简短的情绪小故事或情景剧，邀请幼儿参与表演，体验不同情绪的表达。

活动目的：通过直观表演，让幼儿初步感受并识别不同情绪。

2. (第二天，认知)情绪识别：情绪脸谱大搜索

活动内容：展示情绪脸谱卡片，引导幼儿观察并说出每种情绪的特点，然后进行"情绪脸谱大搜索"游戏，在教室或户外环境中找到与情绪相匹配的场景或物品。

活动目的：加深幼儿对情绪特征的理解，培养观察力。

3. (第三天，实践)情绪表达：我的心情日记

活动内容：提供情绪日记本和彩笔，引导幼儿每天记录自己的心情，并简单描述原因或发生的事情。

活动目的：鼓励幼儿主动表达自己的情绪，培养自我反思能力。

4. (第四天，实践)情绪调节：情绪调节小能手

活动内容：教授幼儿简单的情绪调节方法，如深呼吸、数数、听音乐、画画等，并通过小组活动进行实践。

活动目的：帮助幼儿学会初步的情绪调节策略，培养情绪管理能力。

5. (第五天，总结)情绪分享：情绪分享会

活动内容：组织一次情绪分享会，邀请幼儿分享自己一周内的情绪日记，说说自己是如何应对不同情绪的。

活动目的：增进幼儿之间的情感交流，帮助幼儿学会倾听和尊重他人的情绪。

【延伸活动】

通过家长会或微信群向家长介绍活动目的和内容，鼓励家长在日常生活中关注幼儿的情绪变化，与幼儿共同讨论情绪话题。邀请家长参与部分活动，如情绪分享会，共同见证幼儿的成长。发放活动反馈表，收集家长对活动的意见和建议，以便后续活动的改进。

【评价反馈】

1. 活动目标达成度：活动目标基本达成，幼儿对情绪的认知、表达和调节能力均有所提高。通过活动，幼儿对情绪有了更深入的了解，形成了更加积极健康的情绪态度。

2. 活动内容与形式：活动内容贴近幼儿生活实际，形式多样，包括故事讲述、角色扮演、情绪日记等，深受幼儿喜爱。活动设计合理，能够激发幼儿的兴趣和参与度，促进幼儿主动学习。

3. 教师指导与评价：教师在活动中发挥了积极的引导作用，能够关注每名幼儿的表现，及时给予肯定和鼓励。教师通过观察和记录，对幼儿的学习成果进行了客观评价，为后续的教育活动提供了有力支持。

案例 1-4 中的专题活动是为期一周(5 个工作日)的情绪专题活动，活动目标从认知、能力和情感态度价值观三个维度进行设计，目标具体、明确，具有可操作性。活动对象明确，时间安排合理。活动准备从环境创设、教具准备两方面入手。活动环境将主题相关的图谱、标识等元素融入环境创设中，并投放

相应的主题材料,做好环境布置和准备。根据活动的需要,教师提前了解相关知识,做好知识准备和教学材料,如教学课件、教学图卡、幼儿操作材料等。活动过程层层深入,逐步递进,包括导入、认知、实践和总结四个环节,引导幼儿从体验、识别情绪到表达、调节情绪,逐步加深幼儿对情绪的理解,培养幼儿表达和调节情绪的能力。延伸活动设计了家长参与的方式方法,通过家园共育的方式,帮助幼儿在完整、一致的环境中进行情绪活动体验与实践。评价反馈从活动有效性视角出发,对活动目标达成度、活动内容与形式、教师指导与评价三个方面进行评价。

专题活动的拓展延伸除了案例展示的家园共育方式外,也可以从环境创设、持续跟踪等方面进行设计。例如,健康饮食的专题活动,可以通过在幼儿园内设置健康教育宣传栏、健康小贴士等环境创设的方式进行延伸,提醒幼儿时刻关注健康。持续跟踪是指定期对幼儿进行健康知识和技能的评估,确保教育效果的持续性和有效性。

活动的评价反馈可以从幼儿发展方面进行评价,也可以从活动效果方面进行评价,以确保活动开展的有效性。幼儿发展方面,可以在活动过程中观察幼儿的表现和参与度,及时给予评价反馈和指导。活动效果方面:可以通过测试、谈话等方式了解幼儿对活动内容的掌握情况,评估活动效果;也可以通过收集家长的意见和建议,了解活动在家庭中的实施情况;或者了解家长对活动的满意度情况,以便对活动进行改进和优化。

总的来说,设计学前儿童健康教育专题活动时,需要注重活动的目的性、趣味性、实践性和延续性,以确保健康教育的有效实施。

四、家园活动的设计与实施

学前儿童健康教育家园活动是指围绕儿童健康教育目的设计与实施的家园配合的综合性教育活动,旨在通过家长的参与,增强家庭和幼儿园的合作,促进幼儿身心健康发展。

在幼儿园中,健康教育家园活动的主题可根据季节、节日、幼儿兴趣等因素设定,如"健康饮食月""亲子运动周"等。活动设计可多样化,比如:健康讲座,邀请专业医生或营养师为家长讲解儿童的合理膳食、运动锻炼、疾病预防等知识;亲子运动,如组织亲子运动会、亲子瑜伽、亲子舞蹈等活动,增强亲子互动,提高幼儿身体素质;手工制作,如利用废旧物品制作健康食品模型、环保手工艺品等,培养幼儿的动手能力和环保意识;健康饮食体验,邀请家长和幼儿一起制作健康食品,如水果沙拉、蔬菜卷等,让幼儿了解健康饮食的重要性。

健康教育家园活动设计的环节应从明确目标和主题、制订活动方案、布置场地、准备物资、宣传推广等方面进行。

案例 1-5

"小手拉大手,健康一起走"亲子运动会

【活动背景】

此次活动旨在通过一系列趣味横生的运动项目,让幼儿在家长的陪伴下,体验运动的乐趣,学习健康知识,养成良好的运动习惯。

【活动目标】

1. 增进亲子关系:通过共同参与活动,加深亲子之间的情感联系。
2. 提高身体素质:增强力量、协调性、耐力等身体素质。
3. 学习健康知识:在运动过程中融入健康饮食、卫生习惯等教育内容。
4. 培养团队精神:鼓励家庭成员间的合作与互助,培养团队精神。

【活动准备】

1. 场地布置：选择幼儿园内的开阔区域，划分比赛区、观众席、休息区等区域，并设置足够的遮阳设施。

2. 物资准备：准备运动器材（如软垫、球类、跳绳等）、奖品（如小玩具、奖状）、饮用水、急救包等。

3. 宣传动员：通过幼儿园公告、微信群等方式向家长宣传活动信息，鼓励家长积极参与。

4. 项目设计：根据学前儿童的年龄特点和兴趣，设计适合亲子共同参与的比赛项目，如亲子接力赛、袋鼠跳、两人三足、健康知识问答等。

【活动流程】

一、开幕式

1. 主持人介绍活动目的、流程及注意事项。

2. 园长或教师代表致辞，鼓励家长和幼儿积极参与。

3. 亲子团队入场，进行简单的队列展示或口号呼喊。

二、热身活动

带领家长和幼儿进行简单的热身运动，如关节操、慢跑等，以防运动损伤。

三、比赛环节

1. 亲子接力赛：家长与幼儿手牵手或背对背夹球完成接力赛，考验亲子间的默契与速度。

2. 袋鼠跳：家长站在软垫上，幼儿站在家长的脚背上，家长跳跃前进，幼儿保持平衡，锻炼幼儿的平衡感和家长的腿部力量。

3. 绑腿跑：家长与幼儿将相邻的腿绑在一起，共同前进，培养亲子间的合作与协调能力。

4. 健康知识问答：设置与健康饮食、卫生习惯等相关的问题，家长与幼儿共同参与抢答，答对者获得小礼品，增加活动的趣味性和教育性。

四、颁奖仪式

根据比赛成绩颁发奖项，如"最佳默契奖""最快速度奖""最佳表现奖"等，并颁发奖状和小礼品。主持人总结活动亮点和收获，感谢家长和幼儿的参与。

五、活动总结与分享

1. 邀请家长和幼儿分享参与活动的感受和经验，增进彼此的了解和友谊。

2. 合影留念，结束活动。

【活动后续】

通过幼儿园公众号或微信群发布活动照片和报道，让家长和幼儿回味活动的美好时光。收集家长和幼儿的反馈意见，为下一次活动提供参考和改进方向。

在案例1-5中，首先明确了亲子运动会的核心目标，包括增进亲子关系、提高身体素质、学习健康知识、培养团队精神等。根据多维目标"亲子关系、身体素质、健康知识、团队精神"和鲜明主题"亲子健康同行"，系统规划了活动方案。流程设计包括开幕式、热身、比赛、颁奖、总结，构建了时间框架。项目设计，如亲子接力赛、袋鼠跳、健康问答等，巧妙融合了运动技能锻炼、健康知识传递与亲子互动合作。准备必要的物资，如比赛器材、奖品、饮用水、急救包等。宣传推广方面：可以通过幼儿园公告、班级群通知等方式向家长宣传亲子运动会的信息，鼓励家长积极参与；也可以制作活动海报或邀请函，增强活动的仪式感和吸引力。

在实施健康教育家园活动的过程中，要注意五个方面。第一，应把安全放在首位。要确保活动场地和器材的安全性，安排专人负责安全监督和急救工作，以应对突发情况。第二，注重活动过程中的互动与指导，教师要积极与家长互动，引导家长积极参与活动，与幼儿形成良好的互动关系，共同完成任务。第三，要确保比赛和竞赛类活动公平公正，避免任何形式的作弊行为。裁判和工作人员应遵守职业道德和比赛规则，确保比赛的顺利进行。第四，强调参与比获胜更重要，鼓励所有参赛者积极参与并享受比赛过程。第五，教师在活动中应为家长提供科学的育儿指导，帮助家长掌握正确的教育方法和技巧，鼓励家长在活动中多观察、多思考，了解幼儿的兴趣和需求，有针对性地进行教育和引导。

模块小结

学前儿童健康教育基本理论模块旨在帮助学习者树立科学的健康教育观,理解健康教育的多维目标,并能够设计和实施有效的健康教育活动,以促进儿童的身心健康和社会适应能力的发展。本模块首先引导学习者深入理解健康的本质不仅指身体无病,更涵盖心理健康、良好的社会适应能力以及养成健康行为习惯的动态过程。在此基础上,学习者明确了学前儿童健康教育的目标体系,即丰富健康认知,树立健康态度,最终形成健康行为。其次,本模块系统介绍了设计与实施健康教育活动的核心策略,包括将健康教育融入一日生活,开展跨领域整合活动以及设计专题活动。通过具体的任务情境分析和活动案例,学习者可掌握如何根据不同情境和目标灵活运用多种活动组织形式与方法。最终,本模块将为学习者有效开展学前儿童健康教育工作,促进儿童全面发展奠定坚实的理论基础,提供可行的实践路径。

岗课赛证

一、单选题

1. 幼儿园健康教育的主要目的是( )。
   A. 促进幼儿身心健康　　　　　B. 提高动作技能
   C. 增强幼儿体质　　　　　　　D. 丰富健康知识

2. 根据世界卫生组织的定义,健康的标准不包括以下哪项?( )
   A. 生理完好　　　　　　　　　B. 无疾病状态
   C. 社会适应能力　　　　　　　D. 道德健康

3. 学前儿童健康教育的核心目标是( )。
   A. 掌握所有体育项目　　　　　B. 养成健康行为和习惯
   C. 提高学习成绩　　　　　　　D. 培养艺术兴趣

4. 教师的健康观对健康教育的影响主要体现在( )。
   A. 不影响教育内容　　　　　　B. 与教育无关
   C. 影响教育方法和效果　　　　D. 仅限课程设计

5. 以下哪项属于健康的社会影响因素?( )
   A. 家族遗传病史　　　　　　　B. 托幼机构保教质量
   C. 儿童情绪稳定性　　　　　　D. 空气污染

6. 《3—6岁儿童学习与发展指南》将健康领域划分为( )。
   A. 认知、语言、社交
   B. 运动、营养、心理
   C. 科学、艺术、健康
   D. 身心状况、动作发展、生活习惯与生活能力

7. 根据现代健康观和学前儿童健康教育的价值追求,当前学前儿童健康教育的核心目标是( )。
   A. 仅保障儿童无身体疾病
   B. 培养儿童对神灵的敬畏以维护健康
   C. 传授所有医学知识使儿童成为健康专家
   D. 促进儿童身体、心理及社会适应的完满状态

8. 健康教育中"三维目标"不包括(　　)。

　　A. 艺术表现目标　　　B. 认知目标　　　　C. 情感态度目标　　　D. 技能目标

9. 活动目标表述应避免(　　)。

　　A. 具体行为描述　　　　　　　　　B. 笼统概括的表述

　　C. 可操作性标准　　　　　　　　　D. 统一行为主体

10. 幼儿健康行为的养成最适合通过哪种活动?(　　)

　　A. 生活活动　　　　B. 集体教学　　　　C. 艺术创作　　　　D. 科学实验

二、实训题

1. 请以"蔬菜营养"为主题,设计一个中班健康教育活动目标,需包含认知、技能、情感三维目标。要求目标表述具体、可操作,行为主体统一为幼儿。

2. 结合模块一"活动目标表述原则"对比以下两个活动目标案例,指出问题并修改。

　　(1) 目标一:让幼儿懂得蔬菜对身体好。

　　(2) 目标二:幼儿能列举两种绿色蔬菜,并说明其营养价值。

模块二

学前儿童安全教育

《幼儿园教育指导纲要(试行)》中明确指出:"幼儿园必须把保护幼儿的生命和促进幼儿的健康放在工作的首位。"学前儿童由于好奇心强、活泼好动且安全意识薄弱,相比其他年龄段的儿童更容易成为意外事故的受害者。

为了切实有效地帮助学前儿童树立正确的安全意识并减少其发生意外事故的可能性,幼儿园教师需要充分了解学前儿童安全教育的现状,并在此基础上,掌握学前儿童安全教育活动的设计与实施要点以及常见意外事故的急救措施,进而创造性地组织、开展学前儿童安全教育活动。

知识导航

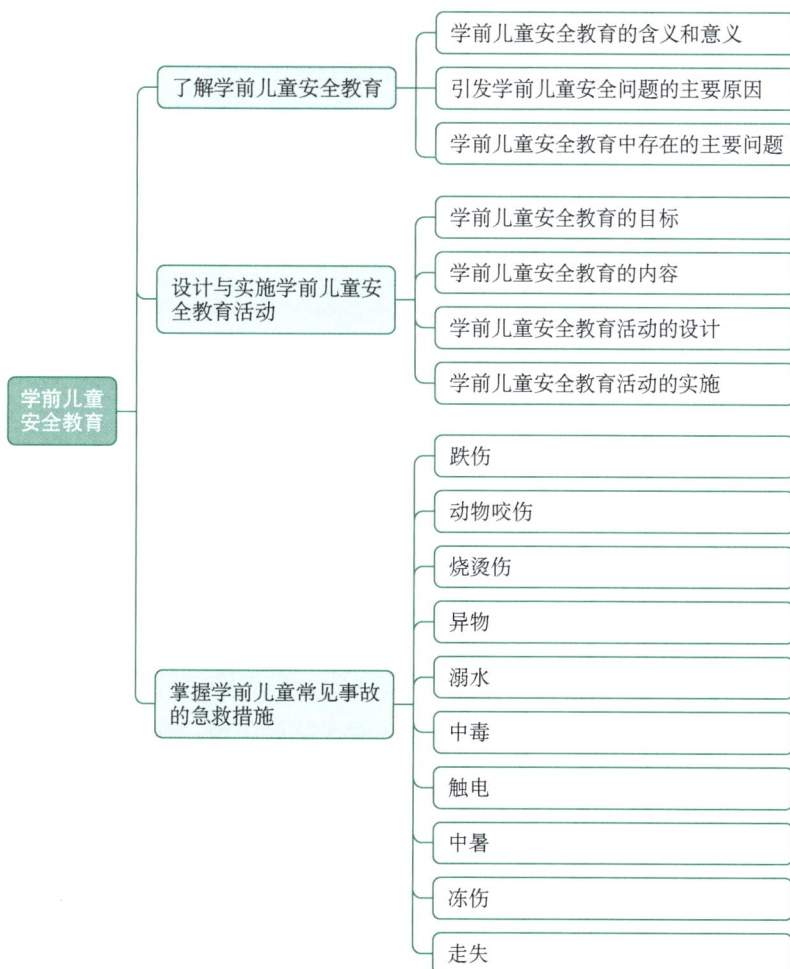

任务 1
了解学前儿童安全教育

1. 了解学前儿童安全教育的含义和意义。
2. 理解引发学前儿童安全问题的主要原因。
3. 明确学前儿童安全教育中存在的主要问题。

任务情境

在关于学前儿童安全教育话题的讨论中,同学们被问及:

1. 你觉得什么是学前儿童安全教育? 开展学前儿童安全教育有哪些意义?

2. 你认为造成学前儿童发生事故的原因有哪些?

3. 结合日常生活经验和幼儿园见习经历,你发现学前儿童安全教育中存在哪些问题?

针对上述问题,同学们积极踊跃地发表了自己的见解。

同学 A 说:"学前儿童安全教育就是要帮助学前儿童掌握安全常识,其意义在于保护他们的生命安全。"同学 B 说道:"造成学前儿童发生事故的原因主要是学前儿童缺乏自我保护意识。"同学 C 说道:"在日常生活中,成年人对学前儿童的安全教育以说教为主,学前儿童常常处于被动的接受学习当中,缺少主动探究的学习机会。"

上述回答和你的想法是否一致? 请在便利贴上简要记录你的答案。完成本节任务的学习后,反思你的答案是否全面准确。

任务支持

一、 学前儿童安全教育的含义和意义

微课

了解幼儿眼中的
"安全"和"危险"

　　学前儿童安全教育是根据学前儿童身心发展的特点和规律,通过有计划、有组织、有目的的信息传播和行为干预,来帮助学前儿童了解安全知识、掌握安全技能、树立安全意识、养成安全习惯的教育活动。

　　学前儿童安全教育的意义可从三个层面分析。从微观层面来说,安全教育的开展可以保障学前儿童的生命健康。学前儿童可以通过学会识别周围环境中的危险因素,提高对潜在危险的预见性和采取适当的自我保护措施等方式减少事故发生的可能性。从中观层面来说,安全教育的开展可以增强家庭的幸福度和家长对园所的信任度。学前儿童的生命安全维系着每个家庭的和谐美满,而家长在了解到幼儿园在安全教育方面做出的努力和取得的成果后,会更加放心地将孩子托付给幼儿园。从宏观层面来说,安全教育的开展关系到国家的未来。儿童是祖国的希望,他们的生命健康关系着整个民族的素质和社会的长远发展。

二、引发学前儿童安全问题的主要原因

（一）学前儿童身心发育不成熟

在生理层面上，学前儿童正处于发育旺盛时期。学前儿童身体的组织和器官尚未发育成熟：其骨骼比较纤细、脆弱，容易在外力的作用下发生骨折；肌肉的水分含量高，蛋白质和矿物质含量低，力量和耐力不足，若长时间参加超负荷运动，则容易因为身体疲惫而发生事故。此外，学前儿童神经系统的支配能力和运动系统的协调性也尚不完善，极易在嬉戏打闹中因为跌倒而产生皮肤擦伤或膝盖磕碰等情况。

在心理层面上，学前儿童的思维发展兼具感知运动阶段和前运算阶段的特点。在好奇心的驱动下，学前儿童喜欢运用各种感官对周围环境进行探索，但由于其认知能力相对较低，生活经验不足，对危险因素的判断力较差，可能会因为嘴尝、鼻嗅、眼看、耳听、手摸等探索行为发生气管异物、鼻腔异物、眼角膜异物、外耳道异物、触电、烧伤、烫伤、中毒等意外伤害。

知识拓展

根据皮亚杰的观点，成年人的思维发展已处于形式运算阶段。由于成年人认知能力较强，生活经验丰富，其对"安全"和"危险"的理解既可以依靠具体事物的支持（如，开车时系好安全带是安全的；骑电动自行车时未佩戴安全帽是危险的），也可以摆脱具体事物的束缚（如，安全是不受威胁、没有危害和损失；危险是有遭受损害和发生事故的可能）。

然而，学前儿童的思维发展主要处于前运算阶段，大多数学前儿童对"安全"和"危险"等抽象概念的理解都存在着片面性。顾荣芳等对300名学前儿童（45～80个月）关于安全相关概念认知的研究中发现：24%和15.33%的学前儿童对"安全"和"危险"的概念缺乏理解，主要表现为不知道含义（如"我不知道什么是安全"）、认知不准确（如"安全就是不发烧"）和原词造句（如"安全就是很安全""危险就是特别危险"）等类型；61.67%和81%的学前儿童需要从具体客体或可直接感知的外部特征来理解"安全"和"危险"的概念，主要表现为具体举例（如"安全就是不摔跤""危险就是有老虎来吃你了"）、措施描述（如"安全就是下楼梯的时候要扶着栏杆""遇到危险了，就要去告诉邻居们"）和结果描述（如"要是不安全，那就会被骗走了""危险了就会跌下来"）等类型；只有14.33%和3.67%的学前儿童能概括出概念的重要属性（如"安全就是没有危险""危险就是有什么伤害的事情"）[①]。

由此可见，学前儿童视角和成人视角下的"安全"和"危险"在一定程度上存在着较大差异。很多在成年人眼中理所当然的事情，却在学前儿童眼中有着不同的理解。

（二）保教人员数量不足

基于《幼儿园教职工配备标准（暂行）》的要求，我国幼儿园每班大多配备2名专任教师和1名保育员，全日制幼儿园保教人员与幼儿比例通常在1∶7至1∶9，半日制幼儿园保教人员与幼儿比例通常在1∶11至1∶13。由于师幼比例相对较低，在区角活动和户外自主游戏等环节，保教人员兼顾每名幼儿的活动安全，具有一定的挑战。此外，在师幼距离较远的情况下，事故的发生频率也容易变高。

（三）幼儿园安全规章制度不健全

目前幼儿园大多制定了保卫工作制度、幼儿接送制度、防火安全制度、食品卫生制度、器械检查制度

---

① 顾荣芳,杨余香,李秀敏.幼儿对安全相关概念的认知[J].幼儿教育,2009(12):32-36,54.

等,但尚不完善。并且,现有制度主要包括意外伤害的预防机制,缺乏意外伤害的处理机制,如常见突发事件报告制度、事故急救制度、基本药品使用制度、紧急事件运送制度等[①]。

除此之外,幼儿园在安全规章制度的贯彻落实方面缺乏执行力度。近年来,幼儿园恶性事件偶有发生。部分园所未将安全保卫工作纳入教职工管理考核制度,对于保教人员造成安全事故的行为,存在未严格执行责任追究制度的问题。

(四)生活环境中的潜在危险

幼儿的生活环境中充满着潜在危险。在家庭环境层面,室内用房过分拥挤、桌椅边柜棱角锋利、窗户阳台未设置防护栏、药品摆放位置较低等都容易导致幼儿安全事故的发生。在幼儿园环境层面,游戏器械设备陈旧、玩具颗粒细小、盥洗室地面湿滑、运动活动场地未铺设保护软垫等是造成幼儿意外伤害的主要原因。在社区环境层面,户外地面不平整、脱落电缆处理不及时、下水井盖损坏未修理等是意外事故的高频发生源。

三、学前儿童安全教育中存在的主要问题

(一)重保护,轻教育

在日常生活中,教师和家长常常过度保护幼儿,限制幼儿在活动中的行为表现。从表面上看,教师和家长在帮助幼儿远离生活中的危险,减少事故发生的可能性。但实际上,过度的保护会导致幼儿缺乏足够的生活经验和自我保护意识,不利于培养幼儿面对危险情境的预判能力和解决能力。因此,教师和家长要转变传统教育观念,在保护幼儿生活安全的同时,通过合理的方式引导幼儿了解基本的安全知识和技能,养成良好的安全行为习惯。

> **案例讨论**
>
> 小李认为自己是一个非常负责任的家长。考虑到自己的孩子只有4岁,没有足够的能力和经验解决生活中遇到的危险,便想着先不要让孩子在生活中靠近危险的事情,等孩子长大一些,具备了一定的独立自主能力之后,再去让他面对这些事情。
>
> 于是,当孩子靠近微波炉时,小李就会告诉孩子不要碰它,担心孩子被电到;
>
> 当孩子进厨房时,就会告诉孩子不要靠近燃气灶,害怕孩子将阀门拧开导致中毒;
>
> 当孩子下楼时,就会紧紧抓住孩子的胳膊,防止孩子在楼梯上跌倒滚落;
>
> 当孩子想要做手工时,会让孩子远离剪刀和刻刀,以免戳伤;
>
> ……
>
> 你觉得小李的做法是否正确?其做法会对孩子造成哪些影响?

(二)重灌输,轻训练

教师和家长大多会习惯于运用口头语言告知幼儿基本的安全常识,虽然这种教育形式对成人来说方便快捷,却将幼儿置于被动的学习模式中。幼儿常常会因为注意力不集中、学习兴趣度低等,对成人灌输的知识"左耳进,右耳出",教育成效甚微。美国教育家杜威强调"知行合一"的理念。如果一个人学习的知识不能影响其行为,其行为又不能源于其所学的知识,那就只会养成一种轻视知识的习惯。在教育教学工作中,"不能让学习者仅在岸上学习游泳知识,更应让学习者亲自下水实践"。因此,要切实提高幼儿安全教育的有效性,教师和家长应调整教育重心,加强对火灾、地震、触电、溺水、拐骗等安全逃生

---

① 李英华,董慧芳.学前儿童健康教育与活动指导[M].北京:人民邮电出版社,2018:35.

自救行为的训练。

（三）重形式，轻评价

安全教育是幼儿园一切教育活动的基础和保障，然而部分幼儿园在组织开展安全教育时，流于形式，缺少评价体系的监管。以幼儿园常见的参观消防队活动为例，其主要流程包括观看消防员整理内务、聆听消防车知识介绍、观摩消防安全应急演习等。幼儿园和消防部门在联合筹备、组织和开展安全教育活动上都花费了较多的时间和精力，但对于幼儿而言，其安全知识与自我保护能力是否真的提升却是值得商榷的问题[①]。相关园所或教育部门并未建立健全的评价体系用于对安全教育的落实情况进行跟踪调查，这就违背了学前儿童健康教育的完整性原则，不利于幼儿园健康教育工作成效的持续提升[②]。

---

① 丁悦.安全教育岂能缺了教育性[N].中国教育报,2020-12-12(2).
② 亓永英.学前儿童健康教育与活动指导(第二版)[M].北京:人民邮电出版社,2018:142.

任务 2
设计与实施学前儿童安全教育活动

任务目标

1. 明确学前儿童安全教育的目标和内容。
2. 掌握学前儿童安全教育活动的设计与实施要点。

任务情境

　　某幼儿园小班年级组邀请不同班级的幼儿家长扮演陌生人,开展了一次"不和陌生人走"的安全演练活动。

　　早上 9 点,A 班李老师和本班幼儿说:"我要送大家一个好玩的玩具,我现在去楼下把它取来,大家在教室里等几分钟,李老师马上就回来。如果一会儿有陌生人来,你们会不会和陌生人走?"幼儿异口同声地答道:"不会。"

　　随后,李老师离开班级,并指派 B 班的幼儿家长张先生扮演陌生人进入教室。张先生走进教室后和幼儿进行了短暂的问候与交流,随后提出:"外面刚刚下雨了,雨后有很多小虫子爬出来了。我们到外面捉虫子,好不好?"幼儿都说:"好!"于是班级里的 24 名幼儿全部随张先生离开。

　　请结合你在本模块任务 1 中的理论学习,简要总结上述安全演练活动反映了哪些问题,并和小组成员讨论,如何才能有效提升幼儿的安全意识和安全行为。请在便利贴上写下你对安全教育活动设计与实施的思考。完成本节任务的学习后,反思你的答案是否全面准确。

任务支持

一、学前儿童安全教育的目标

(一) 总目标

　　《幼儿园教育指导纲要(试行)》中,健康领域对幼儿安全教育模块提出的目标是"知道必要的安全保健常识,学习保护自己"。在此基础上,依据教育目标三维分类方式,可以将安全教育的总目标分为认知、技能、情感三个维度,详见表 2-1。

表 2-1　学前儿童安全教育的总目标

维度	学前期总目标
认知	知道基本的安全知识,懂得珍惜生命

（续表）

维度	学前期总目标
技能	掌握简单的自护、自救方法和技能，并能在发生事故时加以运用
情感	树立安全意识，养成有利于安全的行为习惯

（二）年龄阶段目标

《3—6岁儿童学习与发展指南》中，健康领域对幼儿安全教育模块提出的子目标是"具备基本的安全知识和自我保护能力"[①]。根据不同年龄阶段的学前儿童的发展特点，《3—6岁儿童学习与发展指南》将安全教育的年龄阶段目标分为3～4岁、4～5岁、5～6岁三个阶段，详见表2-2。

表2-2　学前儿童安全教育的年龄阶段目标

年龄阶段	安全教育目标
3～4岁	1. 不吃陌生人给的东西，不跟陌生人走 2. 在提醒下能注意安全，不做危险的事 3. 在公共场所走失时，能向警察或有关人员说出自己和家长的名字、电话号码等简单信息
4～5岁	1. 知道在公共场合不远离成人的视线单独活动 2. 认识常见的安全标志，能遵守安全规则 3. 运动时能主动躲避危险 4. 知道简单的求助方式
5～6岁	1. 未经大人允许不给陌生人开门 2. 能自觉遵守基本的安全规则和交通规则 3. 运动时能注意安全，不给他人造成危险 4. 知道一些基本的防灾知识

（三）教育活动目标

结合《3—6岁儿童学习与发展指南》和幼儿园教学实践，小、中、大班的教育活动目标主要涵盖以下内容。

1. 小班安全教育活动目标

（1）认识交通信号灯，知道红灯停、绿灯行、黄灯等。

（2）知道行人过马路应走斑马线。

（3）知道过马路时要看清楚是否有车辆，要拉着大人的手。

（4）认识消防车、消防栓、灭火器等消防设施和工具。

（5）了解消防员的基本职责，如灭火和救援。

（6）了解玩火的危险性。

（7）知道遇到火灾时要找成人求助。

（8）知道不能吃掉在地上的食物。

（9）知道不能吃腐烂的、变质的、有异味的食物。

（10）知道不随便要陌生人的东西和不乱吃陌生人给的东西。

（11）知道不能乱吃药。

（12）知道不玩插座和电器。

（13）知道不能使用湿润的手触碰电器开关。

（14）了解玩水、玩电的危害。

---

① 中华人民共和国教育部.3—6岁儿童学习与发展指南[M].北京:首都师范大学出版社,2012:10.

（15）知道不能使用玩具击打同伴的身体。

（16）知道不能将细小的玩具放入口腔、鼻孔、耳朵中。

（17）知道不能和陌生人走。

（18）能说出自己的姓名、家长的姓名和电话。

2. 中班安全教育活动目标

（1）认识直行箭头、左转箭头、右转箭头、步行区等交通标识。

（2）知道在没有交通信号的路口如何安全过马路。

（3）知道避开危险区域，如停车场和高速公路旁。

（4）认识烟雾探测器、应急灯等消防设施和工具。

（5）知道特殊的求救号码110、119、120。

（6）掌握火灾发生时的基本自救方法，如用湿毛巾捂住口鼻和低姿势逃生。

（7）知道不能一边跑跳一边吃东西。

（8）了解食物保质期的概念。

（9）学会正确的食物保存方法，如放在阴凉处和冷藏。

（10）知道发现地上有药片或药瓶时，应立即告诉大人。

（11）知道大人不在家时，不能独自进入浴室玩水。

（12）知道不能将回形针、螺丝钉、手指等放入插座中。

（13）了解池塘、水库、河沟等水域的危险性。

（14）知道雷雨天气要远离电线杆、变压器等设施，避免在树下、空旷地避雨。

（15）知道不能使用塑料袋、棉被等物品蒙头。

（16）能够自觉遵守玩滑梯的基本规则，如排队下滑，不推拉打闹和逆向爬梯。

（17）知道不能轻易相信陌生人说的话，单独在家时不给陌生人开门。

（18）能说出自己的姓名和家庭住址，父母的姓名、工作单位和电话。

3. 大班安全教育活动目标

（1）认识前方有十字路口、注意安全、禁止车辆和行人进入等交通标识。

（2）掌握安全过马路的技能，如使用人行横道和过街天桥。

（3）知道交通规则的重要性，能自觉遵守基本的交通规则。

（4）了解消防栓的用途，知道灭火器的使用方法。

（5）知道幼儿园的安全出口和逃生路线。

（6）掌握地震、火灾等意外事故发生时的自救和逃生技巧。

（7）养成到公共场所时注意观察安全出口等消防标识的习惯。

（8）掌握辨别食物是否新鲜的基本方法，如观察食物是否发霉和闻一闻食物的气味。

（9）能够识别食品包装袋上的基本信息，如生产日期、保质期、食品安全标志。

（10）知道吃饭时不能嬉戏打闹，以免食物进入气管。

（11）知道过量食用含有食品添加剂的零食可能造成营养不良和身体疾病。

（12）掌握遇到触电事故时的基本救助方法，如立刻呼喊周围的成年人。

（13）知道没有成年人的陪同，不能独自去池边、湖边等危险地带。

（14）知道不能随便使用刀、剪等尖锐的器物当作玩具。

（15）知道不能将铅笔、筷子等尖锐的东西含入口中，以免扎伤自己或他人。

（16）知道玩游戏时要遵守规则，不能做危险性动作。

（17）知道没有家长的允许，不能给陌生人开门，不跟陌生人走，更不能让陌生人触碰自己的身体。

（18）能清楚说出自己的姓名、园名和家庭住址，家长的姓名、单位和电话，发生走失等紧急情况时知道如何保护自己。

二、学前儿童安全教育的内容

从《3—6岁儿童学习与发展指南》健康领域里"具备基本的安全知识和自我保护能力"的年龄阶段目标和教育建议中可以看出,学前儿童生活安全教育的内容十分广泛,涉及交通安全、消防安全、食品安全、水电安全、玩具安全、交往安全、运动安全、防走失安全等方面。

(一)交通安全

道路交通事故是学前儿童面临的主要伤害之一。根据《中国儿童青少年伤害流行状况回顾报告》[①]的数据,从2010年到2015年,道路交通伤害占1～4岁和5～9岁幼儿群体门急诊病例的9.58%和28.23%。而近些年来,国内交通事故的死亡人数及受伤人数虽有所下降,但形势依然严峻。因此,加强家庭和幼儿园中的交通安全教育显得尤为重要。交通安全教育主要包括以下三个方面。

(1)认识常见的交通标识。如:知道信号灯、人行横道、直行、向左转弯、向右转弯、T形交叉路口、慢行、注意安全等常见交通标识(图2-1)的含义和作用。

(2)遵守基本的交通规则。如:走路时要走人行道,当没有人行道时,靠马路右侧行走;过马路时遵守红灯停、绿灯行的规则。

(3)养成良好的出行习惯。如:不在马路上嬉戏打闹、坐卧停留,发现障碍物时主动绕行;坐车时系好安全带(图2-2),不将身体部位伸出车窗外。

图2-1　道路交通标识墙(上海市实验幼儿园)

图2-2　"一盔一带"安全行(上海市闵行区一品漫城幼儿园)

(二)消防安全

无论在家庭、幼儿园还是社区生活中,火灾都是容易发生且需要时刻提防的安全事故,特别是在幼儿园和商场等人群密集的场所,火灾的发生和蔓延会导致幼儿的人身安全受到严重威胁。家长和教师应在日常生活中认真落实"预防为主、防消结合"的消防安全教育工作。消防安全教育主要包括以下三个方面。

(1)懂得玩火的危险性。如:知道火柴、打火机、蜡烛等工具可能会引发火灾;知道起火燃烧会导致高温高热和产生有毒气体,给人和周围的环境带来危险。

(2)掌握简单的逃生技能。如:发生火灾时要使用湿毛巾捂住口鼻,趴在地上匍匐前进或弯腰前

---

① 王临红,段蕾蕾,崔民彦.中国儿童青少年伤害流行状况回顾报告[EB/OL].(2022-08-16)[2024-05-04].http://zhuanlan.zhihu.com/p1554165932.

行；从紧急出口撤离火灾现场，撤离过程中不乘坐电梯。

（3）树立良好的防火意识。如：不摆弄家里的煤气和灶具开关；在没有监护人的陪护下，不私自燃放烟花爆竹；不触碰易燃易爆的危险品。

（三）食品安全

民以食为天，食以安为先。学前期的食品卫生安全问题对人一生的身体发育和智力发展都有着重要的影响。由于学前儿童的抵抗力较弱，食品安全教育应成为家庭和幼儿园教育的重中之重。食品安全教育主要包括三个方面。

（1）知道食用不卫生食品的危害性。如：食用生水、未经清洗的果蔬、变质发霉的面包可能会引发食物中毒。

（2）掌握辨别食品安全的常见方法。如：检查包装物的完好情况，查看食品包装袋上的安全标识和保质期；观察食物的色泽和形状等。

（3）养成健康的进食习惯。如：饮用热汤和开水前先吹一吹；吃鱼时将鱼刺挑干净；进餐时细嚼慢咽，不嬉笑打闹。

（四）水电安全

水、电是现代生活不可或缺的物质，为我们的生活带来便利的同时，也带来了一定的安全隐患。学前儿童大多热衷于戏水游戏和电子设备，家长和教师应及时向学前儿童普及水电安全知识，减少甚至杜绝触电和溺水事故的发生。水电安全教育主要包括三个方面。

（1）知道安全使用水电的基本常识。如：不将手指和金属物品放入插座中；不私自到河边玩耍；不使用小刀等工具切划电线。

（2）掌握溺水和触电的急救方法。如：发现同伴溺水时，及时就近向周围的成人求救；遇到有人触电时，切断电源并使用干燥的木棍挑开触电者身上的电线。

（3）养成良好的用水用电习惯。如：不用湿手触摸电器和开关；不将脸闷入水中；在没有学会电器的操作使用方法之前，不随便触碰开关或者旋钮。

（五）玩具安全

玩具是学前儿童探索世界的工具，对学前儿童的学习和发展有着举足轻重的作用。然而，无论是滑梯、蹦床等大型玩具，还是玻璃球、木珠等小型玩具，如果使用不当都可能造成意外事故。因此，家长和教师要高度重视学前儿童的玩具安全教育，避免意外的发生。玩具安全教育主要包括三个方面。

（1）了解玩具带来的潜在伤害。如：将小木珠放入口鼻中，可能导致异物堵塞、呼吸困难；玩滑梯时不抓紧扶手，容易发生跌落而受伤。

（2）遵守玩具的使用规则。如：荡秋千时，双手握紧绳索；玩游戏棒或积木时，不得用其击打同伴的身体。

（3）养成良好的游戏习惯。如：玩滑梯时不争相拥挤，当前面的幼儿滑至底部起身离开后，才可以向下滑动。

（六）交往安全

人际交往是学前儿童社会性发展的第一步，但由于学前儿童的认知能力发展尚未成熟且缺乏足够的生活经验，其人际交往面临着一定的安全隐患。也正因如此，家长和教师都十分重视学前儿童的陌生人交往安全教育。交往安全教育主要包括三个方面。

（1）了解与陌生人交往的注意事项。如：不和陌生人走，不吃陌生人给的东西，未经大人允许不给陌生人开门。

（2）能够灵活地应对陌生人情境。如：独自在家遇到有人敲门时，锁好房门；如果陌生人来送东西，可以让其将东西放置于门口;如果陌生人来检查煤气管道,可以告诉对方家长马上回来,让其在门外等候片刻。

(3) 养成良好的安全交往习惯。如:不随意透露自己的家庭住址、家庭电话号码、父母的姓名和工作单位等隐私信息。

(七) 运动安全

运动是学前儿童身体发育和机能发展的重要途径,而安全则是保障这一过程可持续的基础。由于学前儿童动作协调性和危险预判能力较弱,运动中易发生摔倒、碰撞等意外伤害。因此,开展运动安全教育也应成为家庭和幼儿园安全教育的核心内容之一。运动安全教育主要包括三个方面。

(1) 了解基本的运动安全规则。如:运动时要远离车辆通行的区域;在潮湿地面跑动要减速。

(2) 掌握规范的动作来进行游戏和自我保护。如:攀爬时在双手抓稳后再移动脚,跌倒时用手缓冲保护头部。

(3) 养成良好的运动习惯。如:运动前要先进行热身;运动中不互相推挤和争抢;饭前饭后半小时不剧烈运动。

(八) 防走失安全

学前儿童好奇心强且活动范围大,容易被外界新鲜事物吸引,从而离开主要照顾人的视线。家长和教师需通过系统教育提升其防走失能力。防走失安全教育主要包括三个方面。

(1) 了解走失的危险性。如:容易受到意外伤害,可能被陌生人拐卖。

(2) 能掌握基本的求救方法。如:记住自己的家庭住址,父母的姓名、单位和联系方式;在走失时向警察、保安、商场工作人员等成年人求助。

(3) 树立良好的自我保护意识。如:出门时要拉紧成人的手或跟紧成人。

三、学前儿童安全教育活动的设计

(一) 集体学习活动

幼儿园集体学习活动是教师以班级为单位而组织开展的有计划、有目的、系统的教育活动。由于这类活动具有集中性和统一性,教师通过此种途径来进行安全教育,可以同时帮助班级全体幼儿高效地掌握基本的安全知识和自我保护能力。

在设计安全领域集体学习活动时,教师可遵循以下基本步骤。

(1) 选取活动主题。教师根据幼儿园安全主题课程计划安排、学前儿童在日常生活中表现出来的危险行为问题、学前儿童关注和感兴趣的安全领域话题等,选取适宜的安全教育活动主题,如交通安全、消防安全、食品安全、水电安全、玩具安全和交往安全。

(2) 确定活动目标。教师需要结合学前儿童的发展水平和年龄特征,细致考虑认知、技能、情感等多个维度的目标,以确保安全教育的有效性和实用性。此外,活动目标需要具体明确,以便教师在活动中或活动后观察记录目标是否达成。

(3) 准备活动材料。教师根据教学主题和活动目标,结合幼儿已有经验,准备丰富适宜的教学材料,包括图片、绘本、视频、儿歌、情景模拟道具等,以吸引幼儿的注意力,提升其活动体验感。

(4) 选择教学方法。幼儿园安全领域集体学习活动常见的教学方法有示范讲解法、游戏模拟法、讨论评议法、活动比赛法等。对于年龄较小的学前儿童,教师可以采用更加直观和游戏化的方法,如结合绘本《安全过马路》示范讲解过天桥、走地下通道的正确方法和等红绿灯的规则,或者根据绘本的故事情节进行游戏模拟等;而对于年龄较大的学前儿童,则可采用更加复杂的方式,如结合交通事故的新闻案例进行讨论评议,或者开展安全领域的知识问答比赛等。

微课

掌握常见的安全教育活动设计方法

（5）制定活动过程。完整的安全领域集体学习活动过程通常包括三个环节，即导入环节、基本环节和结束环节。在导入环节，教师可以利用图片、绘本故事、简短的视频或者儿歌等引出本次安全学习活动的主题，激发幼儿的学习兴趣；在基本环节，教师将教学内容分步展开，确保每一部分的内容都贴近实际生活，易于幼儿接受和理解；在结束环节，教师对本次活动中所讲述的安全知识和技能进行总结，强化幼儿对新的学习内容的理解和记忆。

（6）开展评价反思。教师既需要在活动进行过程中观察幼儿的反应，了解教学效果，适时调整教学策略，也需要在活动结束后反思每次集体教学活动的过程，总结经验教训，不断优化活动设计。

案例"我会乘地铁"展现了一个集体学习活动的结构。

案例 2-1

大班交通安全活动"我会乘地铁"

【设计意图】

《3—6 岁儿童学习与发展指南》指出，要"结合生活实际对幼儿进行安全教育"。由于我园紧邻地铁站，幼儿每天入园和离园时都会经过，也有很多幼儿会和爸爸妈妈一起乘坐地铁，地铁已经成为幼儿熟悉的交通工具。为了帮助幼儿树立正确的安全乘车意识，学会正确的安全乘车行为，我设计了本次活动，让幼儿在讨论交流和游戏情境中理解与掌握乘坐地铁的安全知识。

【活动目标】

1. 知道乘坐地铁时要站在黄线外等候，不在站台上乱跑。
2. 通过情境模拟，学会有序排队、先下后上、无座时扶稳把手等安全行为。
3. 积极参与活动，愿意表达自己的感受。

【活动准备】

1. 经验准备：幼儿在日常生活中已有乘坐地铁的经验。
2. 物质准备：地铁闸机、售票窗口、黄色等候区、座位、扶手等道具，地铁图片。

【活动过程】

1. 回顾经验，讨论交流

通过提问，启发幼儿分享乘坐地铁的经验。

教师：小朋友们，你们坐过地铁吗？是什么时候乘坐的？乘坐地铁的流程是怎样的？

小结：地铁是一种经济划算、方便快捷的城市交通工具；乘坐地铁需要买票、安检、入闸、候车、上车、下车、出闸等。

2. 创建情景，乘坐地铁

（1）教师带领幼儿在预先布置好的地铁情景中体验乘坐地铁的游戏。

教师：现在大家都知道乘坐地铁的流程了。今天你们都是乘坐地铁的小乘客，大家一起准备进入地铁站吧。（幼儿模拟乘坐地铁的流程。）

（2）教师通过提问，引导幼儿思考乘坐地铁的过程中可能会遇到哪些危险。

教师：你觉得安检/入闸/候车/乘车时可能会遇到哪些危险？（安检时可能将手指卡在安检机的传送带和滚动棒的接口处，人多拥挤时容易摔倒，候车时站在黄线内可能会掉下站台，地铁上没有座位时可能会因颠簸而跌倒等。）

（3）教师逐一呈现安检、入闸、候车、乘车、出闸等图片，请幼儿讨论如何可以避免这些环节易发生的危险，以及有哪些安全标识可以帮助人们避免危险。

教师：你有什么好的解决办法吗？你知道地铁站有哪些安全标识可以帮助人们减少危险事故的发生吗？

　　小结:安检时不能将手指伸进安检机,过闸机和等车时要排队,不可以在等候地铁时越过黄色警示线,进车厢时要先下后上,在车厢内不可以倚靠车门,站着时要扶好把手,进出站台要按照地面箭头指示方向行走以防迷路,走路时不要低头玩玩具等。

　　3. 动手操作,设计标识

　　教师和幼儿一起制作安全标识。

　　教师:让我们动动双手,一起来设计地铁站的安全标识,并放置在合适的位置吧。

　　4. 游戏重现,行为巩固

　　组织幼儿再次进行乘坐地铁的情景游戏,观察幼儿是否遵守相关安全标识有序乘车,总结游戏中遇到的问题,帮助幼儿巩固安全行为。

(二) 个别化学习活动

　　个别化学习活动,也称学习性区角活动,是教师根据活动目标和幼儿的发展水平,有目的地创设活动环境,投放活动材料,让幼儿按照自己的意愿和能力,以操作摆弄为主的方式进行的自主学习活动[①]。由于这类活动具有开放性和自主性,教师通过此种途径来进行安全教育,可以为幼儿营造轻松愉悦的学习氛围,让幼儿在充满乐趣的活动中掌握生活安全常识,提升自我保护能力。

　　在设计安全领域个别化学习活动时,教师可遵循以下基本步骤。

　　(1) 确定活动目标。教师应分析学前儿童的现实发展水平和潜在发展水平,明确希望通过个别化学习活动提升的安全知识和技能,设定具体、可衡量的活动目标,以便于在活动中或活动后观察记录目标是否达成。

　　(2) 规划空间环境。教师根据预设的安全教育活动目标和学前儿童的兴趣,合理规划和设置不同的个别化学习活动区角,如阅读区、益智区、生活区、角色扮演区、科学实验区等,确保各区角空间充足,具备良好的活动氛围。此外,教师应根据各空间的实际情况设置合理的人数上限,避免由于人数过多而影响学习效果。

　　(3) 开发活动玩法。教师可以通过绘画活动、口头讨论和举手投票等多种形式邀请学前儿童分享他们的兴趣和想法,并综合活动的安全性和资源的可用性,与学前儿童一起筛选出切实可行的、充满趣味的活动玩法。

　　(4) 开展观察指导。教师应根据活动玩法制定清晰明确的观察要点,以确保在活动中能够有效地捕捉到学前儿童的表现和行为。当发现幼儿在活动中遇到困难或挑战时,教师应及时提供支持和引导,促进其更好地掌握安全知识和技能。

　　案例"我是自护小超人"展现了生活区个别化学习活动的设计结构。

案例 2-2

中班生活区个别化学习活动"我是自护小超人"

【设计意图】

　　《3—6 岁儿童学习与发展指南》指出,幼儿应"具备基本的安全知识和自我保护能力"。近年来,果冻、口香糖等异物卡喉的案例偶有发生。而最近几天,我发现班级里的几名幼儿经常在进餐时嘴里含着食物就跑去一边玩了。鉴于我班幼儿一直对飞行棋很感兴趣,我结合飞行棋元素设计了本次安全教育个别化学习活动,旨在帮助幼儿掌握日常安全注意事项和巩固自救知识。

---

①　徐萍. 学习性区角活动的教育功能[J]. 教育,2015(10):53-54.

【适宜人数】

3～4 人。

【活动目标】

在行棋过程中,能根据棋谱上遇到的场景说出适宜的自救方法。

【活动玩法】

教师和幼儿将泡沫地垫拼接成"飞行"棋谱,并在棋谱上随机投放带有危险场景的图片。幼儿轮流投掷骰子,按照骰子的点数"飞行"相应的步数。当"飞行"至棋谱上有危险场景的图片时,说出遇到这种情况应如何自救。

【观察指导】

观察幼儿能否遵守游戏规则按照骰子点数"飞行",以及能否说出适宜的自救方法。引导幼儿讨论如果在生活中遇到类似的危险情境,应如何自救,帮助幼儿积累自救的经验和方法。

四、 学前儿童安全教育活动的实施

(一) 把握年龄特征进行差异教学

小班幼儿通常对安全规则具有初步的认识,能对安全行为规范做出简单的判断,但这一阶段的幼儿大多处于独自游戏和平行游戏的阶段,角色意识淡漠。虽然在活动中喜欢模仿,但与同伴之间缺乏角色分工,交往较少。因此,针对小班幼儿,教师可开展一些简单的游戏活动,如"红灯停、绿灯行""不将身体部位伸出车窗外"等。

中、大班幼儿随着生活经验的提升,对安全知识和技能有了更多的了解,且这一阶段的幼儿大多处于联合游戏与合作游戏阶段,有较强的角色意识和更合理的角色分工。此外,相比小班幼儿,中、大班幼儿的竞争意识也明显提升。因此,中、大班教师可创设多样化的安全教育情境,如消防救援局、地铁站、餐厅、厨房等,鼓励幼儿在合作性较强的游戏活动中练习和巩固安全行为,树立正确的安全意识;也可开展安全主题相关的趣味比赛活动,如安全知识竞赛、安全飞行棋、交通标识套圈比赛等,在激发幼儿活动参与兴趣的同时,提升幼儿的安全知识水平和自护能力。

(二) 注重多种方法有效结合

幼儿园安全教育活动的设计方法多种多样,但每种设计方法都有其独特的优点和一定的局限性。教师可通过厘清每种方法的理论支撑,来明确每种方法的优点和弊端。表 2-3 呈现了常见的五种方法。

表 2-3 常见的安全教育活动设计方法

活动设计方法	活动形式	活动时长	理论支撑	优点	缺点
游戏模拟法	通过角色扮演的形式模拟各种事故发生的场景	小班 15 分钟、中班 20 分钟、大班 25 分钟	维果茨基的社会建构主义理论、福禄培尔的游戏理论	趣味性强、幼儿参与度高	可迁移性较差
场景演练法	在真实的生活场景中学习其中涉及的安全教育知识	1 个小时甚至更长时间(视具体活动而定)	莱夫和温格的情境学习理论	可迁移性强	组织管理上难度略大,人力、物力资源需求量较大
示范讲解法	通过动作示范和口头语言向幼儿解释说明相关安全知识技能	小班 15 分钟、中班 20 分钟、大班 25 分钟	班杜拉的观察学习理论	学习内容直观形象,易于模仿和习得	幼儿处于被动的学习模式,注意力容易分散

(续表)

活动设计方法	活动形式	活动时长	理论支撑	优点	缺点
讨论评议法	通过设置分享环节,鼓励幼儿参与关于安全知识和技能的讨论	3~5分钟	维果茨基的社会建构主义理论	有利于培养幼儿的表达能力和思维能力	容易因为"自我中心"而出现离题现象
活动比赛法	通过个人或小组竞赛的方式开展安全主题相关的教育活动	视具体活动而定	斯金纳的强化理论	幼儿参与活动的积极性高	容易导致幼儿的学习过度依赖外在动机

应充分注意到,各种设计方法既是独立的,也是互补的。教师应根据活动目标和活动内容灵活选用一种或多种方法来组织开展学前儿童安全教育活动,进而实现活动效果的最大化。

(三) 加强家园合作,协同共育

《幼儿园工作规程》指出,幼儿园应当主动与幼儿家庭沟通合作,为家长提供科学育儿宣传指导,帮助家长创设良好的家庭教育环境,共同承担教育幼儿的任务[①]。因此,教师应加强家园合作来协助提升幼儿的安全意识,培养幼儿的安全行为。

教师可创设家长课堂,邀请专业人士开展安全教育讲座;布设家园联系栏"安全知识园地",宣传幼儿安全教育内容;设立家长助教岗位,邀请家长入园体验和开展安全教育活动;此外,教师也可充分利用互联网技术,通过云课堂、家长交流群等方式及时与幼儿家长进行互动沟通,共享安全教育信息。

---

① 中华人民共和国教育部. 2016 版幼儿园工作规程[M].北京:首都师范大学出版社,2016:22.

任务 3
掌握学前儿童常见事故的急救措施

任务目标

1. 了解学前儿童常见事故的类型。
2. 掌握学前儿童常见事故的急救措施。

任务情境

　　琪琪在幼儿园吃午点时,不小心将香蕉卡在了喉咙处。当琪琪发出第一声咳嗽时,小王老师便发现了不对劲,急忙跑到琪琪身边。只见琪琪憋得满脸通红,喘不上气。王老师意识到琪琪很有可能是发生了异物卡喉,便赶紧使用"海姆立克急救法"进行施救。最终,在王老师的帮助下,琪琪转危为安。

　　这次的突发事件给幼儿园敲响了警钟,园长随即邀请专业的医护人员入园开展事故急救的讲座,帮助带班教师和保育员熟练掌握意外伤害的急救操作方法。

　　请结合生活经验,简要陈述学前儿童常见的事故有哪些,应该怎样进行急救处理,并用简单的词语或语句在便利贴上写下对上述问题的思考。完成本节任务的学习后,反思你的答案是否准确。通过学习,你是否有了更加深入的思考?

任务支持

　　调查数据显示,我国少年儿童常见的伤害主要包括跌伤、动物咬伤、烧烫伤、溺水、中毒、触电等[①]。了解常见的意外事故急救措施有利于家长和教师更好地保护学前儿童的安全,减少伤害的发生。在学前儿童发生伤害时,家长和教师需要掌握正确的急救方法,以争取宝贵的抢救时间,减轻伤害后果。以下是一些常见的儿童伤害及其急救措施。

一、跌伤

常见的跌伤可分为三种情况。

（1）轻伤。先用碘伏消毒,然后在伤口处贴创可贴或使用纱布包扎。

（2）骨折。在发现骨折后,可以用绷带、木板等物品固定骨折处,防止骨折断端进一步移位或错位。当既有骨折又有外伤时,可以用纱布、绷带等物品进行按压止血,或者将受伤的部位抬高,减少出血量。同时,要及时就医,以便进行进一步的处理和治疗。

---

①　劳凯声,孙云晓. 新焦点:当代中国少年儿童人身伤害研究报告[M]. 北京:北京师范大学出版社,2002:369.

（3）头部受伤。当没有伤口时，让儿童稍作休息，观察其情况变化并及时送医院；当有伤口出血时，用清洁的手帕压住伤口止血；当有脑组织溢出时，应保持原样，用大块消毒纱布或合适的容器遮盖伤口，并立即送往医院，切勿将露出头皮外的组织送回伤口。

二、动物咬伤

常见的动物咬伤可分为四种情况。

（1）蚊子咬伤。在被叮咬处涂抹花露水。

（2）猫狗咬伤。先用流动的肥皂水和清水交替清洗伤口 15 分钟以上，再用碘伏对伤口创面消毒，然后去医院注射狂犬疫苗。

（3）蛇咬伤。先用绳带捆扎伤口靠近心脏的一端再挤出毒液，并使用流动的清水或生理盐水冲洗伤口，然后迅速送往医院，途中每隔 30 分钟松开绳带 1 分钟。

（4）蜂类蜇伤。先检查被蜇部位是否还留有残余的毒刺，若有残余的毒刺，应及时用镊子或其他工具将毒刺拔除。如果被蜜蜂蜇伤，可选择肥皂水、碳酸氢钠等碱性液体冲洗或湿敷伤口。如果被马蜂或黄蜂蜇伤，可选择食醋等酸性液体冲洗或湿敷伤口。当症状较为严重或感到身体不适时，应立即送往医院处理伤口。

三、烧烫伤

皮肤的烧烫伤可以分为三个等级：一度烧烫伤只伤及表皮，皮肤表面出现红肿、疼痛和轻微脱皮，但无水泡产生；二度烧烫伤伤及表皮和真皮，皮肤表面出现水泡、红肿、疼痛和剧烈脱皮；三度烧烫伤伤及表皮、真皮和皮下组织，皮肤表面出现焦黑或白色坏死组织，疼痛感减弱或消失。

当发现学前儿童发生烧烫伤时，应先用凉水冲洗创面 15 分钟以上。如果为一度烧烫伤，则在创面涂抹烧烫伤膏；如果为二度或三度烧烫伤，则使用无菌纱布包扎创面并立刻送往医院。

四、异物

常见的异物事故可分为五种情况。

（1）气管异物。应根据学前儿童的年龄使用不同的海姆立克急救法。

如果为 0～3 岁的婴幼儿：施救者应使婴幼儿面部朝下骑在施救者的一只手臂上，使用该手的虎口托住婴幼儿的下颌，防止婴幼儿滑落，并使用另一只手的掌根在婴幼儿背部的两个肩胛骨连线中点处用力冲击 5 次；如异物未排出，则将婴幼儿翻转过来使其面部朝上，使用一只手支撑其头部，并使用另一只手的食指和中指在婴幼儿两个乳头连线的中点处用力冲击 5 次；如异物仍未排出，则重复上述步骤，直至异物排出。

如果为 3 岁以上的学前儿童：施救者应站在幼儿身后，使用双臂环绕其腰部，一只手握拳，虎口朝内，放置在幼儿肚脐上方 2 厘米处；用另一只手抓住握拳的手，并迅速向后上方用力冲击；如异物仍未排出，则重复上述步骤，直至异物排出。

（2）消化道异物。立即去医院就诊。

（3）眼睛异物。鼓励幼儿眨眼，尝试用泪水冲出异物。如能看到异物在眼白或下眼睑，可用干净的棉签轻轻蘸出。切勿揉眼。如无济于事或异物在角膜（黑眼球）上，立即去医院就诊。

（4）鼻腔异物。让幼儿将无异物的鼻孔按住，然后用力擤鼻涕；或者使用羽毛、小纸条刺激幼儿的鼻黏膜，引起喷嚏反射。若未取出，及时送医。

（5）外耳道异物。如是趋光性的小昆虫钻进耳内，可用灯光对着外耳道口，利用昆虫的趋光性，将其引诱出来。如是其他外耳道异物，应及时送至医院处理。

五、溺水

当发现学前儿童溺水时,施救者需保持冷静,快速评估儿童溺水情况以决定最佳的救援方式。在情况允许的情况下,立即大声呼叫,吸引周围人的注意,并指定某人拨打紧急救援电话。施救者可酌情使用救生圈、绳子、衣服、矿泉水瓶等物品尽快将儿童从水中救出。

> **知识拓展**
>
> ### 矿泉水瓶救生方法
>
> **方法一:**将若干矿泉水瓶瓶体放于 T 恤内,瓶口置于衣服外,拧紧瓶口,形成挂瓶式衣服,施救者穿上"简易救生衣"下水进行救援("救生衣"下摆需扎进裤腰带中,防止水瓶浮起导致衣服脱落)。
>
> **方法二:**将若干矿泉水瓶放于 T 恤内,再将衣服的衣领、袖口、下摆口扎紧,形成一个救生圈形状,并抛给被救者进行施救。

如发现学前儿童有昏迷现象,应及时使用人工呼吸法和胸外按压法进行施救。

(1)人工呼吸法。让儿童仰卧在平整的地面上,清理其口鼻中的污泥、痰涕,同时垫高儿童的颈部,使其头部充分后仰,保持呼吸道的通畅;施救者深吸一口气,捏住儿童的鼻孔,用嘴紧贴儿童的嘴,向里吹气至儿童胸廓有抬起;施救者将嘴移开,松开儿童的鼻孔,轻压其胸部,帮助呼气(吹 2 秒停 3 秒)。

(2)胸外按压法。让儿童仰卧在平整的地面上,施救者跪在一侧,双手掌根重叠,十指相扣并翘起,用掌根按压儿童两乳头连线中点处,使胸骨下陷 3 厘米左右,每分钟按压 100~120 次。

六、中毒

常见的中毒事故可分为三种情况。

(1)消化道中毒。用筷子、羽毛等刺激儿童的咽喉部,使其呕吐。然后收集儿童的呕吐物或吃剩的残余物,即刻带着儿童与收集的呕吐物或残余物前往医院。

(2)呼吸道中毒。带着儿童远离中毒地点,到空气新鲜的地方并及时前往医院。必要时采用人工呼吸和胸外按压。

(3)皮肤中毒。带着儿童远离过敏原,不要让儿童抓挠皮肤过敏处,必要时及时前往医院。

七、触电

常见的触电事故急救方法可分为两种情况。

(1)切断电源。关闭电器开关、插排开关或空气开关。

(2)脱离电源。站在干燥的木板/棉被上,用干燥的木棒/竹竿将电线挑开或用干燥的绳子套在儿童的身上,将其拉出。一旦发现儿童呼吸、心跳停止,要迅速进行人工呼吸和胸外按压,直到送入医院。

八、中暑

当发现学前儿童中暑时,应迅速将儿童移至阴凉通风处,解开衣扣,并用冷毛巾敷头部,使用扇子等工具帮助其散热。若儿童能自己饮水,也可让其饮用清凉的饮料或盐汽水。

九、冻伤

当发现学前儿童冻伤时,应迅速帮助其脱离寒冷环境,用暖和的衣服包裹住冻伤部位。也可以让儿童做几节活动量大的体操,以加速恢复身体冻伤部位的血液流动。儿童缓和过来后,可让其服用热饮。

如果为一度冻伤,应在冻伤处涂抹冻疮软膏;如果为二度冻伤,切勿挑破水泡以防止感染,应在冻伤处涂抹冻疮软膏后缠上无菌绷带;如果为三度冻伤,应在冻伤处缠上无菌绷带,并立刻送往医院。

十、走失

当发现学前儿童走失时,教师应保持冷静,分析走失的原因,确定寻找方向。如果在幼儿园寻找无果,应马上报告,必要时要与家长和附近的派出所联系,尽快找到儿童。找到走失儿童后要及时反思原因,吸取教训,对儿童进行正面教育,切勿训斥,防止由此带来负面心理影响。

模块小结

由于学前儿童身心发育不成熟、保教人员数量不足、幼儿园安全规章制度不健全以及生活环境中的潜在危险等因素,学前儿童常常成为事故的受害者。目前,学前儿童安全教育主要存在重保护轻教育、重灌输轻训练、重形式轻评价等问题,适时开展学前儿童安全教育对儿童个体生命健康、家庭幸福度和社会发展等方面具有重要的影响。本模块主要呈现了学前儿童安全教育的概述、学前儿童安全教育活动的设计与实施要点、学前儿童常见事故的急救措施等内容,为教育工作者组织开展幼儿园安全教育活动提供了一定的借鉴和参考。

岗课赛证

一、单选题

1. 《幼儿园教育指导纲要(试行)》中明确指出:"幼儿园必须把保护幼儿的(　　)和促进幼儿的(　　)放在工作的首位。"

   A. 安全;发展 　　　　　　　　　　B. 健康;安全

   C. 身体;发展 　　　　　　　　　　D. 生命;健康

2. 《幼儿园教育指导纲要(试行)》中健康领域关于生活安全教育方面提出的目标是(　　)。

   A. 知道必要的安全保健常识,学习保护自己

   B. 在提醒下能注意安全,不做危险的事

   C. 能自觉遵守基本的安全规则

   D. 知道简单的求助方式

3. 《3—6岁儿童学习与发展指南》中指出,能自觉遵守基本的安全规则和交通规则是(　　)的年龄阶段目标。

   A. 2～3岁 　　　　　　　　　　　B. 3～4岁

   C. 4～5岁 　　　　　　　　　　　D. 5～6岁

4. 引发学前儿童安全问题的主要原因包括(　　)。

  A. 学前儿童身心发育不成熟   B. 生活环境中存在潜在危险

  C. 幼儿园安全规章制度不健全   D. 以上都是

5. 在设计生活安全主题的集体学习活动时,教师可遵循的基本步骤是(　　)。

  A. 制定活动过程,选取活动主题,确定活动目标,准备活动材料,选择教学方法,开展评价反思

  B. 选取活动主题,确定活动目标,准备活动材料,选择教学方法,制定活动过程,开展评价反思

  C. 选择教学方法,选取活动主题,确定活动目标,准备活动材料,制定活动过程,开展评价反思

  D. 准备活动材料,选取活动主题,确定活动目标,选择教学方法,制定活动过程,开展评价反思

6. 活动比赛法的缺点是(　　)。

  A. 幼儿参与活动的积极性高

  B. 幼儿处于被动的学习模式,注意力容易分散

  C. 长此以往,容易导致幼儿的学习过度依赖外在动机

  D. 幼儿容易因为"自我中心"而出现离题现象

7. 通过动作示范和口头语言向幼儿解释说明相关安全知识技能的方法是(　　)。

  A. 场景演练法   B. 活动比赛法

  C. 讨论评议法   D. 示范讲解法

8. 在洗手时,幼儿东东突然叫了起来:"洗手液溅进我眼睛里了!"这时教师首先应该做的是(　　)。

  A. 用流动水冲洗眼睛   B. 用干净的纸或软布擦眼睛

  C. 找保健医生   D. 拉开眼皮吹一吹

9. 幼儿突然出现呛咳,伴有呼吸困难,面色青紫。这种情况最可能是(　　)。

  A. 急性肠胃炎   B. 异物落入气管

  C. 急性喉炎   D. 支气管哮喘

10. 被黄蜂蜇伤后的正确做法是(　　)。

  A. 涂肥皂水   B. 用温水冲洗

  C. 涂食用醋   D. 冷敷

二、实训题

1. 以下面这组图片为内容,设计一个大班安全防火教育活动,要求写出活动名称、活动目标、活动准备、活动过程及活动延伸。

  (1)119电话;(2)在易燃物存放处点火玩;(3)玩消防设备;(4)着火时乘电梯

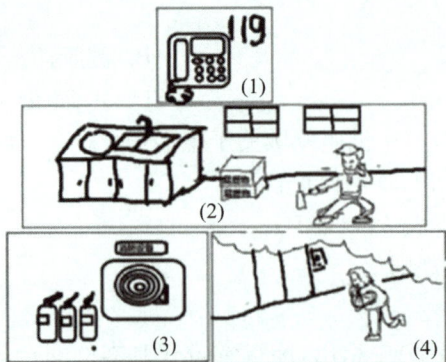

2. 请结合中班幼儿(4~5岁)年龄特点,围绕安全教育主题,任选一个区角(如探索区、角色区、美工区),设计一个个别化学习活动,并阐述活动的设计意图、材料投放策略、游戏玩法和教师观察指导要点。

模块三

学前儿童运动教育

《幼儿园工作规程》指出,"在正常情况下,幼儿户外活动时间(包括户外体育活动时间)每天不得少于2小时,寄宿制幼儿园不得少于3小时",其中"每日户外体育活动不得少于1小时"。《幼儿园教育指导纲要(试行)》强调,"要开展丰富多彩的户外游戏和体育活动,培养幼儿参加体育活动的兴趣和习惯,增强体质,提高对环境的适应能力"。《3—6岁儿童学习与发展指南》也进一步明确,"要保证幼儿的户外活动时间,提高幼儿适应季节变化的能力"。从这些文件中,足见国家对于学前儿童运动教育的重视。那么,什么是学前儿童运动教育? 它有哪些意义和组织形式? 又该如何科学设计和实施学前儿童运动教育活动呢? 本模块将通过2个任务来解决这些问题。

知识导航

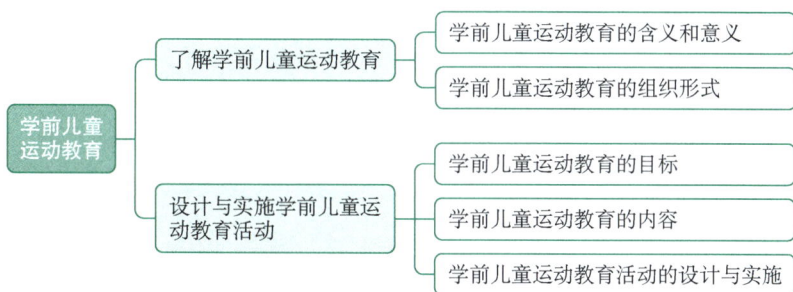

任务 1
了解学前儿童运动教育

任务目标

1. 了解学前儿童运动教育的含义和意义。
2. 熟知学前儿童运动教育的组织形式。

任务情境

在一次主题为"幼儿在户外游戏中成长"的讲座中,演讲的幼儿园教师为学前教育专业的学生展示了她所在的幼儿园是如何利用户外场地让幼儿进行各类游戏的,如在户外开展建构游戏、角色扮演游戏、艺术创作、沙水游戏、种植活动、喂养小鱼、爬山坡和体育游戏等。

学生们听完这位幼儿园教师的分享后,产生了一个疑惑:这个幼儿园开展的各类户外游戏是运动教育吗? 针对这个问题,同学们有不同的看法。

同学 A 说:"我觉得算,你看孩子们虽然是进行艺术活动、角色扮演活动和沙水游戏,可他们是在户外进行的,所以我认为是运动教育。"同学 B 说:"我认为运动教育应该有它的独特性和特殊组织形式,在这些户外游戏里面,只有达到了锻炼目的的才算运动教育。"

两位同学都阐述了各自的观点,请根据自己的理解,说一说你的观点。学习本节任务后,学习者将会了解什么是学前儿童运动教育,学前儿童运动教育的组织形式有哪些。

任务支持

一、学前儿童运动教育的含义和意义

学前儿童运动教育是根据学前儿童身心发展的特点和规律,以游戏为基本形式、以动作发展为主要目标而开展的一系列体育活动。

从微观层面来说,学前儿童运动教育能够促进幼儿骨骼健康和肌肉力量的发展,有助于心肺功能的提升,从而降低患病的风险;从中观层面来说,学前儿童运动教育可以补充家庭教育中的运动素质培养,增进家长与幼儿园的互动,促进家园共育;从宏观层面来说,学前儿童运动教育对于提升国民整体素质,尤其是身体素质和健康水平,具有基础性作用。良好的运动习惯和体质为学前儿童未来的教育和职业生涯奠定了基础,对社会的可持续发展和人才竞争力具有重要意义。

二、学前儿童运动教育的组织形式

（一）体操练习活动

幼儿的体操练习有基本体操和队列练习两种，是幼儿园里日常性的体育活动之一。根据冬令时或者夏令时的不同，做操时间段会有所调整，但开展时段都是在晨间幼儿入园后，所以也称为早操活动。

1. 基本体操

根据做操时是否借助器械，可将幼儿基本体操分为徒手操和器械操两种。

徒手操不需要任何器械，也不受场地的限制，是依据人体的结构，利用各个部位的不同动作串联起来的体操。针对人体的不同部位，徒手操的动作可以包括颈部的弯曲、转动、环绕等动作，上下肢的屈伸、举动、摆动、环绕、跳动等动作，躯干的弯曲、转动、环绕等动作。这些动作结合音乐，按照一定的规律组合，就能让幼儿的身体得到锻炼。徒手操有多种形式，如健美操、广播体操、韵律操、武术操、模仿操等。其中，针对幼儿的年龄特点，幼儿园最常用的是模仿操和韵律操。模仿操会根据日常生活中的事物、动物、植物、人物等进行模仿，创编出与这些事物、动物、植物、人物相对应的动作，既有趣味性，也能帮助幼儿理解认识世界。如幼儿园使用的第二套全国幼儿广播体操《世界真美好》，就是模仿了几种常见动物的动作，动作活泼有趣且简单易学；再如动物模仿操《小鸡舞》，模仿小鸡低头吃食、张嘴闭嘴、抖动翅膀、扭动身体等各种有趣的动作，加上旋律、速度的变化，让幼儿在做操的同时认识了解了小鸡。

器械操是在徒手操的基础上，幼儿手持轻器械进行活动的操节活动。幼儿园常用的轻器械包括现成的材料，如纱巾、球类、圈类、绳类、彩旗、棍棒、扇子、乐器类、帽子、花朵、哑铃等；也可自制轻器械，如用薯片罐、矿泉水瓶、筷子等制作击打出声的器械。

2. 队列练习

队列练习与基本体操练习往往结合在一起，在进行基本体操练习时，通常会加上幼儿的队列练习。队列练习可分为队列动作练习和队列队形练习。在幼儿园早操活动中，常用的队列动作练习有立正、稍息、原地踏步走、齐步走、跑步走、立定、向前看齐、向左（右）看齐等；常用的队形有一路纵队、多路纵队、半圆形、圆形、S形、十字形等。这些队形还可以有变化，如一路纵队变两路，四路变两路，纵队变圆形等。

除了早操活动，队列练习也会运用在幼儿园的运动会、毕业典礼活动中。队列练习能帮助幼儿感受与了解自己在团队中的位置，了解和认识自身个体与班级团体之间的关系，增强幼儿的团体意识，培养幼儿的秩序感，提升幼儿理解和遵循指令的能力。

（二）体育教学活动

体育教学活动是幼儿园非常重要的运动教育活动组织形式，是一种以教师为主导的，在教师的引导下，有目的、有计划、有组织地锻炼幼儿身体，发展幼儿基本动作，锻炼幼儿身体运动能力的集体教学活动形式。

1. 户外体育教学活动

一般情况下，为了保障幼儿每天至少2个小时的户外活动时间，体育教学活动会在户外进行。在户外进行体育教学活动时，通常有充足的场地空间，各类大、中、小型运动器械也很丰富，因此教师可以更好地带领幼儿进行体育教学活动。教师可根据户外场地、器械的丰富性，提高户外体育教学活动的多样性，充分发挥在户外进行体育教学活动的优势。

2. 室内体育教学活动

室内体育教学活动是由于特殊天气或特殊需求而在建筑物内部进行的体育教学活动，是对户外体育教学活动的重要补充，能在一定程度上确保幼儿在园的运动量。与户外体育教学活动相比，室内体育教学活动只能选择班级教室、楼梯、走廊、大厅等地方开展，空间较小，场地有限，因此多选择便携、轻小的教学器械,教学内容也更多倾向于走、跳、钻爬、投掷等内容。

国内相关研究认为,虽然因为环境和空气污染等因素,幼儿园增加了室内体育活动,但幼儿园开展的室内体育活动也存在很多问题,如内容简单随意,器械数量少且种类不够丰富,空间利用率低,室内空间开发不完善,幼儿身体锻炼不平衡等。幼儿园在制订室内体育活动计划时,要做好统筹与材料的分配,同时需要根据园所自身的条件,全面规划与合理布局;教师在组织室内体育教学活动时,要选择多样丰富的体育器材,综合考虑幼儿身体发展的各方面需求,保障幼儿充足的室内体育活动量。

(三)体育游戏

体育游戏是根据一定的体育任务设计的,由身体动作、情节、角色和规则组成,以身体练习、发展基本动作和增强体能为目的的游戏方式,是一种有意识的、具有创造性和主动性的体育练习活动[①]。

体育游戏非常受幼儿喜爱,也是幼儿运动教育最重要的组织形式之一。它不仅能帮助幼儿锻炼身体和放松心理,而且能促进幼儿智力的发展,提升幼儿社交性行为的技能。可以说,体育游戏能够促进幼儿身心和谐全面地发展。

与角色游戏、表演游戏、结构游戏等其他类型的游戏相比,体育游戏更强调身体的基本动作,也有非常明确的规则和结果,主要目的是发展幼儿的身心健康。与其他只有锻炼属性的体育活动组织形式相比,体育游戏除了锻炼之外,还兼具趣味性和竞赛性。

(四)器械练习活动

《3—6岁儿童学习与发展指南》中提到,教师要为幼儿准备多种体育活动材料,鼓励其选择自己喜欢的材料开展活动。从这个表述中我们可以看出体育活动材料的重要性。各类体育活动材料是幼儿进行体育活动的载体,更是幼儿体育活动得以顺利开展的重要保障。

根据运动器械的使用特征,一般将幼儿园的运动器械分为固定性运动器械、移动性运动器械和手持性运动器械三种。

1. 固定性运动器械

固定性运动器械一般是指比较大型的运动器械,会根据活动场地的设置,固定在幼儿园的某个地方使用。根据固定器械的体育锻炼目的,有以下五种固定性运动器械。

(1)力量类:单杠、双杠、吊环、高空滑索等。

(2)攀爬类:斜坡爬网(图3-1)、大型滑梯(图3-2)、垂直爬网(图3-3)、攀岩、垂直攀登器械等。

图3-1 斜坡爬网   图3-2 大型滑梯   图3-3 垂直爬网

(3)平衡类:秋千、跷跷板、滚筒、梅花桩、固定平衡木等。

(4)跳跃类:蹦床、固定的弹簧座位等。

(5)旋转类:转筒、大陀螺、旋转器等。

---

① 张首文,白秋红.幼儿园体育活动设计与指导[M].北京:人民邮电出版社,2017:27.

2. 移动性运动器械

移动性运动器械是指可移动的中小型运动器械,根据移动性运动器械的使用目的和锻炼效果,有以下四种类型。

(1)车类(图3-4):小三轮车、带辅助轮的自行车、无辅助轮的自行车、平衡车、独轮手推车、挖土机、电动小摩托车、滑板车、摇摇车、脚踏车等。

(2)钻爬类:隧道、钻筒、拱形门、钻杆、万象组合中的钻爬类小器械等。

(3)投掷类(图3-5):投篮架、投掷板等。

(4)平衡类(图3-6):平衡步道、可移动的平衡木、瑜伽球、平衡板等。

图3-4 车类　　　　　　　　　图3-5 投掷类　　　　　　　　　图3-6 平衡类

3. 手持性运动器械

手持性运动器械(图3-7)一般是指比较小型的器械,其种类繁多,统一特征是幼儿可手持着进行各类运动,常见的类型包括以下六种。

(1)球类:小皮球、乒乓球、篮球、足球、排球等。

(2)绳、棍类:跳绳、长绳、陀螺、体操棒、皮筋等。

(3)圈、袋类:呼啦圈、跳袋、滚铁环、体操圈等。

(4)投掷类:飞镖、飞盘、降落伞、沙包、高尔夫、保龄球等。

(5)平衡爬行类:高跷、大鞋、动物掌、过河石、小梯子等。

(6)自制简单器材:自制移动梅花桩、自制沙包、自制报纸球、自制投掷器械等。

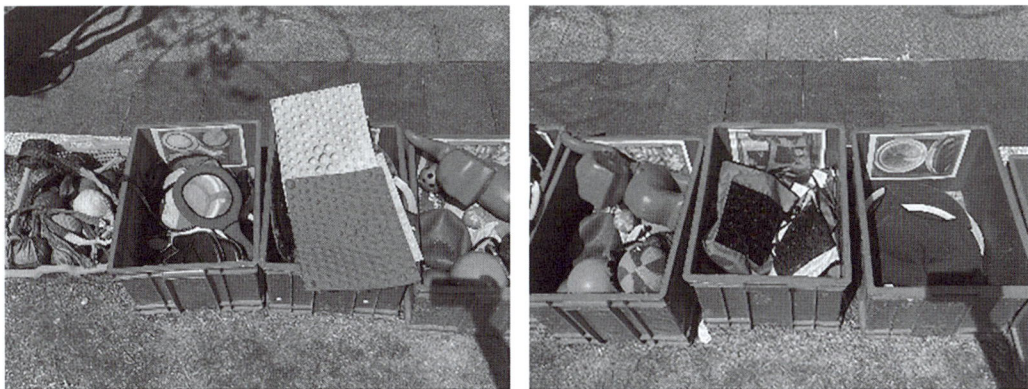

图3-7 手持性运动器械

(五)远足及短途旅行

远足和短途旅行活动是幼儿园运动教育活动的组织形式之一,根据参与范围和组织方的不同,可以分为三种方式。第一种是以幼儿园为单位组织的远足或短途旅行活动,全园的幼儿和教师都参与进来,如幼儿园每年的春游、秋游活动。第二种是以年级组为单位组织的远足或短途旅行活动,年级组的幼儿和教师都参与进来,如幼儿园大班的毕业远足活动或毕业短途旅行活动,年级组组织的主题活动下的带有教学目的的远足或短途旅行活动(例如,在"有趣的水"主题下,中班组教师带领幼儿一同参观自来水厂)。第三种是以班级为单位组织的远足或者短途旅行活动,如小班进行"春天来了"主题活动,小 A 班教师带着班级幼儿从幼儿园出发,去附近踏青,寻找春天。

(六) 运动会

运动会是幼儿园在固定时间开展的一种运动教育组织形式,幼儿园一般每年都会组织运动会,分春季学期和秋季学期两次进行。幼儿园的运动会通常会安排家长一起参与,办成有趣的亲子趣味运动会。在运动会期间,会以班级为单位进行基本体操、团队体操、集体舞蹈的表演,还会开展竞赛性的体育游戏、亲子游戏比赛活动等。

任务 2
设计与实施学前儿童运动教育活动

任务目标

1. 明确学前儿童运动教育的目标和内容。
2. 掌握学前儿童运动教育活动的设计与实施要点。

任务情境

　　一周前,学前教育专业的同学们前往幼儿园观察体育活动的开展和实施情况。观察结束后,一名同学分享了自己观摩运动活动的心得体会:"我在小三班观摩,小三班的体育活动非常简单,我感觉老师根本没有组织运动活动,就是单纯地把孩子们带到户外场地上的大型器械上玩。那天孩子们去的是攀爬区,有的孩子在爬网,有的孩子玩吊索道,有的孩子没有去器械上进行体育锻炼,反而是到处走来走去。看完这个活动,我有点不清楚,幼儿园的运动教育活动不需要专门设计吗?"

　　请结合本模块任务 1 中的学习内容,尝试回答这名同学提出的问题,并和小组成员一起讨论:学前儿童运动教育的年龄阶段目标是什么? 运动教育包括哪些内容? 如何科学设计和实施学前儿童运动教育活动?

　　在完成本节任务的学习后,反思:你的回答是否全面准确? 通过完成本节内容的学习,你是否对学前儿童运动教育活动有了更加深入的思考?

任务支持

一、学前儿童运动教育的目标

(一)总目标

　　《幼儿园教育指导纲要(试行)》中健康领域对运动教育模块提出的总目标为"喜欢参加体育活动,动作协调、灵活"。在此基础上,可以将运动教育的总目标分为认知、技能、情感三个维度,见表 3-1。

表 3-1　学前儿童运动教育的总目标

维度	总目标
认知目标	了解运动活动的基本常识,懂得锻炼身体的好处
技能目标	发展身体的基本动作,提高动作的协调性、灵活性
情感目标	乐于参加运动活动,养成经常锻炼的好习惯

（二）年龄阶段目标

《3—6岁儿童学习与发展指南》中健康领域对运动教育模块提出的子目标是"具有一定的平衡能力，动作协调、灵敏"和"具有一定的力量和耐力"。根据不同年龄段的幼儿发展特点，《3—6岁儿童学习与发展指南》将运动教育的年龄阶段目标分为3～4岁、4～5岁、5～6岁三个阶段，见表3-2。

表3-2 学前儿童运动教育的年龄段目标

年龄阶段目标	3～4 岁	4～5 岁	5～6 岁
具有一定的平衡能力，动作协调、灵敏	1. 能沿地面直线或在较窄的低矮物体上走一段距离 2. 能双脚灵活交替上下楼梯 3. 能身体平稳地双脚连续向前跳 4. 分散跑时能躲避他人的碰撞 5. 能双手向上抛球	1. 能在较窄的低矮物体上平稳地走一段距离 2. 能以匍匐、膝盖悬空等多种方式钻爬 3. 能助跑跨跳过一定距离，或助跑跨跳过一定高度的物体 4. 能与他人玩追逐、躲闪跑的游戏 5. 能连续自抛自接球	1. 能在斜坡、荡桥和有一定间隔的物体上较平稳地行走 2. 能以手脚并用的方式安全地爬攀登架、网等 3. 能连续跳绳 4. 能躲避他人滚过来的球或扔过来的沙包 5. 能连续拍球
具有一定的力量和耐力	1. 能双手抓杠悬空吊起 10 秒左右 2. 能单手将沙包向前投掷 2 米左右 3. 能单脚连续向前跳 2 米左右 4. 能快跑 15 米左右 5. 能行走 1 千米左右（途中可适当停歇）	1. 能双手抓杠悬空吊起 15 秒左右 2. 能单手将沙包向前投掷 4 米左右 3. 能单脚连续向前跳 5 米左右 4. 能快跑 20 米左右 5. 能连续行走 1.5 千米左右（途中可适当停歇）	1. 能双手抓杠悬空吊起 20 秒左右 2. 能单手将沙包向前投掷 5 米左右 3. 能单脚连续向前跳 8 米左右 4. 能快跑 25 米左右 5. 能连续行走 1.5 千米以上（途中可适当停歇）

二、学前儿童运动教育的内容

《3—6岁儿童学习与发展指南》中指出，要"开展丰富多样、适合幼儿年龄特点的各种身体活动"，使幼儿获得相应的身体素质和动作上的发展。这表明在学前儿童的运动教育中，基本动作的发展与身体素质的提升都是学前儿童运动教育的重要内容。由于学前儿童基本动作的发展状况在一定程度上反映了幼儿身体素质的发展水平，两者之间密不可分，因此本任务中将学前儿童基本动作的发展作为学前儿童运动教育的重点内容。

（一）行走

行走，是幼儿最基本的动作之一，也是人体移动最自然、最容易的一种运动方式。通常情况下，婴幼儿在1岁左右时开始学习行走，幼儿园阶段则是形成自身走路特征的关键时期。幼儿经常行走或者进行一定距离的行走，可以有效增强下肢的肌肉、骨骼、关节和韧带，发展下肢力量，提高身体的平衡和协调能力。

1. 行走的基本要求

在行走时，要求身体自然放松，且上体保持正直，同时步伐要保持合理而稳定的节奏，避免因为行走的不稳定而摔跤；双臂适度地前后摆动，保持身体平衡的同时，可适当调节步频；脚落地要稳且轻，脚后跟先着地，但不要拖地走。

2. 行走练习的内容

行走练习的内容非常丰富，在幼儿园可以进行的行走练习有：快步走、变向走、变速走、后退走、踩点走、轻轻走、走走停停、长距离走、闭目行走、听或者看信号走、控物行走、持物行走、跨过一定高度走、踩高跷走、在固定或者不稳定的材料上走、拖拉物品走、退步走、协同走等。在行走的技巧上,还可以让幼儿练习踮脚走、脚跟走、侧向并步走、正向交叉走、侧向交叉走、高抬腿走、半蹲走、全蹲走、后踢步走、后退走、弓箭步走、顶脚走、转体走、结合躯体动作变化的行走等。各年龄段行走练习的主要内容如表3-3所示[①]。

表3-3 行走练习的主要内容

年龄阶段	内容	游戏
小班	听信号向指定方向走,在指定范围内散开走,一个跟着一个走,跨过小障碍,行走1千米左右	开火车,跟着小旗走,开飞机,吹泡泡,跟着老师走,找玩具
中班	听信号有节奏地走,听信号变换速度走,持物走,平衡板上走,远足,行走1.5千米左右	捡豆豆,各种模仿走,持物竞赛走,听鼓声走,老猫睡觉醒不了
大班	整齐地走,高人走,矮人走,听信号变换方向走,倒退走,上下坡走,脚跟、脚尖走,推着小车走,行走1.5千米以上	找朋友,穿大鞋,学做解放军,花样走路,两人三足,熊和木头人

(二) 跑步

跑步是幼儿日常生活中最基本的动作之一,也是锻炼幼儿身体最重要的动作技能。通常情况下,婴幼儿在学会走之后的半年内能学会跑,到幼儿2岁左右,跑步的步幅、方向和速度都不是很稳,比较容易摔倒。3岁以上幼儿,跑步时已经有了明显的腾空阶段,但仍以小碎步跑为主,步幅较小且不均匀[②]。幼儿园时期,随着幼儿年龄的增长,其跑步的动作和能力不断发展和提高,跑步姿势基本正确,蹬的动作比较明显、有力,动作也比较自然、轻松、协调,节奏感较好,控制跑的速度、方向等能力也有了明显的发展和提高。跑步时几乎全身的肌肉都参与活动,可以有效地增强下肢的肌肉力量,提高速度、灵敏性、平衡协调能力、耐力等身体素质。

1. 跑步的基本要求

一方面,跑步时上体应保持正直并稍向前倾,脚跟先着地,然后到脚尖着地,以有效减少跑步动作对膝盖和踝关节的冲击。另一方面,手臂应轻握拳,曲肘于体侧,前后自然摆动,与腿部动作协调配合。

2. 跑步练习的内容

在跑步中可以进行以下内容的练习:直线跑、变速跑、追逐跑、上坡下坡跑、走跑交替、协同跑。在跑步技能练习中,还可以进行前后摆臂跑、小步跑、跑停、侧向并步跑、高抬腿跑、后踢腿跑、跨大步跑、变向跑、弧形跑、跨障碍跑等。各年龄段跑步练习的主要内容如表3-4所示。

表3-4 跑步练习的主要内容

年龄阶段	内容	游戏
小班	听信号向指定方向跑,在指定范围内四散跑,100米慢跑或走跑交替,沿场地跑,圆圈跑,15米快速跑	小孩小孩真爱玩,找找小动物,看看谁能追上我
中班	跑动中听信号做规定动作,在一定范围内四散跑,100~200米慢跑或走跑交替,20米快速跑,曲线跑,绕障碍物跑	捉星星,我是小小运动员,踩影子,捕小鱼,插小旗
大班	听信号变速跑或改变方向跑,四散追逐跑或躲闪跑,200~300米慢跑或走跑交替,20~30米快速跑,上下坡跑,持物跑	狡猾的狐狸在哪里,往返接力,迎面接力赛,人抢虎

(三) 跳跃

跳跃动作在幼儿的动作练习中是一项重要的活动技能,也是幼儿掌握得比较早且很喜欢的一项基

---

① 张首文,白秋红.幼儿园体育活动设计与指导[M].北京:人民邮电出版社,2017:48.
② 张首文,白秋红.幼儿园体育活动设计与指导[M].北京:人民邮电出版社,2017:96.

本动作技能。一般情况下,1.5 岁左右的幼儿开始学习原地跳跃的动作,有身体向上牵引跃起的意识,并且经常要求家长牵着双手向上向下跳。2 岁左右的幼儿,原地跳跃动作已经比较熟练。跳跃练习可以很好地发展和增强幼儿的下肢爆发力、弹跳能力以及身体的协调性、灵敏性、平衡能力等。

1. 跳跃的基本要求

起跳时,上体应保持正直并略向前倾,使用腿部的力量快速蹬地,同时手臂应与跳跃动作协调配合,自然摆动以增加推进力和保持平衡。落地时,要用前脚掌先接触地面,然后过渡到全脚掌,同时膝盖要有弹性地弯曲进行缓冲,保持身体平衡。

2. 跳跃练习的内容

幼儿园运动教育活动中的跳跃活动的开展,主要包括并腿纵跳、并腿向前跳、并腿夹物跳、并腿变向跳、并腿不同方位跳、分腿深蹲跳、单脚跳等方式;在跳跃技能上,主要包括单双脚转换跳、单脚跳、向下跳、抱膝纵跳、双脚变换跳、分腿跳并、跑跳、助跑跨跳、立定跳远、跳皮筋、跳绳、手臂支撑跳跃等方面的内容。各年龄段跳跃练习的主要内容如表 3-5 所示。

表 3-5　跳跃练习的主要内容

年龄阶段	内容	游戏
小班	原地双脚向上跳,水平跨跳,高处向下跳(15～25 厘米高),双脚向前行进跳,单脚连续跳 2 米	大皮球,小兔送萝卜,小小跳跃运动员
中班	原地纵跳触物(距指尖 15～20 厘米),双脚向前连续跳跃,高处向下跳(25～30 厘米高),立定跳远(不少于 75 厘米),双脚在直线两侧行进跳,夹沙包跳,单脚连续向前跳 5 米,助跑跨跳(大于 40 厘米的平行线)	夹包跳比赛,跳房子,小猴摘桃,小青蛙捉虫子
大班	原地纵跳触物(距指尖 20～25 厘米),单脚折线连续跳,高处向下跳(30～35 厘米高),立定跳远(不少于 95 厘米),变换方向跳,转身跳跃,夹沙包跳,单脚连续向前跳 8 米,助跑跨跳(大于 50 厘米的平行线),跳绳,跳皮筋,跳蹦床,跳箱	小青蛙跳荷叶,跳圈比赛,跨步比赛,跳绳比赛,跳房子,跳皮筋比赛

(四) 投掷

在幼儿早期,投掷动作较少,4 岁以下的幼儿在投掷时,因为肌肉力量弱,投掷力量小,且身体各部位协调配合不好,不太会挥臂,因此投掷的能力较弱。幼儿上了中班以后,其投掷能力有了较好的发展,可以通过传球、接球、拍球、投球等游戏,逐步学会挥臂、甩腕等动作,而且动作比较协调、有力,从而能够练习投掷方向和投掷距离。但是,由于幼儿目测能力和动作的准确性较差,所以投准的稳定性较差,投准能力发展相对较差。投掷动作的练习可以锻炼幼儿腰、腹、背、腿部力量,促进视觉运动能力的综合发展。

1. 投掷的基本要求

投掷时两脚应左右或前后站位,以提供稳定的支撑。手臂应从身体后方开始挥动,然后向前下方用力投掷。在投掷的过程中,非投掷手可前置以保持平衡。投掷动作完成后,脚步可以随之向前以保持身体稳定。

2. 投掷练习的内容

投掷练习的内容包括单手肩上投掷、单手肩下投掷、双手肩上投掷、双手肩下投掷、双手胸前投掷。各年龄段投掷练习的主要内容如表 3-6 所示。

表 3-6　投掷练习的主要内容

年龄阶段	内容	游戏
小班	互相滚接皮球,自然往前上方或远处投掷沙包、抛纸球等,拍球,单手向前投掷沙包 2 米	赶小猪,抛接皮球,拍球,自抛自接,滚球过门

（续表）

年龄阶段	内容	游戏
中班	互相滚接皮球，自抛自接高低球，肩上挥臂投远，左右手拍球，打雪仗，滚球击物，投准，单手向前投掷沙包4米	打鸭子，运西瓜，投过小河，接力拍球
大班	两人相距2～4米抛接大皮球，肩上挥臂投远，投准，原地变换形式拍球，边走或边跑边拍球，套圈，投篮，侧面投远，单手向前投掷沙包5米	看谁投得远，投球进筐，投篮比赛，传球比赛，套圈比赛，拍球比赛，行进间拍球

（五）钻、爬、攀

钻爬是幼儿期非常实用且锻炼效果很好的一种运动方式，钻和爬的动作主要表现在四肢力量、背肌力及腹部力量的发展，钻爬可以提高幼儿动作的灵敏性和协调能力，发展耐力素质等。攀的动作能促进幼儿四肢肌肉力量的发展，尤其是手的抓握力量发展。从8个月左右学爬开始，婴幼儿就很喜欢钻爬的动作，小的角落、空的柜子都愿意钻爬进去。从1岁左右学走路开始，幼儿喜欢让成年人一人拉一只手，让自己悬吊起来。钻、爬、攀的动作练习，在学前期是必不可少的。

1. 钻的基本要求与练习内容

钻的动作分为正面钻和侧面钻两种。正面钻动作要领为先将头钻过障碍物，再通过身体和腿。根据不同的区域空间大小，可选择屈膝弯腰钻和全蹲钻。侧面钻的动作强调身体侧向钻过，动作要领为一条腿先通过障碍物，再通过头和躯体，最后通过另一条腿。侧面钻主要用于较小的空间。

2. 爬的基本要求与练习内容

爬行的动作强调上肢（肩、肘、手等）与下肢（膝、脚等）之间各关节的相互协调配合。爬行时，手臂应稍作弯曲，使用对侧上下肢交替移动。爬的练习内容主要包括：手膝着地爬（又称宝宝爬）；并手并膝爬（又称毛毛虫爬，双手同进，接双膝同进向前爬）；手脚着地爬（又称猴子爬，包括向前、向后、侧向并步、侧身交叉、原地旋转等动作）；肘膝着地爬（又称蜗牛爬）；正向及侧向爬（又称军人爬）；仰身手（肩）脚着地的爬行（又称蜘蛛爬）；两人及多人协同爬行；等等。

3. 攀的基本要求与练习内容

攀的动作分为双手攀登、双脚攀登和双手双脚攀登，双手攀登要求利用手掌的力量而非仅靠手指抓握攀登设备。双脚攀登要求使用全脚掌接触攀登面，避免只用脚尖导致失去平衡。双手双脚攀登要求始终保持至少三点（两脚一手或两手一脚）接触攀登设备，确保稳定性。

各年龄段钻、爬、攀练习的主要内容具体如表3-7所示。

表 3-7　钻、爬、攀练习的主要内容

类别	年龄阶段	内容	游戏
钻	小班	正面钻，钻纸洞	钻山洞，小刺猬运果子，手膝着地爬，蚂蚁搬豆
	中班	侧面钻，钻不同形状的"洞"	捞鱼，手脚着地爬，小猴子钻山洞，钻过长纸筒
	大班	快速灵活地钻各种"洞"	钻圈比赛，倒着钻圈，侧身钻
爬	小班	自由地爬，手膝着地爬，爬过障碍物	爬向指定物品，爬行取物，爬上坡
	中班	爬过各种障碍物，手脚着地爬，横着爬	爬下坡，手脚着地横着爬比赛，钻爬过各种洞
	大班	协调爬过各种障碍物，倒着爬，转圈爬，匍匐爬	倒着爬比赛，匍匐爬比赛，双脚夹球爬比赛
攀	小班	在攀登器械上做各种简单攀登动作，双手抓杠悬空吊起10秒左右	看谁不掉下

类别	年龄阶段	内容	游戏
攀	中班	在攀登架上双手双脚攀登至顶端，在单杠上做短时间的悬垂动作，双手抓杠悬空吊起15秒左右	翻山越岭，小钟表摆动，吊小猴
	大班	在一定时间内完成双手双脚攀上攀登墙，双手抓杠悬空吊起20秒左右	攀登高峰，小猴移动

（六）翻滚

翻滚动作是全身运动动作，能促进幼儿的前庭功能发展和小脑的平衡功能，同时刺激身体的触觉发育，也能提高上下肢的协调配合能力，增强腰腹肌的力量。根据幼儿身体参与的程度分为主动翻滚和被动翻滚，一般以幼儿自己翻滚身体的主动翻滚为主。被动翻滚有两种情况：一种是通过人推动的方式被动翻滚，另一种是在器械（如滚筒）中身体翻滚等。翻身（从仰卧到俯卧）是婴儿最早的翻滚动作，3个多月的婴儿已经开始尝试翻身，到6个多月时，已经学会翻身打滚，即翻滚。随着年龄的增长和动作的发展，幼儿已逐步掌握向一侧连续翻滚、双侧翻滚，并能学会仰卧抱腿、团身前后翻滚。

1. 翻滚的基本要求

翻滚动作的基本要求为幼儿身体伸直平卧在垫子上，两臂交叉放于胸前或两臂伸直放于体侧。

2. 翻滚练习的内容

翻滚的内容主要有：单向翻滚，如左侧翻滚、右侧翻滚；单向连续翻滚；抱球侧滚翻；双向翻滚；斜坡翻滚；团身前后翻滚；团身左右翻滚；前滚翻等。各年龄段翻滚练习的主要内容如表3-8所示。

表3-8　翻滚练习的主要内容

年龄阶段	内容	游戏
小班	各种自然翻滚，单向翻滚	烤香肠，滑稽的大熊猫
中班	双向连续翻滚，团身前后翻滚，侧滚翻	满地打滚，不倒翁
大班	侧滚翻，团身左右翻滚，前滚翻，斜坡翻滚	滚下山坡，翻跟头

三、学前儿童运动教育活动的设计与实施

（一）体操练习活动的设计与实施

1. 体操练习活动的设计

不同年龄段幼儿的体操练习各有侧重，要求也不一样，幼儿园小、中、大班的体操练习特点与内容可见表3-9。

表3-9　小、中、大班幼儿体操练习的特点与内容

年龄阶段	特点	体操内容
小班	1. 不要求动作的准确度，以激发体操练习活动的兴趣为主 2. 体操动作简单易学、内容生动有趣 3. 愿意列队，不掉队，不离开队伍	模仿操为主
中班	1. 要求动作有一定的准确度，能合拍且动作有节奏 2. 体操动作较丰富，身体各部位的动作都可设计 3. 队列排列整齐，身体姿势标准	韵律操、器械操为主

(续表)

年龄阶段	特点	体操内容
大班	1. 动作准确、整齐,有节奏和节拍 2. 体操动作丰富,有不同体的特色(如武术操能坚定有力) 3. 主动关注班级队列,根据队列情况自动调整自己的位置	武术操、器械操为主

在体操设计过程中,可以按照以下步骤进行。

(1)设计前的准备工作:确定体操活动对象,了解其动作发展水平;明确创编体操的目的与任务,再据此选择内容。如幼儿园进行中、大班球操比赛,就需提前考虑清楚两个年龄段的球操难易度的把控和比赛的目的。

(2)创编素材收集与方案撰写:确定体操的名称、类别、风格;拟定体操的时间、动作节奏、具体节数和节序;选择合适的音乐。

(3)设计体操动作:根据方案和音乐创编动作,动作设计需要由易到难,同时考虑气候、场地和人数。初步完成后,带领幼儿学习,并根据幼儿的学习情况做调整与修改。

2. 体操练习活动的实施

组织体操活动时,要在幼儿园规定的时间进行体操练习活动,不可随意更改时间或者不去户外进行体操活动。提前做好准备工作也很重要,教师要先确保自身的穿戴符合体操活动的要求,如穿运动鞋、裤子、衣服长度合适,扎上头发等;然后观察幼儿衣物鞋帽是否穿戴整齐,冬季是否需要提前取下围巾、手套等。带操时,教师的带动性尤为关键,可借助语言、表情、姿态、动作、位置变换等方法,将幼儿的情绪调动起来,帮助幼儿全身心投入体操练习。

(二)体育教学活动的设计与实施

1. 体育教学活动的设计

幼儿园集体体育教学活动通常包括三个步骤,即运动准备、运动开展、运动结束。

(1)运动准备环节

运动准备环节是体育教学活动的开始环节,主要任务有"组织幼儿集合、整队""兴趣引发或导入""进行热身活动"等,通常此环节的开展时长为3~6分钟。

幼儿运动兴趣的引发,可以通过创设运动情境、赞美激励、提供丰富多样的器械等方式来实现。

每次体育活动前,教师都需要带领幼儿进行热身活动,以提升运动的安全性和效率,放松肌肉、扩大关节的可活动范围,增进血液循环,并使体温适当升高。幼儿的热身活动很丰富,包括颈部运动、上肢运动、胸部运动、拉伸运动、背部与腹部运动、下肢运动、躯干运动、全身运动等,教师可根据当天体育教学活动的活动目标,选择合适的热身活动。另外,简单且动作幅度较大的体操也可以用作幼儿的准备活动。

(2)运动开展环节

运动开展环节的主要任务是进行集体体育教学活动,以完成体育集体课的活动目标,时长通常为10~25分钟。与其他教学活动的设计相似,运动开展环节的设计也需要根据幼儿的年龄特点和个体发展水平,综合设计集体体育教学活动的活动目标、活动方法、活动内容和组织形式等。

在运动开展环节,教师需要积极调动幼儿的多种感官参与活动,根据活动内容灵活地选择集体、小组或个别活动的形式,要注重幼儿的个体差异,活动的实施要能促进每个幼儿在不同水平上的发展。开展的运动活动应该以体育游戏的方式进行,将运动内容游戏化,以激发和维持幼儿运动的兴趣,调动幼儿参与幼儿园体育教学活动的主动性和积极性。

(3)运动结束环节

运动结束环节一般占时2~3分钟,主要做一些让幼儿身体放松的动作或游戏,帮助幼儿放松肌肉、降低身体的兴奋程度,缓解身体的紧张状态。运动结束后,班级教师还可组织幼儿进行器械的整理与收纳,帮助幼儿养成整理器械的好习惯。

2. 体育教学活动的实施

在集体体育教学活动的实施过程中,需要注意以下三点。

（1）重视培养幼儿的体育兴趣和运动习惯

培养幼儿的体育兴趣和运动习惯是体育教学的核心目标之一。幼儿时期是形成健康生活方式的关键阶段,应通过有趣的活动设计来激发幼儿对运动的兴趣。可以结合幼儿的喜好,将体育活动与游戏、故事情境相结合,让他们在玩乐中感受到运动的乐趣。此外,还应注重培养良好的运动习惯,如在每天的固定时间进行体育活动,使运动成为幼儿日常生活的一部分。通过长期的坚持和正面的引导,幼儿会逐渐形成对体育活动的积极态度,发展出终身受益的健康生活方式。

（2）关注幼儿活动过程中的运动量

在幼儿体育教学中,合理控制运动量是保证幼儿身体健康发展的关键。幼儿的身体发育尚未完全成熟,过量的运动可能导致身体疲劳甚至受伤,而运动量不足则无法达到锻炼的效果。应根据幼儿的年龄和体能水平设计合适的活动内容,逐步增加运动强度和时间。同时,要注意观察幼儿在活动过程中的表现,及时调整运动量,避免出现因过度疲劳引发的不适。表 3-10 呈现了不同运动量下幼儿的生理表现。

微课

避免"过量"
与"不足"的
双重陷阱

表 3-10　幼儿运动过程中的生理表现

生理指标	运动不足	运动适中	运动过量
面色	面色较苍白或偏冷,血液循环较差	面色红润,有轻微的潮红	面色异常潮红或苍白,甚至发紫
汗量	基本无汗或轻微出汗	出汗适中,皮肤微湿	大量出汗,汗水滴落,衣物湿透
呼吸	呼吸平稳,较慢	呼吸稍快,但仍然规律,略有加深	呼吸急促,气短,呼吸不均匀
精神	精神欠佳,表现为疲倦或无精打采	精神愉快,活泼开朗	精神萎靡,烦躁不安或过度兴奋

（3）尊重幼儿个体差异,保证幼儿安全

幼儿在身体素质、兴趣爱好和运动能力上存在个体差异,应在体育教学中尊重这些差异,并做出相应的调整。针对不同体能水平的幼儿,可以提供难度不同的活动项目,确保每个幼儿都能在自己的能力范围内得到充分的锻炼并获得成功体验。同时,还需时刻关注幼儿的安全,特别是在使用体育器材或进行较高强度的运动时,应严格监护,防止意外发生。此外,应培养幼儿的自我保护意识,教导他们如何避免危险和保护自己。在关注个体差异的基础上,提供安全、适宜的体育活动环境,才能真正实现健康与安全的双重目标。

（三）体育游戏的设计与实施

1. 体育游戏的设计

各年龄段幼儿的体育游戏有各自的特点,在设计体育游戏时应基于这些特点,详见表 3-11[①]。

表 3-11　小、中、大班幼儿体育游戏的特点

项目	小班	中班	大班
内容、动作	简单	内容开始复杂,喜欢有情节的游戏和追逐性游戏	喜欢竞赛性游戏和内容丰富、将体力与智力相结合的游戏,动作增多,难度增大

---

① 张首文,白秋红.幼儿园体育活动设计与指导[M].北京:人民邮电出版社,2017:107.

（续表）

项目	小班	中班	大班
情节	简单	复杂性增加	较复杂
角色	角色少,多为幼儿熟悉的角色	增多	较多,与情节的关系更复杂
规则和要求	简单、不带限制性	较复杂,带有一定的限制性	较复杂,限制性较强
结果	幼儿不太注意	幼儿有所注意	幼儿喜欢有胜负的结果
活动方式	集体同做一种动作,共同完成一项任务	出现两人、三人合作的游戏	合作性游戏增多,增强了组与组的合作

在设计体育游戏时,教师可遵循以下基本步骤。

（1）确定体育游戏名称。体育游戏的名称一般为3~6字,要兼具教育性和体育活动的特殊性。可以用体育游戏的动作命名,如"两人三足跑""合作运球""平衡木独立"等;也可以加上情境,用情境故事命名,如"小猫寻宝""小蜜蜂采蜜""丛林探险"等。

（2）明确体育游戏目的。体育游戏的目的与幼儿的年龄特点、体能状况、动作发展情况等紧密相关,在明确体育游戏目的的过程中,教师需要综合考虑以上因素制定。通常情况下,体育游戏的目的撰写可以用"培养""锻炼""提高""发展""增强"等词汇,如体育游戏"小孩小孩真爱玩"中的目的表述为:锻炼定向跑步的能力,提高注意力。

（3）选定体育游戏内容。体育游戏内容的选择与目的的制定不可分割。可以选择发展幼儿基本动作的内容,如走、跑、跳、爬、钻、投掷、攀登、翻滚、悬挂等内容;也可以选择发展幼儿身体素质的内容,如发展幼儿力量、速度、耐力、平衡协调、灵敏等的内容。除了从目的出发寻找体育游戏的内容,还可以从体育的项目上选定内容,如球类游戏。

（4）制定体育游戏规则。游戏规则即游戏规定的玩法。虽然游戏的规则是既定的,但也可以调整,通常需要在幼儿非常熟悉游戏规则的基础上进行调整。游戏规则中,需要详细说明游戏的步骤和具体玩法,包含器械的使用、游戏的要求和限制、评定胜负的方法、游戏人数等。

（5）提出体育游戏指导建议。指导建议可以有游戏的说明、游戏的进阶玩法、游戏的人员变化、安全防范措施、注意要点等。例如,在体育游戏"小孩小孩真爱玩"的指导建议中对教师的指令给予了详细的说明,同时给出了游戏的人员变化建议。

2. 体育游戏的实施

教师在组织实施体育游戏的过程中,要注意体育游戏的特质,即体育游戏既是体育活动,也是游戏。

一方面,体育游戏作为体育活动,在开展时需要遵循一定的要求,如热身活动、运动后的拉伸和放松、动作规范性、安全事项等。在进行体育活动前,必须进行热身活动,体育游戏也不例外。热身运动包括头部、四肢、躯干、关节的活动。在具体的体育游戏中,幼儿哪个部位的关节使用频率较高、负荷较强,在游戏开始之前就应增加这一部位的热身程度。涉及运动动作的规范性时,教师需要明确讲解体育游戏的动作和规则,并用恰当的语言帮助幼儿理解且要动作到位。

另一方面,体育游戏作为游戏,在开展时需要遵循游戏的要求,如游戏的趣味性、自主性、规则性等。在组织体育游戏的过程中,教师要注重激发幼儿的兴趣。可以通过生动的故事引导、丰富的器械吸引、有趣的场景布置等方式,帮助幼儿更快进入体育游戏的活动中。同时,教师要注意培养幼儿的自主性和规则意识。相对其他游戏,体育游戏因为其运动性的特征,幼儿的活动空间范围更大,活动时长更长,活动内容更丰富,教师需要时刻注意采用多种方法,帮助幼儿在游戏过程中控制自己的行为,养成良好的规则意识。

幼儿的身体发育尚未成熟且具有差异性,因此教师在组织体育游戏时,还需要注意以下事项:游戏分组时注意每组人数相等,运动能力相当;不宜采用次数过多的练习及时间较长的静力性游戏;不宜经常采用需要憋气、肌肉过分紧张以及运动负荷过大的游戏,把握运动量;不宜采用较长时间的耐力游戏;

注意姿势和动作的准确性;周密做好场地、器材、服装、组织等工作,防止碰撞、摔伤等事故。

(四)器械练习活动的设计与实施

器械练习活动通常以个人活动或者小组活动的形式开展,或者出现在体育游戏中,通常不需要教师进行特意设计。但教师在组织幼儿进行器械练习时,需要注意以下四点。

1. 体育器械的年龄适应性

不同年龄段的幼儿身体发育情况不同,同一年龄段幼儿的身体发育情况也有差异性。教师在选择体育器械时,要注意从不同年龄幼儿的特点出发选择合适的器械。如小班幼儿运动器械多为滑梯、爬网、秋千、跷跷板、蹦床等中大型体育活动器械,以及小三轮车、独轮车、平衡木、隧道、球、圈等小中型运动器械。中班幼儿运动器械多为单杠、高空滑索、垂直爬网、滚筒、梅花桩等中大型体育器械,以及带辅助轮的自行车、平衡车、滑板车、摇摇车、钻筒、拱形门、足球、跳袋、降落伞、过河石、小梯子等小中型体育器械。大班幼儿运动器械多为双杠、高空滑索、垂直爬网、攀岩、滚筒、梅花桩、大陀螺、旋转器等中大型体育器械,以及无辅助轮的自行车、滑板车、拱形门、钻杆、拳击器械、瑜伽球、长绳、陀螺、滚铁环、体操圈、飞镖、飞盘、高跷、大鞋、动物掌等小中型的体育器械。此外,要根据幼儿的体质、能力、个性差异,设计多层次的体育活动,使其适合于每名幼儿,做到器械练习由易到难、由简单到复杂、由能力弱到能力强,逐步深入。

2. 体育器械的丰富性和多样性

不同的体育器械有不同的锻炼目的和作用,教师在提供体育器械时,要从时间和空间上为幼儿提供丰富多样的体育器械。从时间上看,教师需要规划幼儿一段时间内的体育器械使用情况,按月或者按周的时间维度来合理分配幼儿的器械使用,以达到促进幼儿不同运动能力发展的目的。从空间上看,教师要带幼儿进入不同的体育器械布置空间,钻爬、攀登、摇摆、平衡等大型器械区域要合理分配使用。

3. 体育器械和活动内容的安全性

体育器械和活动内容的安全是进行运动活动必须考虑的条件和因素。在进行运动活动前,教师需要提前检查安全隐患,如大型固定器械是否存在螺丝松动、部件掉落等情况,做到尽早发现问题并及时解决问题。对于中小型器械和自制器械等,教师要检查器械的边角处、硬度等,避免幼儿使用时有危险,从而确保活动安全。

4. 体育器械的一物多玩性

体育器械的玩法可以根据教师的预设目的或者幼儿生成性目的进行调整。教师要多鼓励幼儿尝试用一种器械探索多样的玩法,如常见的呼啦圈、轮胎、梯子等器械,教师可以带着幼儿一起研究多种玩法并记录下来,每次尝试不同的玩法,增加幼儿对器械练习的理解。

(五)远足和短途旅行的设计与实施

1. 远足和短途旅行的设计

在设计和准备远足及短途旅行活动的过程中,可从以下三个步骤着手。

(1)确定远足及短途旅行活动的目标、时间与地点等基本信息,撰写计划并向幼儿园报备。首先,明确远足及短途旅行的教育目标,考虑是否与幼儿的年龄特点和学习内容相契合。接着,确定活动的具体时间、地点和参与人数,并评估所选地点的安全性、交通便利性及教育价值。在此基础上,撰写详细的活动计划,内容应包括活动目的、行程安排、应急预案、物资准备等。最后,将计划提交给幼儿园管理部门审核与备案,确保活动在规定的安全管理范围内进行。

(2)联系相关人员,考察远足及短途旅行活动的场地。在初步确定活动地点后,应主动联系当地相关管理人员,如公园或景区的工作人员,了解场地的具体情况及管理规定。随后,安排实地考察,重点评估场地的安全性、环境卫生、设施完备程度以及是否适合幼儿参与。在考察过程中,还需注意观察场地的应急设施(如医务室、紧急出口)是否完善,并记录可能出现的潜在风险,为后续的活动安全预案做准备。

(3)确定活动后,发通知给家长并合理安排家长志愿者。在活动方案通过审核后,应及时向家长发出通知,详细说明活动的时间、地点、目的以及安全保障措施。同时,通知中应包括活动所需物品清单和注意事项,确保家长为幼儿做好充分的准备。为了增强活动的安全性和组织效率,可以在家长中招募志愿者,优选有相关经验或具备急救知识的家长。选拔过程须公平公正,志愿者需明确责任分工,以保证活动的顺利进行。

2. 远足及短途旅行的实施

（1）提前制订计划

为了确保远足和短途旅行的顺利进行,在活动前要制订详细的计划,包括远足的活动时间、地点、主题、目的、对象、安全措施、注意事项、教师安排、应急预案等内容。

（2）寻求家、园、社区的合作

进行远足或者短途旅行时,通常会邀请家长参与,协助班级教师一起筹备、组织、管理远足和短途旅行活动。在寻找家长的过程中,要注意与家委会紧密合作,确保参与的家长理解活动目的、内容,以及家长的时间合适。同时,为了增加远足和短途旅行活动内容的丰富性,可以联合社区,合理利用社区的资源,增加远足和短途旅行的场景。

（3）重视远足前的幼儿准备工作

在活动前,教师可组织幼儿集体讨论远足和短途旅行的注意事项,引导幼儿去思考需要注意什么,如"过马路怎么走""中途能否松开好朋友的手自己跑开""需要穿怎样的衣服和鞋子""远足需要准备什么东西?"等。这些讨论有利于增强幼儿对于远足活动的理解和参与感。

（六）运动会的设计与实施

1. 运动会的设计

设计幼儿园运动会是一个复杂而有趣的过程,需要从多个方面进行细致的规划,以确保活动的顺利进行并达到预期的教育目标。可以按照以下五个步骤进行设计。

（1）确定目标和主题

先要明确运动会的目标。运动会应不仅仅是体能的展示,还应融入幼儿的团队合作、规则意识以及愉快参与的教育理念。根据目标选择合适的主题,如"快乐运动,健康成长""团结协作,共享欢乐",主题可以帮助统一活动风格,增强幼儿的参与兴趣。

（2）选择合适的运动项目

要根据幼儿的年龄和身体发展特点,选择多样化的运动项目。项目应包括个人竞赛和团体游戏两大类,既有跑步、跳跃等基本运动技能的展示,也应包括趣味性强的合作游戏,如接力赛、障碍赛等。在选择项目时,要确保每个幼儿都能参与其中,并在活动中获得成功的体验。

（3）制订活动计划

活动计划应包括时间表、场地安排、人员分工、物资准备等。时间表要考虑到幼儿的体能状况,安排适当的休息时间。场地安排应合理分配,确保活动的顺畅进行。人员分工则需明确各岗位的职责,包括教师、家长志愿者、医务人员等。此外,还需准备充足的运动器材和奖品,并考虑到备用物资的准备。

（4）组织预演与演练

在正式运动会前,应组织一次预演活动,以熟悉整个流程。预演可以帮助发现潜在的问题,并及时调整。演练不仅可以让幼儿提前了解活动内容,降低紧张感,也能帮助教师熟悉场地和各项工作的衔接情况,确保运动会当天顺利进行。

（5）与家长沟通

运动会前,与家长沟通活动的相关信息,包括时间、地点、注意事项等。邀请家长积极参与到运动会的组织和实施中,既能增进家园合作,也能增强家长对幼儿园工作的了解和支持。还可以设置家长项目,增加亲子互动环节,提升活动的趣味性和参与度。

2. 运动会的实施

在幼儿园运动会的实施过程中,需注意多方面的细节,以确保活动安全、有序进行,并达到预期的教育效果。以下四个注意事项要特别重视。

（1）安全第一

运动会的首要任务是确保幼儿的安全。在活动开始前，应检查场地是否存在安全隐患，如地面是否平整、场地周围是否有危险物品等。需时刻关注幼儿的身体状况，特别是高强度的运动项目，应随时准备应对突发情况。同时，安排医务人员在场，准备急救药品和设备，以应对可能出现的意外伤害。

（2）合理安排活动顺序

活动顺序的安排应遵循由简单到复杂、由静到动的原则。开始时可以选择热身类的活动，帮助幼儿逐渐进入状态；随后进行较为激烈的比赛项目；最后安排轻松的放松活动，帮助幼儿恢复平静。这样的安排可以有效避免幼儿在运动中出现过度疲劳或情绪波动，也能保持活动的节奏感。

（3）确保公平与参与

在运动会中，应关注每一个幼儿的参与感和公平性。要避免出现少数幼儿成为比赛焦点，其他幼儿被忽视的情况。对于能力稍弱的幼儿，可以设计一些趣味性强的亲子合作项目，让他们在团队中找到自己的位置，感受到成功的喜悦。

（4）注重互动与合作

运动会不仅是体能的展示，更是培养幼儿合作精神的重要机会。在设计活动时，应增加团队合作类项目，如集体接力赛、合作游戏等，培养幼儿的团队意识。在活动中，要鼓励幼儿互相帮助、支持，通过合作完成任务，增强集体荣誉感。

📖 模块小结

本模块包括两大任务：了解学前儿童运动教育的基本概念与形式，以及如何设计和实施相应的教育活动。在任务1中，我们深入探讨了学前儿童运动教育的含义和重要性，了解了运动教育的多种组织形式，如体操练习、体育教学、体育游戏、器械练习、远足及短途旅行和运动会。这些形式各具特色，旨在促进幼儿身体的全面发展。在任务2中，我们重点学习了学前儿童运动教育的目标设定及内容选择，如行走、跑步、跳跃、投掷、钻爬攀和翻滚等内容。此外，还学习了各类运动教育活动的设计与实施，学会根据幼儿的年龄阶段制订适宜的活动方案，并有效组织实施，以帮助幼儿在运动中获得成长与发展。

✏️ 岗课赛证

一、单选题

1. 根据《幼儿园教育指导纲要（试行）》，幼儿园体育的重要目标是（ ）。
   A. 获得比赛奖项　　　　　　　　　　　B. 培养运动人才
   C. 培养幼儿对体育活动的兴趣　　　　　D. 训练技能

2. 幼儿园体育过程中最主要的环节是（ ）。
   A. 激发幼儿活动兴趣阶段　　　　　　　B. 身体准备阶段
   C. 掌握动作技能阶段　　　　　　　　　D. 结束阶段

3. 体育活动的内容不包含（ ）。
   A. 基本规范练习　　　　　　　　　　　B. 基本体操练习
   C. 体育游戏　　　　　　　　　　　　　D. 运动器械练习

4. 《幼儿园工作规程》中明确规定：幼儿每日户外体育活动不得少于（ ）小时。
   A. 0.5　　　　　　　　B. 1　　　　　　　　C. 1.5　　　　　　　　D. 2

5. 下列哪项属于学前儿童运动教育的组织形式？（　　）

　　A. 角色扮演游戏　　　　　　　　　　B. 艺术创作

　　C. 体操练习活动　　　　　　　　　　D. 沙水游戏

6. 小班幼儿体操练习的主要内容和特点是（　　）。

　　A. 动作准确整齐，以武术操为主

　　B. 以模仿操为主，不要求动作准确度

　　C. 要求合拍有节奏，以韵律操为主

　　D. 主动调整队列位置，以器械操为主

7. 下列哪项是判断幼儿运动过量的生理表现？（　　）

　　A. 面色红润，轻微出汗　　　　　　　B. 呼吸平稳规律

　　C. 大量出汗，面色苍白或发紫　　　　D. 精神愉快活泼

8. 大班幼儿在"跳跃"动作中应达到的目标是（　　）。

　　A. 原地纵跳触物（距指尖 15～20 厘米）　　B. 立定跳远不少于 75 厘米

　　C. 单脚连续跳不少于 10 米　　　　　D. 助跑跨跳过大于 50 厘米的平行线

9. 体育游戏区别于其他游戏的核心特点是（　　）。

　　A. 强调角色情节复杂性　　　　　　　B. 以发展基本动作为目的

　　C. 无需规则限制　　　　　　　　　　D. 侧重静态智力发展

10. 下列哪种器械属于"固定性运动器械"？（　　）

　　A. 平衡车　　　　　B. 跳绳　　　　　C. 攀岩墙　　　　　D. 呼啦圈

二、实训题

1. 大一班自由活动时间，个别幼儿用泡沫拼板（75 cm×75 cm）当滑板玩，许多幼儿也想玩，但有的幼儿滑不起来，有的只能滑一点点。请根据幼儿利用泡沫拼板滑行的兴趣，为大一班幼儿设计一个体育活动，要求写出活动名称、活动目标、活动准备、活动过程和活动延伸。

2. 根据下面案例，设计一份亲子运动会方案，要求写出亲子运动会的设计意图，2 个运动项目（须写出运动项目的名称、材料和玩法），家长工作要点以及实施注意事项。

　　　　在与本班家长沟通汇总过程中，大三班教师发现，不少家长平时很少和孩子一起运动，因为他们不知道可以和孩子玩什么。为此，教师准备举行一场亲子运动会，让家长体验到生活中随手可得的一些废旧材料，可以用来开展有趣的运动游戏，从而促进幼儿发展。

模块四

学前儿童疾病预防教育

　　学前阶段是儿童身心发展的关键时期,在该时期儿童生理机能尚未完全成熟,对外界环境的适应能力和抵抗力相对较弱,因而极易受到各类疾病的侵扰。因此,加强学前儿童疾病预防教育,对于保障儿童健康成长、预防疾病发生、减轻医疗负担具有非常重要的价值。

　　通过系统的疾病预防教育,可以帮助学前儿童树立正确的健康观念,培养良好的防病习惯,从而在日常生活中自觉采取预防疾病的措施,降低患病风险。这种健康行为的养成,不仅有益于儿童当前的身心健康,更将对其终身健康产生深远的影响。此外,通过加强家园合作、社区参与,形成多方联动的健康教育网络,可以更加有效地推动疾病预防知识的普及与落实,为儿童营造更加安全、健康的成长环境。

　　本模块的学习不仅是学前儿童健康成长的客观需要,更是构建和谐社会、提升国民健康素养的重要举措。学习者通过深入理解和掌握本模块内容,可以更好地为学前儿童的健康保驾护航。

知识导航

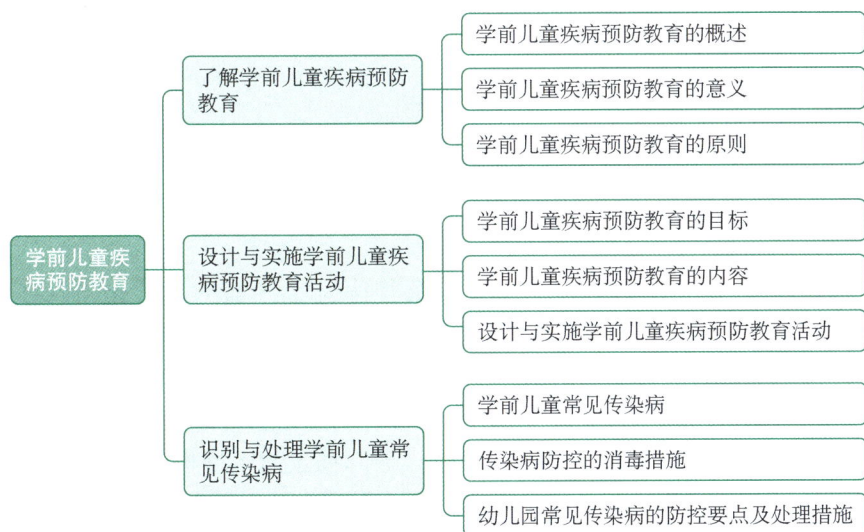

任务 1
了解学前儿童疾病预防教育

任务目标

1. 掌握学前儿童疾病预防教育的概念。
2. 理解学前儿童疾病预防教育的意义和原则。

任务情境

　　小张是一名幼儿园小班实习教师。今天,她发现班里的一个幼儿小明开始出现了流涕咳嗽、轻微发热的症状。她担心小明可能感染了流感,和带教教师沟通后,便带着小明找到了保健老师。保健教师在综合评估了小明的情况后,建议让家长带小明前往医院就诊。

　　不久后,小明在医院被确诊为甲流。医生叮嘱小明要在家多休息,并进行自我隔离,近期不能再到幼儿园去,否则可能会传染给其他幼儿。小张老师得知消息后,立即向保健教师反映了这个情况,并在幼儿园迅速开展一系列传染病防控工作。

　　小张作为实习教师,不禁产生了疑问:什么是学前儿童疾病预防教育? 学前儿童疾病预防教育有哪些原则?

任务支持

一、学前儿童疾病预防教育的概述

　　学前儿童疾病预防教育是指以学前儿童身心发展规律为核心,通过生活化、游戏化的教育活动,帮助幼儿掌握基础卫生习惯、疾病防护技能及提升健康认知,从而降低常见病发生率,促进身心和谐发展的系统性教育过程。

　　受认知发展水平限制,该阶段幼儿对"健康"与"疾病"的理解具有显著的直观经验性特征。他们通常以即时身体感受(如疼痛、舒适)作为健康判断标准,而非抽象的生理机制或医学原理。例如,幼儿可能认为"不发烧就是健康",或将咳嗽直接归因于吃了冰激凌。这种认知特点还体现在泛灵论思维中。他们会赋予无生命的物体生命属性,如认为"玩具熊生病了需要吃药",这种心理特征为教育设计提供了独特的切入点。

　　因此,学前儿童疾病预防教育应基于幼儿认知发展规律展开设计,既尊重幼儿的思维特点,又能循序渐进地帮助其构建健康防护意识。

064

二、学前儿童疾病预防教育的意义

学前儿童疾病预防教育是幼儿健康教育的重要组成部分,其核心价值体现在以下四个方面。

(一)奠定终身健康的行为基础

学前期是健康行为养成的关键期。在此阶段通过疾病预防教育,能帮助幼儿建立科学的卫生习惯,形成健康风险规避意识。学前期形成的健康行为模式可持续至成年期,并能有效降低呼吸系统疾病、消化道传染病等发病率。

(二)提升幼儿自主防护能力

疾病预防教育通过场景化学习和具象化认知引导,帮助幼儿理解疾病传播原理与防护逻辑。这使幼儿从被动接受照料转向主动参与健康管理,例如,能识别常见疾病风险场景(如与发热同伴保持距离),掌握基础防护技能(如佩戴口罩),形成健康责任意识(如主动拒绝不洁食物)。这种能力迁移可显著降低幼儿园群体性感染事件发生率,不仅有利于保护幼儿的健康,也有利于提高托幼机构的保教质量。

(三)促进家庭与社会的协同健康治理

幼儿园作为健康教育的核心阵地,通过疾病预防教育能够有效促进家庭健康素养提升与社区健康生态优化。

在家庭层面,园所依托家园协作机制,借助亲子健康实践任务、科普指导材料等多元载体,引导家长树立科学的家庭卫生防护意识,掌握幼儿日常健康照护的基础技能,形成家庭层面的健康行为养成环境。

在社区层面,幼儿园通过建立常态化的社区联动机制,组织开展幼儿健康主题宣传、公共卫生知识普及等活动,推动社会对幼儿疾病预防的认知提升与资源关注。

(四)响应国家公共卫生战略需求

学前阶段的疾病预防教育是国民健康素养培育的源头工程。通过系统性健康知识传导与行为习惯养成,为未来公民建立科学健康观念奠定认知基础,这一教育实践与《"健康中国 2030"规划纲要》预防为主的战略导向深度契合,通过降低儿童期常见病、传染病发生率,有效减轻公共卫生体系的潜在压力,实现疾病防控成本的前置性优化[①]。

此外,学前儿童疾病预防教育依托幼儿园标准化教育体系,将科学的健康防护知识转化为普惠性社会公共产品,缩小家庭健康认知差距。这种基础性教育不仅守护个体健康,更通过"教育一个孩子、影响一个家庭、辐射整个社会"的传导机制,推动全民健康意识的整体提升,助力构建以幼儿健康为中心的社会支持网络,为健康中国建设积累可持续的人力资源。

三、学前儿童疾病预防教育的原则

学前儿童疾病预防教育的实施需遵循以下核心原则,以确保教育内容的科学性和实践性。

(一)科学性与适切性相统一

教育内容须以儿童保健学、预防医学等学科理论为基础,参照国家卫生与教育政策构建知识体系,

---

① 中共中央,国务院. "健康中国 2030"规划纲要[EB/OL]. (2016-10-25)[2025-06-02]. http://www.gov.cn/zhengce/2016-10/25/content_5124174.htm.

确保疾病成因、防护原理等内容的准确性。同时充分考虑幼儿认知发展特点，采用符合其思维水平的具象化表达方式，将抽象的医学概念转化为可感知的经验性认知，实现专业知识的适切性转化，避免抽象化或失真表述，实现科学内容与幼儿认知水平的适切衔接。

（二）生活化与实践性相融合

立足幼儿日常生活场域，将疾病预防教育融入饮食、卫生、运动等常态化生活情境，建立"健康知识—生活经验—行为习惯"的转化机制。通过重复性实践训练强化健康行为养成，注重标准化防护技能的渐进式培养，使幼儿在真实生活场景中理解健康知识的应用价值，形成稳定的健康行为模式。

（三）协同性与一致性原则

构建幼儿园、家庭、社会三方协同的教育共同体，通过制度化沟通机制确保教育目标、内容与方法的一致性。幼儿园提供专业指导框架，家庭落实日常健康照护，社会整合医疗、科普等资源，形成全方位、持续性的健康促进网络，避免教育碎片化。

（四）预防性与发展性并重

坚持"预防为主"的公共卫生理念，通过周期性知识传导与风险预警，提升幼儿对常见疾病的主动防范意识。同时关注教育的发展性功能，将疾病预防与身体机能锻炼、心理调适能力培养相结合，在降低疾病风险的同时，为幼儿构建全面的健康素养基础，实现从疾病防控到整体健康发展的目标升级。

（五）层次性与差异性原则

依据幼儿年龄发展特征划分教育梯度，小班侧重基础卫生习惯养成，中班强化健康因果关系认知，大班培养主动防护技能，形成螺旋上升的教育序列。关注个体差异，基于幼儿健康状况、过敏史、疾病史等制定分层教育方案，在集体教育基础上提供个性化指导，确保教育内容既符合群体发展共性，又满足特殊健康需求。

任务 2
设计与实施学前儿童疾病预防教育活动

任务目标

1. 明确学前儿童疾病预防教育的目标和内容。
2. 掌握学前儿童疾病预防教育活动的设计与实施。

任务情境

经过数周的治疗与康复,小明的流感已经痊愈。经过医生的评估后,终于解除隔离,并回到了幼儿园里。小明重返幼儿园的第一天,好朋友乐乐关心地问:"你现在好些了吗? 还发烧吗?"其他幼儿看到了,也纷纷来关心小明。

小张老师发现这似乎是一个很好的教育契机。近期正值流感的高发季节,除了小明以外,还有好几名幼儿先后感染流感,许多家长都选择带幼儿前去医院接种流感疫苗,但是幼儿都非常害怕打疫苗。

请思考:

1. 如果你是小张老师,此时你会以什么内容为主题组织一场教育活动?
2. 学前儿童传染病预防教育包含哪些内容? 小张老师可以采取什么方法开展疾病预防教育活动?

任务支持

一、学前儿童疾病预防教育的目标

进行学前儿童疾病预防教育不仅仅是出于教育的需要,更是为了促进幼儿的发展,是学前儿童健康发展的总体要求。

学前儿童疾病预防教育的目标包括促进学前儿童身体正常发育和机能的协调发展,增强体质,培养良好的生活习惯、卫生习惯;保护和促进学前儿童心理健康,培养积极的情绪、开朗的性格,无心理障碍,对环境有较快的适应能力;预防和控制学前儿童常见的传染性和非传染性疾病,降低发病率和死亡率,提高生存质量;培养学前儿童的自我保健能力,增强其对自身健康的责任感和主动性[①]。

在设计学前儿童疾病预防教育活动时,活动目标的设定需根据学前儿童疾病教育的具体内容和形式,根据幼儿不同年龄阶段目标进一步细化为每个教育活动的具体要求。教育活动目标包括认知目标、情感目标、技能目标。

---

① 叶平枝,徐保良.学前儿童健康教育与活动指导[M].长沙:湖南大学出版社,2015:8.

（1）认知目标是指学前儿童在疾病预防教育活动中所要掌握的知识和理解的概念。如,什么是疾病,疾病是怎么传播的,如何预防和治疗疾病等。

（2）情感目标是指学前儿童在疾病预防教育活动中所要形成的态度和价值观。如,关心自己和他人的健康,尊重自己和他人的身体,积极面对疾病和困难等。

（3）技能目标是指学前儿童在疾病预防教育活动中所要学习的技能和方法。如,如何正确地咳嗽和打喷嚏,如何正确地洗手和刷牙,如何正确地接种疫苗等。

二、学前儿童疾病预防教育的内容

学前儿童疾病预防教育的内容主要包括认识疾病、疾病防护措施教育、身体保健教育、疫苗教育四个方面。

（一）认识疾病

疾病认知教育是帮助学前儿童建立健康防护意识的逻辑起点,旨在帮助幼儿形成对疾病的基础性认知框架,帮助幼儿了解什么是疾病,导致疾病的原因有哪些,常见的疾病有哪些,如何识别疾病的症状,如何及时就医。

1. 疾病的概念

健康是身体功能正常运行的舒适状态,疾病则是身体功能异常的警示状态。教育中需运用具象化隐喻,将抽象的病理概念转化为可感知的经验性理解,帮助幼儿形成"疾病是身体发出的异常信号"的基础认知。可通过健康状态对比教学,引导幼儿建立"健康-疾病"的二元认知。

2. 疾病的原因

依据幼儿认知发展水平,将致病因素划分为可感知的外在诱因与经验性内在因素。外在诱因包括生物性因素(病原微生物感染)与环境适应性因素(如温差变化、卫生习惯不良),引导幼儿建立"病从口入""接触传染"等经验性因果认知。内在因素有神经内分泌因素、免疫力因素、遗传因素等。可通过生活案例建立"身体抵抗力"概念,如睡眠不足、挑食与患病风险的关联,形成"健康习惯影响身体保护力"的朴素认知。

3. 常见的疾病

帮助幼儿建立基础疾病分类框架,形成对学前阶段多发健康问题的初步辨别能力。通过区分传染性疾病(如感冒、手足口病)与非传染性疾病(如龋齿、弱视),理解疾病传播途径及相关因素。同时将疾病名称与典型症状直观关联,如,发热常伴随体温升高,咳嗽提示呼吸道不适,龋齿多表现为牙齿疼痛等,引导幼儿通过观察、询问识别身体异常,提升健康风险敏感度与辨别力。

4. 及时就医

通过情景模拟与正向引导帮助幼儿建立积极医疗认知,通过"及时就医促进康复"的简单案例阐释身体异常时寻求专业帮助的必要性,还可以运用拟人化表达,如"医生是身体守护者",缓解医疗场景陌生感,建立"就医是健康保护行为"的心理认同,培养主动报告身体不适的意识。

（二）疾病防护措施教育

疾病防护措施教育是为了帮助幼儿了解常见疾病的危害,掌握科学预防方法,通过培养正确的卫生习惯和健康的生活方式,提高疾病预防的能力。

1. 呼吸系统疾病的防护

引导幼儿了解呼吸原理与呼吸道功能,学习正确地咳嗽、打喷嚏礼仪,掌握口罩佩戴要点等。例如,教导幼儿在人多拥挤、空气不佳或身边有患者时需佩戴口罩,并通过正误对比,让其学会规范操作流程,包括洗手、贴合口鼻、避免触碰污染外层,以及需及时更换口罩。

2. 消化系统疾病的防护

向幼儿解释消化的基本过程,强调饮食卫生的重要性,识别消化道疾病的常见症状,培养幼儿发现异常及时告知成人的意识。

3. 泌尿系统疾病的防护

向幼儿解释泌尿系统的结构、功能;通过培养适量饮水、定时排尿、注重卫生的习惯,纠正憋尿、久坐等不良行为,同时让幼儿认识尿频、尿痛等症状,帮助幼儿学会主动求助。

(三) 身体保健教育

身体保健教育以培养学前儿童健康的生活方式为核心,通过帮助幼儿建立良好的生活与卫生习惯,增强其体质,预防疾病。具体包括以下四个方面。

1. 合理膳食

引导幼儿认识营养均衡的重要性,学习健康食物的选择与搭配,养成不偏食、不挑食的饮食习惯,同时掌握正确的用餐礼仪及餐具使用方法。

2. 规律作息

帮助幼儿建立科学的作息规律,确保充足睡眠与合理休息,学习规范的起床、入睡流程,形成稳定的生物钟节律。

3. 适度运动

鼓励幼儿积极参与体育活动,教授运动前热身、运动后放松的正确方法,培养运动兴趣与自我保护意识。

4. 保持环境清洁

一方面,培养幼儿正确洗手、洗脸、刷牙等个人卫生习惯;另一方面,引导幼儿爱护周围环境,保持生活区域整洁,并掌握基础安全常识与自我保护技能,如规避危险物品、应对突发情况的简单方法。

(四) 疫苗教育

学前儿童疫苗教育的目的是教育学前儿童了解疫苗接种的重要性和作用,提高对疫苗接种的认知和积极性,能够按照国家免疫规划完成预防接种,进而保障健康和安全。

进行疫苗教育,应以幼儿可感知的方式解析疫苗原理,阐释疫苗如何帮助身体识别并抵御病菌。要重点讲解疫苗预防传染病、守护健康的重要作用,强调其对个人与公共健康防护的双重意义。可通过模拟"登记—消毒—接种—留观"等环节,让幼儿熟悉接种流程。传递"接种疫苗是勇敢行为"的正面认知,帮助幼儿建立心理安全感,提升配合接种的主动性。

三、 设计与实施学前儿童疾病预防教育活动

(一) 学前儿童疾病预防教育活动的教学方法

在为3~6岁幼儿设计疾病预防主题的教育活动时,可以采用故事引入法、游戏互动法、多媒体展示法、角色扮演法和实践操作法等多种方法。每种方法都有其独特的优势和注意事项,教师应根据具体情况灵活选择和运用这些方法,以达到最佳的教学效果。以下是一些常用的方法。

1. 故事引入法

故事引入法是利用幼儿喜爱的故事形式,将疾病预防的主题融入其中。比如,讲述一个关于小动物们如何预防感冒的故事,通过故事情节的展开,让幼儿在轻松愉快的氛围中了解疾病预防的重要性。这种方法能够迅速吸引幼儿的注意力,激发他们的好奇心和求知欲。

2. 游戏互动法

游戏互动法是设计一些与疾病预防相关的游戏或互动环节,让幼儿在游戏中学习知识。例如,设计

一个"洗手接力赛"游戏,让幼儿在比赛中掌握正确的洗手方法。游戏互动法能够激发幼儿的学习兴趣和积极性,使他们在游戏中自然而然地掌握疾病预防的知识和技能。

3. 多媒体展示法

多媒体展示法是利用多媒体设备展示疾病预防的动画、图片或视频资料,以直观、生动的方式呈现给幼儿。例如,播放一段关于细菌如何传播并导致疾病的动画短片,让幼儿了解疾病的传播途径和预防方法。多媒体展示法能够丰富教学手段,提高教学效果,使幼儿在视觉和听觉上得到双重刺激。

4. 角色扮演法

角色扮演法是创设与疾病预防相关的情境,让幼儿参与其中进行模拟体验。例如,模拟一家医院或诊所的场景,让幼儿扮演医生、病人等角色,通过角色扮演了解疾病的预防和治疗过程。角色扮演法能够让幼儿身临其境地感受疾病预防的重要性,增强他们的实践能力和情感体验。

5. 实践操作法

通过实践操作的方式可让幼儿亲身体验疾病预防的过程和方法,如学习正确洗手、佩戴口罩等。在实践操作中,要确保实践操作的过程规范、安全,避免幼儿受伤或接触到有害物质。教师在示范时要清晰、准确地展示操作步骤和方法,确保幼儿能够理解和模仿。在幼儿实践操作后及时给予反馈和指导,帮助其纠正错误并巩固所学知识。

(二) 学前儿童疾病预防教育活动的设计与实施

在为3～6岁幼儿设计疾病预防主题的教育活动时,可以选择多种活动形式,如集体教学活动、区域活动等。每种活动形式都有其独特的优势和设计方式。

1. 集体教学活动

举办疾病预防教育活动时,可以采用集体教学活动的形式。一方面,集体教学可以同时面向多名幼儿进行教育,相较于个别指导,能够更有效地利用时间和资源,确保每名幼儿都能接收到相同的信息。另一方面,在集体环境中,幼儿可以相互观察、学习和模仿,通过游戏、角色扮演等互动方式,增加学习的趣味性和参与度,使教育内容更加生动有趣。同时,当所有幼儿参与疾病预防的学习时,可以形成一种重视健康、预防疾病的良好氛围,促使幼儿在日常生活中更加关注自己的卫生习惯。

在设计疾病预防集体教学活动时,可遵循以下基本步骤。

(1) 选取活动主题

根据幼儿常见健康问题、季节性疾病高发特点及日常行为习惯,选择适宜主题,如个人卫生主题("赶走细菌小卫士""小手洗白白"等)、呼吸道防护主题(如"喷嚏礼仪小超人""口罩好朋友"等)、健康饮食主题(如"肠道小卫士的午餐""打败零食怪兽"等)、疫苗接种主题(如"身体里的盾牌工厂")。

(2) 确定活动目标

设计疾病预防教育活动的目标需立足幼儿认知水平,以年龄分层设置具体可操作的内容。例如,小班侧重认识常见疾病名称与洗手动作,大班理解传播途径及防护措施。同时,涵盖知识、技能与态度培养,要体现通过角色扮演、实验观察等互动方式让幼儿在实践中掌握洗手、咳嗽礼仪等实用技能,并借助趣味故事或游戏激发其对健康习惯的兴趣与维护意愿,确保目标明确且效果可评估。

实践案例

1. 以下四个活动目标,设计是否合理?

A. 让幼儿学会疾病的预防方法。

B. 让幼儿通过活动就能避免生病。

C. 幼儿能够背诵疾病预防的口诀,能应对教师的提问。

D. 让幼儿说出手足口病的常见表现并能识别自己是否有手足口病。

2. 想一想,这四个活动目标分别有什么问题?

A 活动目标:让幼儿学会疾病的预防方法。

问题分析:此目标过于宽泛且不切实际,因为所谓的"疾病"种类繁多,预防方法各异,对于幼儿来说难以全面掌握。

B 活动目标:让幼儿通过活动就能避免生病。

问题分析:此目标忽略了疾病预防的复杂性和长期性,生病受多种因素影响,不可能通过一次活动就彻底避免。

C 活动目标:幼儿能够背诵疾病预防的口诀,能应对教师的提问。

问题分析:此目标过于形式化,侧重记忆而非理解和实践。疾病预防的关键在于行为习惯的养成,而非简单的背诵。

D 活动目标:让幼儿说出手足口病的常见表现并能识别自己是否有手足口病。

问题分析:让幼儿自己诊断常见疾病的目标严重超出幼儿的能力范围,幼儿不具备自我诊断疾病的能力,这不仅危险,还可能误导他们忽视专业医疗的重要性。

3. 怎样的活动目标更为合理呢?

A. 认识并说出至少三种常见的幼儿疾病名称(如感冒、手足口病、腹泻等)。

B. 掌握正确的洗手步骤和时长,理解其在预防疾病中的重要性。

C. 学会咳嗽和打喷嚏时的正确遮挡方式。

D. 愿意主动清洁自己的水杯。

4. 说一说,这几个目标有什么不同?

通过本案例讨论,我们可以看到,合理的活动目标应当具体、可达成、符合幼儿年龄特点,并注重实践性和安全性。

你还能写出其他活动目标吗?

(3) 准备活动材料

疾病预防教育活动材料需围绕主题选择直观互动的资源。例如,用荧光洗手液和碎纸片模拟细菌残留与飞沫传播,搭配卡通图片和健康饮食卡片辅助认知,同时配备洗手步骤图、儿童口罩等实操道具。此外,要确保材料安全适龄且便于幼儿通过观察、分类、模拟等互动方式理解卫生习惯的重要性。

(4) 选择教学方法

幼儿疾病预防集体教育的教学方法需遵循年龄适宜性,小班通过儿歌和游戏化动作培养基础卫生习惯,中班结合情景模拟与实验观察强化认知,大班采用辩论或项目任务深化健康行为。此外,所有活动应强调多感官互动与生活化实践,如角色扮演洗手过程或分类健康食物。同时要确保材料安全直观、目标具体可衡量,以趣味性和参与感激发幼儿主动维护健康的意愿。

(5) 设定活动过程

幼儿疾病预防集体教育活动的设计,一要紧扣年龄特点,遵循直观互动、分龄递进原则。例如,小班用趣味儿歌和简单动作模仿培养洗手习惯,中班通过情景模拟(如喷嚏遮挡)和实验观察(荧光洗手)强化认知,大班结合健康饮食分类或辩论活动深化理解。二要流程、结构清晰,从兴趣导入到技能实操层层递进,并融入家庭延伸任务,确保知识转化为日常行为。三要严格把控材料安全性及活动可操作性,以趣味化、生活化的体验激发幼儿主动参与。

(6) 开展评价反思

幼儿疾病预防集体教育活动的评价反思需注重过程性观察(如幼儿洗手动作规范性)与成果性追踪(如班级因病缺勤率变化),并结合幼儿参与度、行为改善及家庭反馈等数据,反思活动设计是否符合年龄特点(如教具安全性、语言适龄性)、目标是否清晰可达成,并优化家园共育策略以强化习惯养成。

案例 4-1

消化小卫士(中班)

【活动目标】

1. 认知目标:知道食物进入身体后会经过口腔(牙齿嚼碎)、胃(磨碎、消化食物)和肠道(运输、吸收营养)的消化过程。

2. 技能目标:能用动作模拟食物在口腔里被咀嚼、在胃里被搅拌消化、在肠道里被运输吸收的过程,学会分类"小卫士喜欢的食物"(健康食物)和"小卫士讨厌的食物"(不健康食物)。

3. 情感目标:愿意在吃饭时细嚼慢咽,并尝试每天吃一种新蔬菜。

【活动重难点】

重点:感知食物在"口腔—胃—肠道"中的处理过程。

难点:理解"小卫士"需要健康食物才能高效工作。

【活动准备】

课件"消化小卫士",消化卫士人体消化系统图,消化系统卡片即时贴,消化器官头饰(牙齿、胃、肠道),食物道具(布制西蓝花、纸板薯片),食物卡片,笑脸、哭脸、小卫士勋章贴纸。

【活动流程】

一、导入:小卫士的挑战

1. 情境提问

教师戴"卫士队长"头饰:"我们的身体里有一群消化小卫士,它们每天要处理很多食物! 今天它们遇到了麻烦,需要小朋友帮忙!"

2. 引出问题

展示"小卫士罢工"图片(垃圾食品堆积在胃部):"为什么小卫士会罢工? 我们该怎么做?"

二、**故事与互动:西蓝花的闯关任务**

1. 第一关:牙齿小卫士的检查站(口腔)

教师:"我是西蓝花,今天要闯过三关! 第一关是'检查站',牙齿小卫士'咔嚓咔嚓'把我切碎。"

互动提问:如果食物没有被完全嚼碎,胃小卫士会怎样? 牙齿小卫士用什么工具切碎食物?(引导幼儿摸自己的牙齿,手作剪刀状切菜,模仿咀嚼动作。)

2. 第二关:胃小卫士的加工站(胃)

教师:"第二关是'加工站',胃小卫士像搅拌机一样转呀转,把我变成黏糊糊的糨糊! 如果我不变成糊糊,肠道小卫士就没办法工作啦!"

互动动作:幼儿双手揉肚子模拟"搅拌机"。教师提问:"胃小卫士是喜欢好消化的健康食物(蔬菜、米饭),还是不好消化的食品(炸鸡、冰激凌等)?"

3. 第三关:肠道小卫士的运输站(肠道)

教师:"最后一关是'运输站',肠道小卫士会把我的营养留下来,剩下的变成便便运出去。如果运输站堵车了,小主人就会肚子疼!"

互动讨论:怎样让运输站不堵车?(多吃蔬菜水果,多喝水,定期排便。)

三、**分类游戏:小卫士的能量补给**

1. 贴贴纸,区分健康食品和垃圾食品

健康食品(蔬菜、水果):贴笑脸贴纸,帮助小卫士充满能量。

垃圾食品(薯片、冰激凌):贴哭脸贴纸,让小卫士头晕眼花。

2. 讨论:为什么薯片会让小卫士头晕?

四、角色扮演游戏

1. 动作模仿游戏

幼儿分三组,分别扮演"牙齿小卫士"(手做剪刀状切菜)、"胃小卫士"(双手揉肚子转圈)、"肠道小卫士"(排队传递小球模拟营养运输)。

教师操控"西蓝花"玩偶,依次通过三关,幼儿用对应动作"处理食物"。

2. 分类挑战

（1）准备食物卡片(西蓝花、胡萝卜、薯片、糖果)。

（2）幼儿指认小卫士喜欢的食物。

（3）教师操控健康食物卡片,依次通过三关,幼儿用对应动作"处理食物"。

（4）教师操控垃圾食物卡片,幼儿做出头晕眼花不舒服的动作。

（5）教师引导:"小卫士需要健康的食物才能有力气工作,垃圾食品会让它们头晕!"

五、总结

1. 总结食物在口腔、胃、肠道中的消化过程。

2. 展示健康食品和垃圾食品的对比图,引导幼儿讨论。

3. 发放"小卫士勋章"贴纸。

【活动延伸】

教师发放《小卫士健康日记》,给幼儿布置小任务:

1. 每天记录一种健康食物(家长协助画图或贴照片);

2. 每周五带回幼儿园分享成果,集满5颗星可兑换"超级小卫士"奖章。

2. 区域活动

开展学前儿童疾病预防教育活动时,也可采用区域活动。在区域活动中,幼儿可根据自己的兴趣和需求自主选择活动内容,这种自主性能够激发他们参与疾病预防教育的积极性。幼儿还可从区域活动的探索中发现和解决问题,培养自主探索的能力,满足个体发展需求。

学前儿童疾病预防教育区域活动可采取的形式主要有以下五种。

（1）健康行为实践区

设置洗手池和洗手液以及正确的洗手步骤图示,引导幼儿按照"七步洗手法"进行实践。同时,也可以准备口罩、手套等防护用品,让幼儿了解并尝试正确使用。

（2）社会情景模拟区

设立医院、超市等场景,让幼儿扮演医生、病人、顾客等角色,模拟预防疾病的场景。幼儿通过模拟看病、接种疫苗等场景,学习基本的疾病预防知识,加深对传染病预防方法的理解和应用。

（3）创意绘画区

鼓励幼儿利用纸张、彩笔等材料制作与疾病预防相关的手工作品,如制作口罩模型、绘制病菌与抗体的卡通形象等,也可以让幼儿画出自己理解的传染病预防方法或健康小贴士。这样的活动不仅能激发幼儿的创造力,还能加深他们对疾病预防知识的理解和记忆。

（4）疾病预防知识绘本阅读区

准备一系列关于疾病预防的图画书,设立一个安静的阅读角落。这些书应以生动有趣的方式讲述疾病预防的知识,吸引幼儿的兴趣。教师或家长可以在此区域引导幼儿阅读,并解答他们的疑问。

（5）健康小剧场

设立一个表演区域,让幼儿分组排练并表演与疾病预防相关的短剧或小品。通过角色扮演和情景再现,让幼儿在轻松愉快的氛围中学习和传播健康知识。

任务 3
识别与处理学前儿童常见传染病

1. 了解传染病的基本概念和流行的三个核心环节。
2. 了解学前儿童常见传染病的症状及预防方法。
3. 了解学前儿童常见传染病的防控要点与应对处理措施。

近期正值流感的高发季节,班级中有不少幼儿感染了流感,小张老师担心其他幼儿也被传染,于是担忧地找到保健教师提出了自己的疑问:

1. 与学前儿童有关的常见传染性疾病有哪些?分别有哪些常见的症状?
2. 当幼儿在园感染传染病后,教师应该如何开展消毒工作?班级中的其他幼儿是否需要隔离?
3. 教师该采取哪些措施来预防和控制传染病的传播与流行?

一、学前儿童常见传染病

传染病是由病原微生物(如病毒、细菌、真菌)或寄生虫(如原虫、蠕虫)引起的具有传染性的疾病,其特点是在特定条件下可在人群中传播并形成流行。

传染病的传播依赖三个核心环节(也称"三要素")。

(1)传染源:携带病原体并可对外传播的宿主,包括感染者、隐性携带者及受感染动物等。

(2)传播途径:病原体传播的渠道,如空气飞沫(流感)、接触传播(手足口病)、水源污染(霍乱)等。

(3)易感人群:对病原体缺乏免疫力的人群,如未接种疫苗者或免疫低下群体。

因此,传染病的预防方式主要从三个方面展开:管理传染源、切断传播途径、保护易感人群[①]。

(一)流行性感冒

流行性感冒,简称流感,是由流感病毒引起的急性呼吸道传染病。儿童、老年人、慢性病患者及抵抗力低下者最易受到侵袭。

1. 症状识别与评估

(1)典型流感:起病急、高热、头痛、寒战、肌肉酸痛、乏力等全身症状较重,而呼吸道症状可见轻咳、

---

① 李兰娟. 传染病学(第 9 版)[M].北京:人民卫生出版社,2018:16-17.

咽痛,病程一般 4～7 天。

(2) 重症类型预警信号:肺炎型流感可见高热、全身衰竭、烦躁不安、剧烈咳嗽、咳血痰、呼吸困难及发绀,须紧急送医。并发症可能会继发中耳炎、细菌性肺炎,或出现抽搐、意识模糊等神经系统症状。

(3) 日常观察要点:监测体温变化,记录发热情况;观察精神状态,是否出现嗜睡、烦躁或拒绝活动等表现;注意呼吸频率,若幼儿安静时呼吸>40 次/分钟需警惕。

2. 幼儿园防控策略

(1) 管理传染源:流感患者和隐性感染者是主要传染源。每日入园前检查体温、咽喉及手部卫生,发现疑似症状(如流涕、咳嗽)建议居家观察。确诊幼儿须隔离至退热后 48 小时,返园须提供医生证明。指导家长及时报告病情,避免隐瞒带病入园。

(2) 切断传播途径:流感主要通过人与人之间飞沫传播,因此,需教育幼儿咳嗽、打喷嚏时用手肘或纸巾遮挡,丢弃纸巾后立即洗手。流感也可通过接触病毒污染的茶具、食具、毛巾等间接传播。

(3) 保护易感人群:人群普遍易感。

(4) 流行特征:流行以冬春季节为主。大流行主要由甲型流感病毒引起,乙型流感以局部流行为主,丙型流感则为散发。

(二) 流行性腮腺炎

流行性腮腺炎是由腮腺炎病毒侵犯了口腔中的腮腺而引起的急性呼吸道传染病。

1. 症状识别与评估

(1) 常见症状:耳垂下方单侧或双侧肿大,皮肤发亮但无发红,触痛明显,咀嚼或吞咽时疼痛加剧。伴随有中低度发热(少部分患者可出现高热)、食欲减退、头痛。肿胀 2～3 天达高峰,持续约 1 周消退,一般整个病程 10～14 天。

(2) 并发症预警:腮腺炎病毒常会侵入中枢神经系统和其他腺体或器官,当出现以下并发症症状时,须紧急送医。神经系统并发症:头痛、嗜睡、呕吐、抽搐、昏迷等。生殖系统并发症:发热、睾丸肿胀和疼痛。消化系统并发症:剧烈腹痛、恶心呕吐。

2. 幼儿园防控策略

(1) 管理传染源:患者及隐性感染者是本病的主要传染源。确诊幼儿须立即离园,患儿腮腺肿大前 7 天到肿大后 9 天,或更长的时间内均可从唾液中分离出病毒。因此,患儿需居家隔离至肿胀完全消退后至少 5 天。接触者(同班级)均需观察 21 天,每日检查腮腺状态。

(2) 切断传播途径:主要通过飞沫传播。

(3) 保护易感人群:人群普遍易感,尤其是 1～15 岁儿童。儿童需按国家免疫规划接种疫苗。

(4) 流行特征:一年四季均可发病,以冬春季为主。患者主要是学龄儿童,无免疫力的成人亦可发病,感染后可获终身免疫。

(三) 水痘

水痘是由水痘-带状疱疹病毒引起的急性呼吸道传染病。传染性很强,常见于儿童。

1. 症状识别与评估

(1) 典型症状。

潜伏期 10～21 天,平均 14～16 天,其间无症状但具有传染性。

前驱期 1～2 天,低热、食欲减退、轻微咳嗽(婴幼儿可能无症状)。

出疹期:发热同时或发热 1～2 天后出现皮疹;皮疹先出现于躯干、头部,后蔓延至面部、四肢,以躯干分布最密集;皮疹的形态包括红点(斑疹)、凸起红疹(丘疹)、透明水疱、结痂脱落,皮疹分批出现,且发展迅速,同一部位可见斑疹、丘疹、疱疹和结痂同时存在。

特殊表现:口腔、眼周等黏膜处易破溃形成溃疡,伴疼痛。

(2) 并发症预警:当出现以下并发症症状时,须紧急送医。

皮肤感染：水疱化脓、局部皮肤红肿热痛（提示细菌感染）。

神经系统：持续高热（＞39℃）、呕吐、嗜睡或抽搐（疑似脑炎）。

呼吸系统：呼吸急促、咳嗽加重（警惕肺炎）。

2. 幼儿园防控策略

（1）管理传染源：水痘患者是唯一的传染源。发病前 1～2 天至皮疹完全结痂为止，均有传染性。确诊幼儿须居家隔离至全部水疱结痂脱落（通常 7～10 天），持医生证明方可返园。同班级未接种疫苗的接触幼儿观察 21 天，每日检查皮疹。

（2）切断传播途径：主要通过呼吸道飞沫和直接接触传播。

（3）保护易感人群：人群普遍易感。易感幼儿接触水痘患者后极易发病。病后一般可获持久免疫，但病毒潜伏体内可能引发成年期带状疱疹。

（4）流行特征：本病全年均可发生，呈散发性，以冬春季高发。

（四）手足口病

手足口病是由肠道病毒引起的传染病，多发生于婴幼儿。

微课

幼儿手足口病
防控要点

1. 症状识别与评估

（1）典型表现：一般初期表现为低热、食欲下降、口腔疼痛等。口腔黏膜内出现小疱疹，常分布于舌、牙龈、颊黏膜，同时手足和臀部皮肤出现红色小疹，中央有透明小水疱，质地硬、不破溃，2～3 天内自行吸收，不留痂。

（2）重症预警信号：重症患者早期表现为持续高热不退，当出现以下症状时，须紧急送医。

神经系统：精神差、肢体抖动、频繁呕吐、站立不稳等。

呼吸系统：呼吸浅促（安静时＞40 次/分钟）、呼吸困难、口唇发紫、咳嗽带痰等。

循环系统：面色苍白、四肢发凉、出冷汗、指尖发紫。

2. 幼儿园防控策略

（1）管理传染源：人是肠道病毒唯一宿主，患者和隐性感染者为传染源。确诊幼儿须居家隔离至症状消失后 7 天（疱疹结痂）。同班级接触者观察 10 天，每日检查手足皮肤、口腔黏膜及体温。

（2）切断传播途径：病毒可经粪-口传播、呼吸道传播，亦可因接触患者皮肤、黏膜疱疹液而感染。

（3）保护易感人群：人群普遍易感，感染后可获得持久免疫力。3 岁以下尤其易感。6 月龄至 5 岁幼儿可接种灭活疫苗以预防重症手足口病。

（4）流行特征：传染性强，传播途径复杂，在短时间内可造成较大流行，幼儿园和托儿所易发生集体感染。

二、传染病防控的消毒措施

规范落实幼儿园消毒措施是阻断传染病传播的关键，需专人专职分场景执行。日常以高频接触区（门把手、玩具等）的预防性消毒为主，污染后及时处置。疫情高发期则需强化空气流通、物表消杀及分区工具管理。具体实施方法如下。

（一）空气与通风管理

1. 日常通风

幼儿园的教室、活动室、就餐场所每天上午和下午至少开窗通风 1 次（雾霾天气和使用循环风空气净化消毒器除外），每次持续 30 分钟以上。可利用午休时间、体育课和课外活动课等时间段通风。

2. 紫外线消毒

营养室、保健室和隔离（观察）室应使用紫外线灯进行室内空气消毒，且必须在无人在场情况下进行。消毒后应开窗通风以驱散残留臭氧，之后方可进入室内。配置紫外线杀菌灯数量时，按教室总体积

计算,每立方米不少于 1.5 瓦特(W)紫外线灯功率配置,每次照射时间需持续 30～60 分钟[1]。

(二) 物表环境消毒

1. 消毒频率

应根据物体表面被接触的频率,调整日常预防性消毒的频率。经常使用或触摸的物体表面,如门把手、台面、桌、椅、扶手、水龙头、电梯按钮等;即使无明显污染,也需要每天清洁消毒,并保持这些部位清洁干燥;受到污染时需随时清洁消毒。不易触及的物体表面,如墙面、柜体等,可一周清洁消毒一次。

2. 消毒剂的使用

日常预防性清洁消毒时应首选物理消毒方法,即擦拭、清洗等。使用化学方法消毒时,优先选择刺激性小、环保型的消毒剂。配置和使用化学清洁消毒剂时,应做好个人防护,穿工作服、戴手套、戴口罩,并确保有足够的通风;摘除个人防护用品后应及时彻底清洗双手。消毒完成后,应及时使用清水去除物表上的消毒剂残留。

3. 疫情强化措施

若在学校常见传染病高发期或园内已出现可疑或确诊感染病例时,应进一步加强环境消毒措施,增加消毒频次和延长消毒作用时间。针对肠道传染病,应加强对盥洗室的消毒,使用含氯消毒液擦拭马桶、水龙头。针对呼吸道传染病,应加强开窗通风,关闭中央空调及循环风设备。针对介水传染病,应暂停使用游泳池和戏水池,并使用含氯消毒液消毒。

(三) 物品与工具消毒

1. 餐具与个人用品

餐(茶)具和熟食盛具应一人一用一清洗消毒,严格执行"清洗→冲净→消毒→专柜存放"的制度。餐桌使用前 20～30 分钟须进行餐桌面消毒[2]。

毛巾应一人一巾一用一消毒。被褥应一人一套,每月清洗 1～2 次,每 2 周日光暴晒一次[3]。幼儿在园内弄脏的衣物应立即替换,不可与其他衣物混合清洗。

2. 清洁用具

幼儿园不同的区域应使用不同的拖布和抹布,食堂和盥洗室的拖布、抹布应专用,可以用不同的颜色编码不同区域的清洁用具。拖布和抹布用完后应彻底洗净、悬挂晾干或烘干,清洁桶应在每次使用后清洗、充分干燥后倒置储存。

(四) 手部清洁与消毒

1. 洗手时机

幼儿园的教职人员应充分洗净双手后再接触幼儿。若接触了可疑传染病幼儿或确诊传染病幼儿及被其污染的物品后,应立即洗手。幼儿进班级前、用餐前、如厕后、接触公共设施后、体育课后、接触鼻涕、唾液后等应及时洗手。

2. 操作流程

洗手时应采用流动水配合抗菌洗手液,严格按七步洗手法搓揉至少 20 秒,彻底洗净双手后用干手物品擦干双手。幼儿园洗手区域需配备充足且便于取用的干手用品,建议选用一次性干手纸。若使用擦手巾,须做到一人一用一消毒。

同时,园所须系统开展师生标准化洗手培训,通过定期指导与趣味教学相结合的方式,帮助师生准确掌握科学洗手的时间节点和规范操作流程。

微课
守护幼儿健康的"第一道防线"

---

[1][2][3] 上海市疾病预防控制中心. 上海市托幼机构和中小学校消毒技术规范[Z]. 2017-06-22.

三、幼儿园常见传染病的防控要点及处理措施

幼儿园突发传染病疫情或出现可疑、确诊病例时,需在常规防控基础上强化应急处置,具体操作要点如下。

(一) 可疑病例识别

在幼儿园晨间健康检查环节,保健教师重点观察幼儿精神状态,检查皮肤(手、足、臀)、口腔黏膜有无疱疹,触摸耳垂下方是否肿胀,测量体温并询问家长夜间健康状况。带班教师负责全日健康观察和健康巡检,关注突发症状(如频繁揉眼、抓挠皮肤、异常哭闹)。

发现幼儿有异常症状,包括发热(≥37.8℃)、呕吐/腹泻(≥2次/日)、皮疹(红斑/水疱)、持续性咳嗽(>1小时未缓解)时,带班教师须及时将幼儿转移至隔离观察室,同步联系园医复核[①]。

幼儿在园期间,教师需每天核实班级幼儿的出勤情况,当天与家长沟通缺席幼儿情况,追踪缺勤原因,并做好记录;如因确诊或疑似传染病原因缺勤,应立即报告保健教师,做好记录,并根据当地疾控要求上报。

(二) 呕吐、腹泻物应急处置

当幼儿发生呕吐后,处理流程具体如下。

(1)立即引导其他幼儿离开呕吐区域,避免围观或接触污染区。

(2)使用呕吐腹泻物应急处置包清理、处置呕吐腹泻物,不可使用拖布或抹布直接清理。

(3)用应急处置包里的消毒干巾或高效消毒剂覆盖、包裹呕吐物,作用5～30分钟(让消毒剂充分起效)。

(4)穿戴好口罩、手套和隔离衣后,用消毒干巾向内包裹呕吐物,丢入专门的废物袋。

(5)用含氯消毒液彻底消毒该区域,消毒范围以呕吐点以及可能接触到的物品为中心、半径2米,建议擦(拖)拭2遍。达到作用时间后,用清水去除桌面等表面的消毒液残留[②]。

(6)接触过污染物品或潜在污染物品均应洗手。

(7)幼儿必须在消毒完全后,方可回教室。

(8)对于马桶或便池内的呕吐、腹泻物,应先用含氯消毒粉均匀、全面覆盖在上面及周边,马桶盖上马桶盖,作用30分钟后用水冲去[③]。

(三) 隔离与应急处置方法

隔离是把传染病患者、病原携带者及疑似传染病患者安置在指定地方,与健康人群分开,进行集中治疗和护理,以防止病原体的扩散和传播的措施。

1. 可疑病例处置流程

发现传染病的可疑病例后,教师应立即对其进行隔离观察,避免接触其他幼儿,通知家长带其离园就医。处置时,应做好个人防护。

2. 隔离区域设置规范

隔离观察区域应相对独立,远离教室、食堂以及幼儿易到达的场所;区域外应设有明显标识,并配备洗手设施。同一室内不能同时隔离不同病种的病例。隔离观察区域内幼儿的呕吐、腹泻物、生活污水、垃圾等都应按要求严格消毒处理后方可排放或处理;餐饮具每次使用后应严格按"消毒—清洗—消毒"的程序操作,接触过的所有物品均须及时消毒。患儿离开后,须对隔离观察区域进行彻底消毒。

---

①②③　上海市卫生和计划生育委员会.关于进一步加强本市托幼机构和中小学校消毒隔离工作的通知[Z].2017-03-23.

微课

呕吐物的
规范处置
要点

3. 病例班级管理措施

幼儿被诊断患传染病后,病例所在班级需开展班级观察,及时记录异常症状。观察期间,病例所在班级与其他班幼儿应相对隔离。如班级出现新病例,应从新病例发病之日起重新计算观察期至期满。

4. 居家隔离与返园

幼儿传染病生病期间应离园接受隔离治疗,隔离期满不再具有传染性后,持医疗机构出具的证明方能返园。

5. 家庭关联病例

若幼儿园教职工或其同住家属确诊传染病,应及时报告园领导,并立即暂停接触食品、食具和幼儿的工作;若幼儿家中发现传染病人,应及时报告幼儿园,并加强对幼儿的健康观察。

知识拓展

幼儿园常见传染病隔离观察工作要点

模块小结

本模块以"理论奠基—教育实践—应急防控"为逻辑主线,系统构建了学前儿童疾病预防教育的三维能力培养体系,深度契合幼儿教师职业能力发展需求。在理论认知维度,明确了疾病预防教育的核心概念,强调学前儿童疾病预防教育对提升生命质量、奠定终身健康基础的重要意义。教育实践维度从"目标、内容、方法"三个方面解决学前儿童疾病预防教育的实践落地路径。教育内容层面,系统涵盖认识常见疾病、掌握防护措施、学习身体保健知识、了解疫苗接种意义等关键领域。在教学方法与实施路径上,重点介绍了游戏化、情境化等符合幼儿认知特点的教学形式,展示了如何将抽象的健康知识转化为幼儿易于理解的实践活动,有效解决健康教育中"教什么"和"怎么教"的核心问题。应急处置维度围绕传染病防控全链条展开,详细解析从预防到应对的完整流程。在应对环节的卫生消毒环节,围绕空气、物体表面、生活器具及手部等关键消毒场景,详细规范各类消毒方法与操作标准。针对传染病突发情况,系统阐述识别、隔离流程,确保在传染病发生时能够快速启动应急预案,保障师幼健康安全,切实提升幼儿园传染病应急处置的专业能力与实战水平。

本模块以培养"防教结合"的专业素养为目标,旨在帮助学习者成为兼具科学防护能力与健康启蒙教育能力的新时代幼儿教师,既能够科学守护幼儿健康,又善于引导幼儿养成良好的健康行为习惯,切实履行幼儿健康守护者与启蒙导师的双重职责。

岗课赛证

习题答案

一、单选题

1. 传染病传播的三个核心环节是?（　　　）
   - A. 病毒、细菌、寄生虫
   - B. 传染源、传播途径、易感人群
   - C. 发热、皮疹、咳嗽
   - D. 空气传播、接触传播、血液传播

2. 皮疹呈向心性分布（即躯干最多,面部、四肢较少,手掌、脚掌更少）的疾病是（　　　）。
   - A. 麻疹
   - B. 水痘
   - C. 手足口病
   - D. 猩红热

3. 幼儿园晨检发现某幼儿耳垂下方肿胀、咀嚼疼痛,体温 37.8℃。作为教师,应优先采取的措施是?（　　　）
   - A. 立即让幼儿参与户外活动观察精神状态
   - B. 建议家长带其就医并启动班级接触者隔离观察
   - C. 安排该幼儿单独用餐后继续上课

D. 通知全园停课三天进行全面消毒

4. 水痘患儿返园需满足的隔离标准是?（　　）

    A. 退热后 24 小时   B. 皮疹全部结痂脱落

    C. 口服抗病毒药物满 3 天   D. 班级完成全面消毒

5. 某班 2 天内出现 5 例手足口病患儿,作为主班教师应如何制定应急预案?（　　）

    ① 立即暂停所有集体活动

    ② 通知家长接回疑似症状幼儿

    ③ 对教室进行全面消毒

    ④ 组织未患病幼儿接种疫苗

    A. ①②③   B. ②③④   C. ①③④   D. ①②④

6. 保护易感人群的有效措施是?（　　）

    A. 要求患儿佩戴口罩上课   B. 每日对教室进行紫外线消毒

    C. 组织未患病幼儿接种疫苗   D. 限制所有幼儿户外活动时间

7. 幼儿园使用紫外线灯消毒的正确操作是?（　　）

    A. 消毒时教师留守观察灯管状态及使用效果

    B. 每日晨起对师生进行紫外线全身照射消毒

    C. 每日对活动室照射 15 分钟

    D. 配置数量与教室面积匹配的紫外线灯

8. 日常预防性消毒应优先选择的方法为?（　　）

    A. 含氯消毒液喷洒   B. 物理擦拭

    C. 紫外线直接照射   D. 75% 酒精浸泡

9. 关于传染病隔离观察区的设置,错误的是?（　　）

    A. 配备独立洗手设施并张贴警示标识

    B. 将不同病种的传染病患儿集中隔离,与其他健康幼儿分开

    C. 远离食堂和幼儿活动密集区域

    D. 患儿呕吐物需消毒后按医疗废物处理

10. 处理幼儿呕吐物时,下列操作正确的是?（　　）

    A. 用拖布立即清理呕吐物

    B. 覆盖消毒干巾后立即清理,并用酒精擦拭桌椅

    C. 使用应急包消毒干巾覆盖呕吐物,作用 5～30 分钟后包裹清理

    D. 马桶内呕吐物撒消毒粉后立即冲洗

二、实训题

1. 以"病菌大作战"为主题,设计一个大班疾病预防集体教学活动。需包含活动名称、活动目标、活动准备、活动过程、活动延伸。

2. 围绕"健康小卫士"主题,在科学探索区设计一个疾病预防相关活动,并阐述设计意图、材料投放、游戏玩法及教师指导要点。

模块五

学前儿童营养科学教育

2016 年,中共中央、国务院发布《"健康中国 2030"规划纲要》,明确将"引导合理膳食"作为普及健康生活篇章中的重要工作内容之一。2019 年,健康中国行动推进委员会发布的《健康中国行动(2019—2030 年)》把"合理膳食行动"作为提升国民健康水平的重要指标之一。基于此,中国营养学会发布的最新版《中国居民膳食指南(2022)》《中国婴幼儿喂养指南(2022)》,成为贯彻落实健康中国行动和国民营养计划,助力健康中国建设的重要支撑。由上可见,膳食营养科学对全民健康事业的发展具有重大意义。

幼儿园作为学前儿童接受保育教育的重要场所,肩负着保障下一代身心健康,为国民健康素质打好基础的责任与使命。在学前教育阶段,教育部颁布了《幼儿园工作规程》《幼儿园教育指导纲要(试行)》《3—6 岁儿童学习与发展指南》等纲领性文件,将饮食营养教育内容作为健康教育重要组成要素,纳入幼儿园日常保教工作范畴。

本模块主要从营养膳食与健康、学前儿童营养教育活动设计,以及特殊幼儿膳食指导三个方面入手,探讨学前儿童营养科学与教育。

知识导航

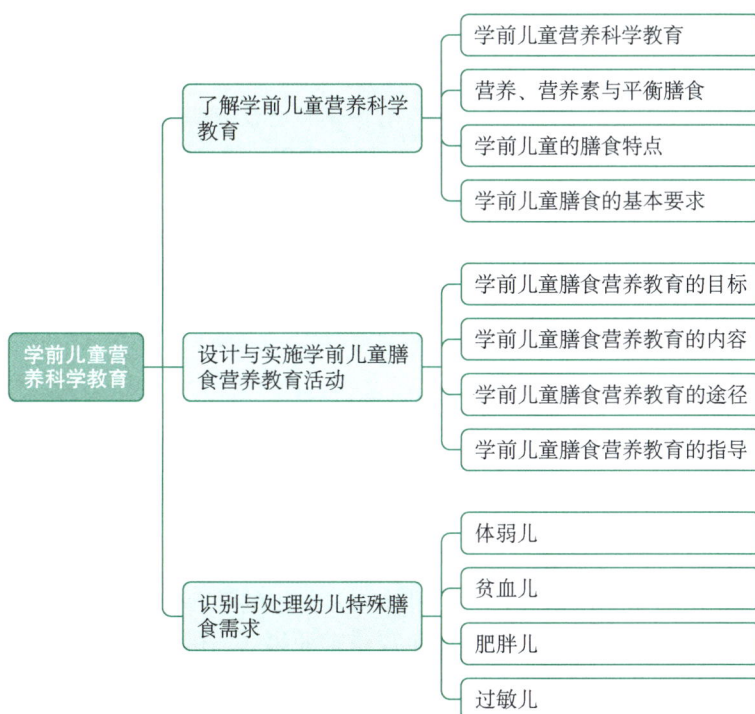

任务1
了解学前儿童营养科学教育

任务目标

1. 理解营养科学教育的基本内涵。
2. 了解与营养科学相关的核心概念。
3. 熟悉学前儿童的膳食特点。
4. 掌握学前儿童的膳食要求。

任务情境

宋老师是位新入职的教师,她对自己的教学工作一直都很有信心,也得到了多方认可。可是,在幼儿"吃饭"这件事上,她却总是屡屡受挫,当她尝试与家长沟通时,又碰了一鼻子灰。

事件一:哲哲在家餐餐喝牛奶,偶尔配点馒头,米面吃得很少。到了幼儿园,他依然不爱吃饭,教师怎么劝都不理会。和家长反映情况后,家长也觉得牛奶比饭有营养,干吗非逼着吃饭。

事件二:刚开学,妮妮的爸爸特地叮嘱教师,妮妮不爱吃木耳,如果幼儿园做的菜有木耳,麻烦给她去掉。

事件三:西西特别爱吃肉,但是不喜欢吃菜,每次吃两口就不吃了。教师问她为什么不吃蔬菜,她就说不喜欢。家里人也说她就这个习惯,家里各种肉换着给她做,建议幼儿园多给她盛肉。

面对幼儿五花八门的进餐问题,再看看家长的态度,宋老师陷入了困惑:

1. 是否需要尊重幼儿在家的饮食习惯,而不是一定要求都吃完?
2. 食物都有营养,是不是可以少吃一部分,有的不吃也没什么大不了?
3. 学前儿童的膳食有什么特点,跟我们成人有区别吗?
4. 幼儿园做的饭菜是如何配置的,有没有专门的设计呢?

基于以上几个问题,请你和同学也一起思考,可以小组讨论的方式进行探讨和交流,谈谈你们对这些问题的认识和理解。

任务支持

一、学前儿童营养科学教育

营养科学,简称营养学,是一门研究食物与机体相互作用的学科。它涵盖了食物营养成分在机体内的分布、运输、消化、代谢等方面的内容,不仅关注营养素的摄入,还关注这些营养成分对身体的影响和作用。营养科学教育是指在教育领域内,以传播营养科学知识、培养营养意识和技能为目标的教学活动。它涵盖了从基础教育到高等教育的各个阶段,旨在帮助学生理解营养学的基本原理,掌握营养评估、膳食规划、营养干预等基本技能，并能够将这些知识和技能应用于实际生活，以改善个人和群体的营养状况。

学前儿童营养科学教育是营养科学教育在学前教育阶段的具体应用。它针对3～6岁幼儿的身心发展特点，通过生动有趣的教学活动，向幼儿传授基本的营养知识，培养其良好的饮食习惯和健康生活方式。在培养幼儿的营养意识方面，注重使他们能够识别并选择健康的食物，了解食物对身体健康的作用，同时学会拒绝不健康的食品。此外，该领域还关注学前儿童的膳食管理和营养干预，通过制订合理的膳食计划、提供营养丰富的餐点以及开展家庭营养教育等方式，确保学前儿童获得充足的营养支持，促进其健康成长和发育。

二、营养、营养素与平衡膳食

幼儿教育工作者要想科学且有效地开展膳食营养教育，首先需要深入认识与营养相关的核心概念，如"营养""营养素""平衡膳食"，了解其与人体健康的关系。

（一）营养

什么是营养？从汉字字义上讲，"营"指"谋求"，"养"指"养生"，即"谋求养生"，可进一步理解为通过食物或食物中有益成分谋求养生。从医学上讲，营养是机体凭借摄取食物，经过体内的消化、吸收、代谢与排泄，利用食物中的有益物质以维持个体生命活动、生长发育的过程。学前儿童正处于生长发育的高峰期，对营养的需求尤为突出，因此，成人需要着重关注幼儿的营养状况，改善不良的饮食营养习惯。

健康是个体在生理、精神和社会三方面全部良好的状态。营养是维持健康的重要手段之一。合理的膳食搭配可以为人体供应充足且全面的营养物质与能量，促进人的身心健康发展，支持人的正常社会生产活动。相反，一旦人的营养摄入不足或出现失衡，则会容易诱发身心疾病，阻碍人的社会性发展。由此可见，营养与健康密切相关。

（二）营养素

营养素是指食物中含有的能维持生命、促进机体生长发育和身心健康的化学物质，其具有提供能量、组成并修复细胞、调节生理等多种功能。当今科学已证实的人体必需营养素多达40余种，根据其化学性质和生理作用主要分为六大类（蛋白质、碳水化合物、脂类、维生素、无机盐和水）。同时，按其供应热能与否，可进一步划分为产能营养素与非产能营养素。

1. 产能营养素

机体维持正常体温、进行各种生理和社会生产活动都要消耗能量，所以热能也被称为生命的能源。产能营养素因其在体内代谢的过程中可产生热量，所以不仅具有其本身的生理功能，还可以为机体提供必要的能量支持。产能营养素包括碳水化合物、蛋白质、脂类三类。

在学前儿童膳食中，这三种营养素在总热量的供给中应按照适当的比例。一般建议，婴幼儿每日膳食中碳水化合物应占总热能的 55%～60%，脂肪应占总热能的 25%～30%，蛋白质应占总热能的 10%～15%，同时应注意热能的供给和消耗平衡，避免过量或不足。

2. 非产能营养素

非产能营养素，主要包括维生素、无机盐（也叫矿物质）和水。虽然它们不直接参与能量供应，但在促进生长发育、增强免疫力、维持神经系统健康、参与酶和激素的合成与代谢、调节体液平衡及酸碱度等方面发挥着不可或缺的作用。这些营养素虽然需要量极少，但一旦缺乏，就会导致相应的营养缺乏症。因此，在幼儿的日常饮食中，应确保这些营养素的充足摄入，以保障幼儿的全面健康发展。

（三）平衡膳食

我国现存最早的医学理论著作之一的《黄帝内经》中就提到："五谷为养，五果为助，五畜为益，五菜为充,气味合而服之,以补精益气。"精辟地阐述了粮食、蔬菜、水果、肉类等在人体中的功效和食用原则。可见,膳食的平衡对人体的健康有着举足轻重的作用。从营养成分吸收的角度来看,营养成分的吸收与摄取的食物中的各种成分,即营养素的比例有关。

平衡膳食,又称合理膳食或健康膳食,在营养学上指全面达到营养素供给量要求的膳食。这种膳食意味着:第一,机体得到的热能和营养素都能达到生理需要量的要求;第二,进食的食物种类足够齐全,营养全面;第三,摄入的各营养素间具有适当的比例,能达到生理上的平衡。

学前儿童处在生长发育的重要阶段,平衡膳食可以充分保障幼儿的饮食营养需求,支持其身心健康成长,这也是托幼机构人员合理制订膳食计划的重要参照(图5-1)。同时,托幼机构人员需要从知、情、意、行多方面实施保教工作,进一步提高学前儿童平衡膳食的意识和能力,为其健康素养的提升打下良好基础。

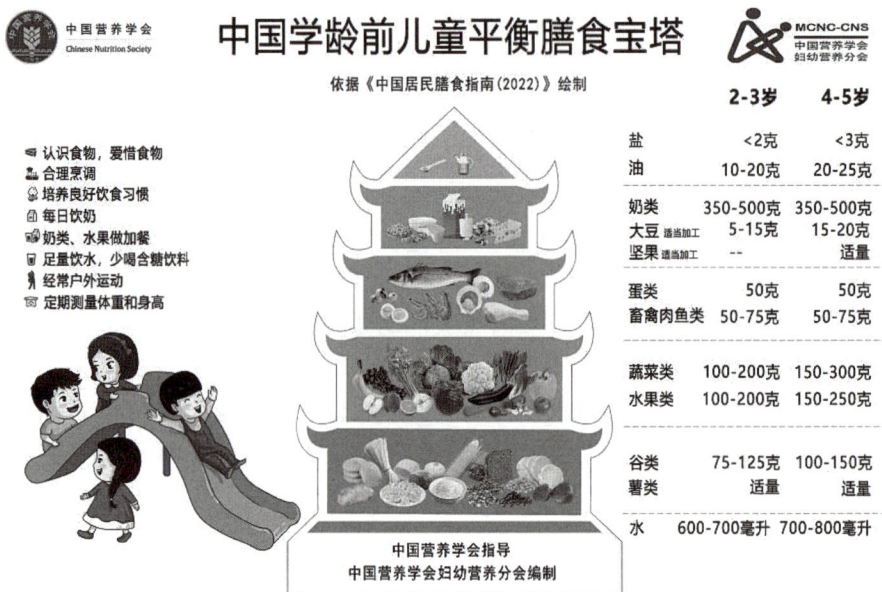

图5-1　中国学龄前儿童平衡膳食宝塔

三、学前儿童的膳食特点

(一) 从奶类食物逐步过渡到接近成人膳食

婴儿从出生时的纯母乳(或奶粉)喂养,到6个月左右开始添加辅食,如米糊、细面、土豆泥等,再到蔬菜类、水果类食物,伴随体内各种消化酶分泌和功能的逐步增强,其进食的种类也越来越丰富。到了1岁后,奶类不再成为婴幼儿的主食。除了种类的变化,随着幼儿乳牙的萌出,食物形式也从开始的流质、半流质逐渐过渡到软食、普食等。到了3岁,无论食物的种类还是形式,都已经基本接近成人淡口味的膳食。

(二) 膳食中优质蛋白质、钙比例较高

蛋白质是人体生命活动的物质基础。学前儿童处在生长发育的重要时期,蛋白质的需求量大。其中,尤其要注重优质蛋白质的摄入,优质蛋白质因其氨基酸的比率接近人体氨基酸的比率,结构相似,所以更容易被人体吸收利用。优质蛋白质主要来源于动物性食物,如蛋、奶、鱼、肉等,其次是一些植物性食物,如大豆,也可作为优选。学前儿童每日摄取的优质蛋白质应占膳食蛋白质总量的二分之一以上,而成人只需要三分之一。

此外,学前儿童对于钙的需求量也较大。随着年龄增长,体格发育快速增加,为维持正常的骨骼生

长,幼儿需要较高的钙摄入,每日钙供给量约为 800 毫克,以保证钙代谢处于正常状态(骨形成＞溶解)。在钙的食物来源中,乳类及其制品是最为理想的钙源。其他食物,如虾皮、芝麻、豆类及其制品、荠菜等高钙蔬菜中含钙量也较为丰富。

(三)食物选择和烹调方式易于消化

由于学前儿童的胃壁肌肉薄,伸展性较差,所以胃蠕动较慢,且胃液中消化酶含量比成人低,故消化能力也较弱。因此,学前儿童的膳食烹调方式多采用蒸、煮、煨、炖等,做到煮熟、煮透,易于消化。此外,由于幼儿器官发育还不成熟,胰腺分泌的胰液以及肝脏分泌的胆汁都较少,对淀粉类和脂肪类食物的消化能力较弱,因此主食应先从软饭逐渐过渡到普通米饭、面条及包子等。同时,膳食清淡,严格控制脂类的摄入量。

(四)食物的色、香、味、形俱佳

学前儿童对进食有其特殊的心理表现。例如,他们会对食物表现出不同的喜好:对颜色敏感,喜欢色彩鲜艳的食品;对形状有偏好,喜欢外形小巧可爱,可以手拿的食品;对味道有偏好,喜欢甜食,不喜欢辛辣、苦味食品等。所以,在食物制作烹调的过程中要注意食物的色彩、气味、口感和形态,做到色、香、味、形俱佳,充分调动起幼儿的食欲,提高进食的主动性和积极性。

(五)少量多次

学前儿童的胃容量较小,为 600～900 毫升,所以一次的进食量有限,每次餐食须做到营养均衡、分量适量。不过,虽然学前儿童胃容量较小,但因其每日的活动和基础代谢所需,食物需要多次补充以维持能量的消耗,所以幼儿在正餐之外,一般还要进行 1～2 次的点心补充。

四、学前儿童膳食的基本要求

(一)食物种类齐全

学前儿童每日的膳食种类要配置丰富,数量充足,比例恰当,以保证幼儿每日的营养所需(图 5-2)。《营养与健康学校建设指南(2021)》中建议:幼儿园每餐供应的食物要包括谷薯杂豆类、蔬菜水果类、水产畜禽蛋类、奶及大豆类等 4 类食物中的 3 类及以上;幼儿园每人每天不重复的食物种类数应达到 12 种以上,每周 25 种以上(不含油类和调味品)。总的来说,做到食物大类齐全,种类多样。

(二)营养搭配合理

基于营养素的合理搭配,首先,学前儿童膳食应兼顾"六项搭配原则",即荤素搭配、粗细搭配、干湿搭配、米面搭配、咸甜搭配以及色彩搭配。其次,编制食谱一般两周不重复,同类食谱可用不同食物品种替换。最后,注意三餐的热量分布,早餐、午餐、晚餐提供的能量和营养素应分别占全天总量的 25%～30%、35%～40%、30%～35%[①],应基于学前儿童一日生活的实际需求进行配置。

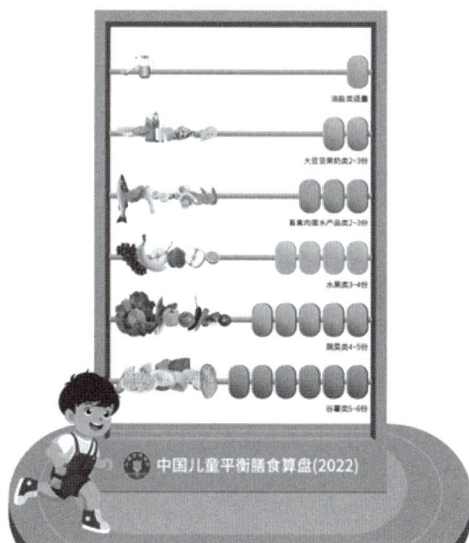

图 5-2　中国儿童平衡膳食算盘

---

① 中华人民共和国国家卫生和计划生育委员会. 学生餐营养指南[EB/OL]. [2017-08-11][2024-05-03]. https://www.nhc.gov.cn/ewebeditor/uploadfile/2017/08/20170811093806454.pdf.

(三）适当的加工与烹饪

食物制作方法应做到安全卫生、易于咀嚼消化、色香味形俱佳、符合学前儿童的消化能力和进食心理,具体包含以下三个方面。

一是在食材切配方面,对于小班幼儿的食物在加工过程中,宜切成细丝、小片、小丁状,去骨去刺,硬果类食物如豆、花生应磨碎;中、大班幼儿的食物可切成较大块,从去骨去刺过渡到带较大的骨或刺,让幼儿自己尝试去除。

二是在烹调制作方面,推荐用蒸、煮、炖、煨、炒等方式,食材需煮熟、煮透,少用油炸、烤、煎等方式,尽可能地保留食物中的营养和自然味道。同时,在添加调味品时少用或不用味精、鸡精、色素、糖精等人工调味品,尽量保证低糖、低脂、低盐,可选天然新鲜香料和新鲜蔬果汁进行调味。

三是在呈现效果方面,应尽力使菜肴做到色、香、味、形俱全。然而,对于幼儿来说,正确的顺序应该是形、色、香、味,且不能舍本求末。

(四）科学的餐次安排

学前儿童的饮食宜少食多餐,通常日托幼儿安排三餐两点,全托为三餐三点,分别为早、午、晚三餐,上午、下午和晚上三点。正餐时间间隔 3.5 小时,每次进餐 20～30 分钟,餐后安静活动或散步 10～15 分钟。加点时间安排在两餐之间,加点与正餐之间间隔 1.5～2 小时,通常在上午 10 点和午睡起床后两次加点。全托幼儿晚上加点在 8 点左右。加点以奶类、水果为主,配以少量松软面点,尽量不选择油炸食品、膨化食品、甜点及含糖饮料。

(五）根据季节编制食谱

幼儿园食谱编制应遵循季节、气候和本地风俗情况,选择当季新鲜食材。中国自古就有"春生、夏长、秋收、冬藏"的说法,揭示出万物的生长规律。例如,针对季节特点,某园秋季增加茴香猪肉包子,冬季加入冬瓜羊肉、糖醋萝卜片等,以此保证幼儿维生素和矿物质的摄入量。

此外,幼儿园还可以基于中国传统二十四节气,按照四季节气特征,结合当地食俗,制作具有地方特色的节气美食。例如,南方一些地区立春吃春饼,立夏吃五色饭,秋分吃秋菜,冬至吃芝麻汤圆等,让幼儿在品尝美食的同时,感受本地独特的饮食文化。

(六）营造良好就餐环境

就餐环境包含物质环境和心理环境两个维度。

物质环境方面,幼儿的就餐环境应做到整洁、舒适。例如,进餐时所在的区域可布置关于平衡膳食方面的环创(环境创设),张贴各类食材的图片;进餐时播放一些轻快的音乐;进餐场所温暖明亮、空气流通、桌椅高度适宜等。在幽雅舒适的环境中,增进幼儿的食欲,促进消化。

心理环境方面,教师在进餐前后及过程中不要训斥责骂或惩罚幼儿,在纠正幼儿不良的进餐习惯时,注意不要强迫其进餐,应以鼓励引导的方式,循循善诱。同时,不要过于强调纪律而忽视了幼儿的进餐体验感。此外,教师可以鼓励幼儿自我服务,如自己盛饭、自取食物、主动收拾等,让幼儿更有参与感和主人翁意识。最后,教师可以给予幼儿更多自主选择的机会,比如就餐前自己选择就餐区域、选择共同就餐的伙伴等,增强幼儿的积极性、主动性。

(七）注意饮食卫生

饮食卫生包括食材卫生、环境卫生和相关人员卫生三个方面。首先,食材卫生要求食材新鲜干净,合理加工,食物在运送的过程中注意防尘、保温。其次,环境卫生要求厨房有足够的工作面积与合理的区域划分,操作设备设施完善,炊具、食具用后严格地清洗消毒,以及最后的废物有效处理。最后,相关人员卫生既包括厨房炊事人员遵守相关操作流程,保持个人卫生,定期进行健康检查,也包括进餐者,即幼儿的个人卫生引导,如饭前饭后洗手、擦嘴、漱口等自我清洁习惯的培养。幼儿园应综合以上全流程、全方位的卫生举措,保证学前儿童的食品安全。

任务 2
设计与实施学前儿童膳食营养教育活动

任务目标

1. 了解学前儿童膳食营养教育的目标要求。
2. 掌握学前儿童膳食营养教育的内容设计。
3. 熟悉学前儿童膳食营养教育的实施途径。
4. 了解学前儿童膳食营养教育的指导要点。

任务情境

这天,王老师班里(大班)的几名幼儿在自由活动时聊起了爱吃的菜。几个幼儿都说爱吃家里人烧的荤菜,如排骨汤、红烧肉、可乐鸡腿等。王老师听了半天,很少听到有幼儿提到素菜。说着说着,一个幼儿向同伴炫耀:"每个周末,我爸爸都会带我吃肯德基大餐!"其他幼儿一听,立马"炸开锅",争先恐后地说自己也吃过,生怕没吃过快餐丢面子。

就这样,话题转向"爱吃的零食"。王老师发现,幼儿们吃的零食五花八门:棒棒糖、巧克力、甜甜圈、冰激凌、碳酸饮料……"只有我没尝过的,没有孩子没吃过的。"王老师感叹道。王老师看幼儿对这个话题兴趣浓厚,也萌生了设计一堂集体教学活动的想法,但在构思时产生了一些疑惑:

1. 很多幼儿偏爱肉食,导致营养失衡,怎样激发幼儿兴趣,巧妙地让幼儿理解食物的搭配原则,保证营养均衡呢?

2. 大班幼儿的自主性越来越强,怎样设计活动能够更好地调动幼儿进行自主探究、自我反思,实现自我改进呢?

3. 零食是幼儿的心头好,杜绝零食不现实,如何帮助幼儿选择健康零食,拒绝垃圾食品?

请结合以上王老师提出的三个困惑,进行小组讨论。完成本节学习任务后,回顾上述三个困惑,看看通过学习能否帮助王老师解惑答疑。

任务支持

一、学前儿童膳食营养教育的目标

儿童是祖国的未来、民族的希望,儿童的营养与健康状况直接关系到一个国家未来的人口素质、发展前景和国际竞争力。因此,幼儿园需要建立全方位、立体化的幼儿营养教育体系,学思用贯通、知信行统一。知信行理论模式(KAP model)是健康行为改变领域的经典理论,该理论将人类行为的改变分为获取知识(Knowledge)、产生信念(Attitude)和形成行为(Practice)三个连续过程。幼儿园膳食营养教

微课

组织饮食营养教育活动

育的目的在于使幼儿获得认知、态度与行为多方面的提升和发展，以食育人，最终实现幼儿健康素养的提升。

（一）知：获得饮食与营养的基础知识

掌握饮食与营养的知识，可以帮助幼儿形成科学膳食的观念，具体包括科学饮食观，食物与营养素、平衡膳食、饮食卫生、饮食礼仪、饮食文化知识等。这也是幼儿饮食态度形成与饮食行为习惯养成的基础。

（二）信：形成饮食与营养的正确态度

学前儿童获得了饮食与营养相关知识，了解了什么行为对健康是有害的、什么行为是有益的，从而形成了关于饮食与营养的正确态度和信念，从主观上产生对积极行为的认同感和倾向性，这种态度能够成为其接受成人干预、克服不良习惯的动力，进而主动、积极地选择健康的行为。因此，饮食与营养的正确态度是幼儿产生行为改变的重要前提。

（三）行：养成良好的饮食技能与习惯

膳食营养教育的最终目的在于幼儿健康行为的确立。因为只有行为改善，才能提升幼儿的营养状况，防治各种营养性疾病，并让幼儿获得促进自身健康的能力，提升健康素养。此外，学前教育作为学校教育的开端，良好的膳食习惯会为幼儿的未来成长与发展打下坚实的基础，让其受益一生。

例如，基于知、信、行三维目标，结合《3—6岁儿童学习与发展指南》（简称《指南》）文件内容与精神，可以按照不同年龄班确立食育活动目标（见表5-1和表5-2）。

表5-1　小班幼儿膳食营养教育的目标设计

目标维度	重点活动目标	具体教学活动目标	《指南》链接
食知	初步了解各类食物的主要特性与营养价值	通过看、摸、玩、尝等游戏，认识并区分鸡蛋与鸭蛋，了解蛋类富含蛋白质，可以让自己聪明健康，少生病	未单独列年龄段目标，教育建议当中提到"了解食物的营养价值"。一般，小班可以初步了解各种常见食物具有不同的特点、味道和营养，知道饮食多样对健康有益
食信	在引导下，喜欢并愿意吃健康、新鲜的食物	喜欢吃青菜、菠菜、油麦菜等深绿色蔬菜	喜欢吃瓜果、蔬菜等新鲜食品
食行	在引导下，不偏食、挑食，养成良好的饮食技能与习惯	午餐环节尝试光盘，不剩饭剩菜	在引导下，不偏食、挑食；愿意饮用白开水，不贪喝饮料
食行	在提醒下，养成良好的卫生习惯，如饭前洗手、饭后漱口，不吃污染或变质的食物等	在指导下，饭前洗手，饭后擦嘴，讲究卫生	在提醒下，每天早晚刷牙，饭前洗手

说明："重点活动目标"旨在向教师建议从哪些角度重点设计活动目标，是理论上的阐述；"具体教学活动目标"则是根据"重点活动目标"建议的、可直接撰写于教案上的教学目标，是具体的陈述；"《指南》链接"旨在帮助理解教育目标设计的依据。

表5-2　中、大班幼儿膳食营养教育的目标设计

目标维度	重点活动目标	具体教学活动目标	《指南》链接
食知	了解常见食物中的营养素及其与健康的关系	理解"营养金字塔"的意义，并且能够认识食物的营养结构	未专列年龄段目标，教育建议当中提到"了解食物的营养价值"。一般，中、大班可以了解常见主副食的营养价值以及对人体健康的积极作用
食信	能够主动、积极地选择健康、新鲜的食物，拒绝垃圾食品	喜欢吃蔬菜、水果，乐于尝试不同种类的食物	喜欢吃瓜果、蔬菜等新鲜食品（中、大班）

(续表)

目标维度	重点活动目标	具体教学活动目标	《指南》链接
食行	不偏食、挑食,多喝白开水,少吃或不吃不利于健康的食品	养成良好的喝水习惯,感到口渴主动接水喝	不偏食、挑食,不暴饮暴食;常喝白开水,不贪喝饮料(中班); 吃东西时细嚼慢咽;主动饮用白开水,不贪喝饮料(大班)
	养成良好的卫生习惯,如饭前洗手、饭后漱口,不吃污染或变质的食物等	学会看食品包装袋上的保质期,不吃过期食品	每天早晚刷牙,饭前便后洗手方法基本正确(中班); 每天早晚主动刷牙,饭前主动洗手,方法正确(大班)

二、学前儿童膳食营养教育的内容

(一)认识食物的名称、形状、颜色、口感等属性特征

教师帮助幼儿熟悉各类食材和菜品,使其逐渐能够准确辨认并说出名称,描述形态、色彩以及口感等。综合运用多种途径,让幼儿在了解食物的过程中,促进感知觉、语言、艺术等多方面的发展。

(二)了解食物中的营养素及其与健康的关系

教师引导幼儿了解食物中的基本营养素以及各类营养素的食物来源,理解食物对于人体健康的积极意义,认识到偏食、挑食的危害,养成不挑食、不偏食、均衡膳食的好习惯。

(三)养成良好的饮食行为习惯

良好的饮食行为习惯包括两个方面,即进餐习惯和卫生习惯。进餐习惯,如自主进餐、安静吃饭、少吃零食、不暴饮暴食,不浪费粮食等;卫生习惯,如饭前洗手、饭后漱口,不吃污染或变质的食物,保持桌面整洁等。

(四)掌握饮食的方法与技能

教师指导幼儿在饮食过程中掌握基本的方法和技能。包括正确使用各类餐具,如勺子、筷子、刀叉等;学会剔除鱼、肉类食物里的刺、骨;能够徒手剥带壳的食物,如蛋类、部分贝类和虾类等;适应不同场合的进餐方式,如个人餐、团餐、自助餐等,从而提高饮食自理能力。

(五)懂得并养成文明的进餐礼仪

礼仪作为社交场合中的一种礼貌的举止规范,能体现出一个人的内涵与修养。"民以食为天",中国人一般都很讲究吃,也讲究吃相和礼节。在进餐礼仪教育方面,可以教育幼儿不玩弄餐具、不挑菜、嚼东西时不说话等礼仪,同时,学习使用"谢谢""不客气"等社交文明用语。

(六)知道食物简单的处理与烹调方式

教师指导幼儿了解食物的来源,以及储存、加工的方法。例如:可以在幼儿园开辟小菜园,师幼共同探究食物的生长变化;邀请幼儿园的厨师介绍各种食材,示范制作方法,并选择适宜的菜品让幼儿动手体验等,使其在直接感知、亲身体验、实际操作中感受劳动乐趣,更加爱惜粮食。

(七)了解世界各地饮食文化及风俗习惯

饮食文化与风俗不论在国内还是国外,都有着丰富的内容可以挖掘。如可以结合国内外各种节日,

让幼儿体会不同地区或民族的饮食文化和风俗,感受不同菜肴的制作工艺,体验美食为人们生活增添的幸福与欢乐。

三、学前儿童膳食营养教育的途径

(一)注重一日环节饮食营养教育的渗透

一日环节饮食营养教育指的是基于"一日生活皆教育"以及"一日活动皆课程"的理念,从中把握一日生活中蕴含的教育契机,渗透实施幼儿饮食营养教育。

这种渗透有两种形式。一种是隐性的,它具有随机性、偶然性。如进餐时口头的、短促的、轻轻的语言提示,或对积极行为的认可、表扬等,还可以配合适当的手势、眼神、表情等,根据幼儿的具体表现做出及时的反馈。另一种是显性的,有一定的计划性和预设性。如根据幼儿不同的年龄特点,设计餐前活动:大班进行餐前播报,介绍当日的菜品,或通过菜名让幼儿猜配料和制作方式;中、小班通过谜语猜食物,勾起幼儿的好奇心;托班通过情境引导,以拟人化的语言介绍饭菜。比如:"黄黄的胡萝卜,小白兔最爱吃了,小朋友吃后蹦蹦跳跳,也会跳得很高哟!"通过以上教育机智,激发幼儿尝试的愿望。此外,还可以发挥幼儿的自主性,如设计"相约周三"特色活动,每周三让幼儿自主选择伙伴和座位,营造一个愉快的吃饭心理环境,让进餐氛围更融洽。

(二)组织专门的饮食营养教育活动

专门的饮食营养教育活动是教师有目的、有计划、有组织开展的一类集体教育活动形式,是幼儿园饮食营养教育最主要的实施途径之一。它是教师基于饮食营养的知识体系,结合幼儿的年龄特点、个体差异和实际需求,在已有经验的基础上设计出来的专门的教育活动。如大班"好吃的食物"主题中,教师设计了健康活动"好吃的'黑黑'"、语言活动"蔬菜王国"、社会活动"参观农贸市场"、科学活动"神奇的维生素"、艺术活动"谷物贴画"等渗透在五大领域的系列活动,丰富幼儿的认知经验,帮助幼儿形成科学饮食习惯。

值得注意的是,专门的饮食营养教育活动虽然强调活动的计划和预设,但在实施的过程中同样应关注生成性,即师幼互动、幼幼互动中生发出的、有意义、有价值的观点与想法,关注幼儿的兴趣与需求。

例如,在日常生活中,不少幼儿会出现偏食、挑食的问题,为了纠正幼儿偏食、挑食的行为,引导他们了解食物的营养价值并且能够合理搭配饮食,教师设计并开展了一次大班集体教学活动"小小营养师"。通过故事情境导入、讨论交流、示范讲解、实践操作等环节层层递进,使幼儿深入认识"膳食营养金字塔",树立健康饮食观念,改善饮食行为(详见本任务末的"实践案例")。

(三)创建富含饮食营养知识的区域环境

饮食营养知识的区域环境指的是利用幼儿园的环境空间,合理布局,在一定区域内设计具有饮食营养教育意义的环境。这种方式是基于"环境是孩子的第三位老师"的理念,把环境作为一种重要的教育因素纳入进来,通过环境激发幼儿的思考与学习。

这种区域环境分为两种。一种是环境创设,即教师通过平面或立体设计,用各种材料把需要呈现的教育内容进行艺术性的展示,以图文结合的方式设计专门的主题墙,如"营养金字塔",让幼儿直观地看到金字塔各层的食物种类和膳食层级;抑或是具有互动性的环创,如"光盘行动"活动墙面,教师利用多种互动装置,如小灯泡、小瓶盖、小贴纸等,在互动激励中引导幼儿逐步养成"光盘"好习惯(图 5-3、图 5-4)。

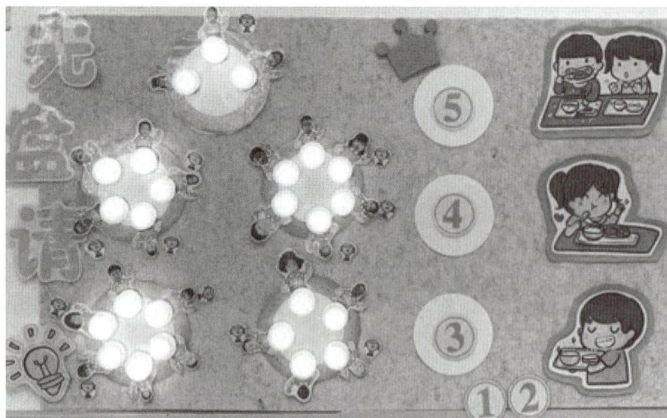

图 5-3 "光盘请亮灯"环创

图 5-4 "光盘行动"环创

　　另一种是区域活动（也称区角活动、个别化学习活动），即通过教师有目的、有计划地在区域中投放操作材料，让幼儿以自主操作、探究学习的方式，了解饮食营养教育的知识。如大班美工区，投放"我的金字塔"空白图卡，请幼儿记录自己一天的饮食，看看自己哪些类型食物吃得多、哪些吃得少，讨论是否需要改进等。

　　可见，以上两类环境可以在同一主题下有机融合，让幼儿在动静结合中加强和巩固所学。例如，既可以设计"吃得香长得棒"主题墙（图 5-5），也可以在科探区投放各类仿真实物图片（谷类、水果类、鱼禽肉蛋类、蔬菜类、调味品类、预包装零食类等）、剪刀、高透明亚克力管、小球、卡纸等材料，让幼儿学习不同食物分类的方法（图 5-6、图 5-7），清楚辨别垃圾食品和健康食品。

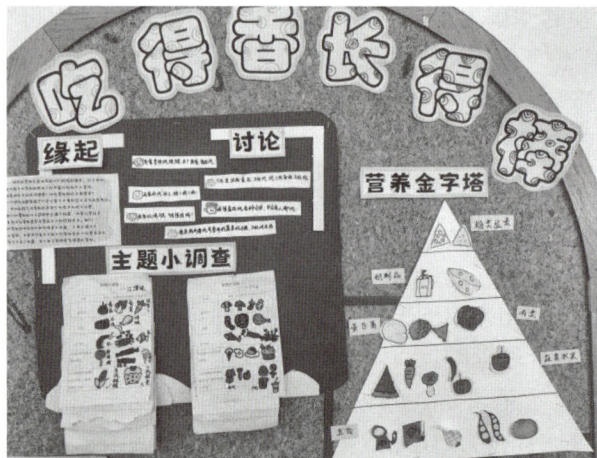

图 5-5 "吃得香长得棒"主题墙

图 5-6 食物金字塔

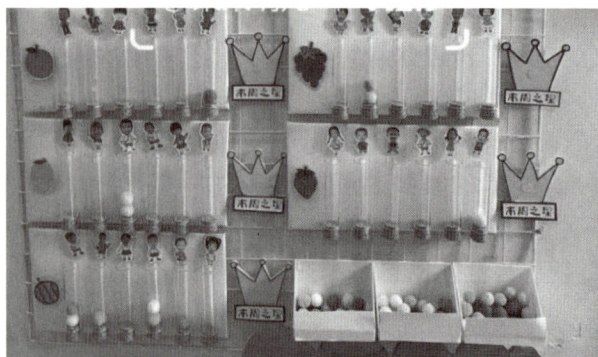

图 5-7 我会分类

（四）开展融合饮食文化的节日民俗活动

世界各地的节日活动中往往都伴随着美食佳肴,可见在"吃"这件事情上,全世界人民几乎保持着高度的一致性。因此,教师可以结合各类节日,开展特色美食制作与品尝活动,带领幼儿感受多元的饮食文化,培养其中国心、世界眼。在中国传统节日,如端午节、元宵节、中秋节,可以请幼儿一起来包粽子、搓元宵、做月饼。在配馅料环节,教师可以引导幼儿关注口感的同时,注意膳食营养的搭配,帮助他们形成健康的饮食习惯。例如,为了让幼儿感受元宵节的欢乐气氛,了解中华民族的传统文化,老师们与家长志愿者带领小班幼儿体验做元宵(图 5-8、图 5-9)。

图 5-8　家长向幼儿示范和面

图 5-9　幼儿尝试搓元宵

（五）调动家长参与改善家庭饮食营养状况

家园协作能够形成教育合力,帮助达成饮食营养教育的目标。饮食营养教育并非一朝一夕即能完成,幼儿从知到行,每一步发展都离不开家长的积极配合。如在进餐环节,幼儿在教师的引导和集体环境的影响下,能够较好地独立完成进餐,做到光盘不剩菜,并完成自我服务工作。但一回到家里,由于家长的态度不坚定,就容易迁就,包办替代,长此以往很难保证教育的效果。教师可以邀请家长带幼儿观察蔬菜的生长环境和外形特征,鼓励幼儿参与食物的制作过程,感受食物的营养和美味,在家也能做到不挑食、不剩菜(图 5-10)。

图 5-10　幼儿用照片和绘画记录发现

此外,教师还可以通过专题讲座、家长课堂、文章推送等多种形式,提升家长教育的意识,革新家长的教育理念和方法,帮助家长了解饮食营养教育的内容,认识到膳食营养对幼儿健康成长的重要价值。

四、学前儿童膳食营养教育的指导

(一) 基于幼儿的年龄特点,确定膳食营养活动的内容与形式

在设计饮食营养教育活动时,应关注幼儿的年龄特点和发展水平,选择适宜的活动形式和内容。例如:小班幼儿容易被拟人化的情境故事吸引,对食物的认知也处于初级阶段,可以设计活动"水果宝宝",在活动中引导幼儿认识不同的水果,如苹果、香蕉、橘子等;中班幼儿对常见水果已经较为熟悉,并且喜欢主动探究,可以设计活动"水果干",使其通过观察、品尝、分辨,发现新鲜水果和果干的区别,如葡萄和葡萄干、龙眼和桂圆等,并了解其营养价值和果干的制作工艺;大班幼儿已经具有较为丰富的生活经验,可以设计活动"四季水果",使其了解不同季节的水果及其生长环境,探究哪些长在树上,哪些长在地上,并一起制作水果沙拉。

(二) 关注幼儿的饮食行为差异,开展针对性的支持与引导

在一个集体当中,会出现有的幼儿饮食习惯已经培养得较好,而有的幼儿问题还比较突出的现象,这种差异性需要教师进行个别化的关注与指导。例如,对于挑食、偏食的幼儿,可尝试了解其挑食、偏食问题背后的原因,如食物的口味、气味、形状、颜色、大小、软硬等,做到有针对性的调整或引导。在进餐环节如遇到幼儿比较排斥食物的情况,教师也不要勉强其一定吃完,因为观念与行为的改变需要一定的时间。同时,可以优化进餐环节,如让饮食能力较强的幼儿坐在能力较弱幼儿的旁边,起到榜样示范的作用,通过同伴学习,促进能力较弱幼儿的习惯养成。

(三) 注重跨领域、多维度整合,助力幼儿实现知行统一

《幼儿园教育指导纲要(试行)》指出,(幼儿园)教育活动内容的组织应考虑幼儿的学习特点和认识规律,各领域的内容要有机联系,相互渗透,注重综合性、趣味性、活动性,寓教育于生活、游戏之中。可见,饮食营养教育不是孤立的,具体可以从两个维度进行设计。一是教育领域相融合。由于教育领域之间存在交叉性,饮食营养教育可以与其他领域教育内容相整合,各领域教育可以共同帮助饮食营养健康教育目标的实现。如在"绿色菜篮子"主题中,幼儿通过语言活动学习有关蔬菜的儿歌,了解蔬菜的基本特征;通过社会活动,幼儿随教师到菜市场,实地了解常见蔬菜;通过科学活动,了解蔬菜的栽培和生长过程;通过艺术活动,利用蔬菜的切面创作艺术作品,感知蔬菜的内部结构;等等。二是可基于幼儿的特点,综合运用多种教学方法,充分调动幼儿的兴趣,体现教育的艺术。如幼儿学习进餐礼仪时,教师可以通过讲解示范、行为练习、讨论评议、实践操作、情景表演、互动游戏等多种方式,帮助幼儿将理论知识用于实践,活学活用,在交流实践中不断加深与巩固所学。

实践案例

大班健康活动"我是小小营养师"(教学设计)

【活动目标】

1. 认知:初步认识"营养金字塔",了解平衡膳食的重要性。

2. 技能:能按照"营养金字塔"的搭配原则,与他人合作完成搭配任务。

3. 情感/行为:积极投入游戏活动,愿意养成不偏食、不挑食的好习惯。

【活动重难点】

1. 活动重点:了解"营养金字塔",养成不挑食、不偏食的好习惯。

2. 活动难点:尝试设计营养均衡、结构合理的一日食谱。

【活动准备】

1. 经验准备:熟悉常见的食物,知道不同食物有不同营养。

2. 材料准备:《小熊医生的健康食谱》故事PPT、"营养金字塔"挂图、"星星等级表"统计表若干份、各类食物贴图、小熊医生的菜单。

【活动过程】

一、情境导入,激发兴趣

1. 教师出示小熊医生的三餐两点,让幼儿看到四类食物选项。

教师:小熊医生在网上发布了他的一日菜单,里面有大家喜欢的食物吗?

2. 幼儿根据自己的兴趣爱好对四类食物(谷薯类、蔬果类、鱼禽肉蛋奶类、甜食或油炸食品类)做出星星评分,划分出等级(四颗星星为最喜欢的食物)。然后,幼儿分享交流。

二、均衡膳食,初步认识四类食物对机体健康的重要性

教师:现在我们一起来看看几个小动物的"星星等级表"(分别展示狐狸、小兔、小老鼠的选择),看看是不是和你们的评选结果一样。

教师:这三个小动物根据自己的喜好每天这样吃着,直到有一天——

狐狸先生忽然肚子痛了起来,他已经很久没有拉过便便了,实在是难受极了,他跑去小熊医生的家里想请他帮助;刚进门,狐狸先生就看见小兔已经躺在病床上,脸红红的好像是发烧了;正在这时,小老鼠的妈妈给小熊医生打来了电话,着急地说到小老鼠的身高和体重已经半年没有变化了……看到小动物们出现各种问题,小熊医生联想到了他们平日里的饮食习惯。

教师:你们还记得狐狸、小兔、小老鼠都遇见了什么问题吗?看看他们的"星星等级表",你发现了什么?(幼儿自由回答。)

师生共同小结:狐狸先生不爱吃蔬菜、水果,缺少膳食纤维,肠动力不足,导致排便困难、肚子疼;小兔不爱吃肉、蛋、奶,缺乏蛋白质,导致抵抗力下降、易生病;小老鼠不爱吃米饭、面条,导致碳水化合物摄入不足,影响生长发育。看来,每一种食物都有自己独特的营养价值,我们要做到均衡膳食,养成不偏食、不挑食的好习惯。

三、认识"营养金字塔",了解合理的膳食结构

1. 教师提问。

教师:还记得最开始我们看到的小熊医生的一日菜单吗?(出示小熊医生的菜单。)小熊医生分享自己的健康饮食方法给大家,请你们数一数每一类食物都出现了几次。

2. 师生共同小结:谷薯类属于主食,小熊医生每一顿都吃,共出现了5次,包含米饭、面条、面包、包子等,米面搭配、粗细搭配;蔬果类出现了4次,种类丰富,颜色深浅搭配;鱼禽肉蛋奶等动物性食物出现了3次,有猪肉、鸡肉、牛肉,种类不重复;零食出现了1次,小熊医生吃的是坚果类零食,属于健康零食,高油、高糖、高甜的零食属于垃圾食品,尽量不吃或少吃。

3. 教师出示"营养金字塔"挂图,向幼儿系统讲解。

① 第一层:谷薯类食物——吃最多。

第一层是我们平时吃得最多的食物,属于主食。谷类包括小麦、大米、玉米、小米、高粱等,薯类包括马铃薯、甘薯、木薯等,富含碳水化合物,能为我们提供充足的能量和膳食纤维、维生素、矿物质,营养丰富。

② 第二层:蔬果类食物——吃多些。

蔬菜、水果富含维生素与膳食纤维,尽量吃新鲜蔬菜,应季水果,每日应种类丰富、品种齐全。

③第三层:鱼虾类、禽畜肉类、蛋类食物——吃适量。

这类动物性食物能为我们提供蛋白质、能量与各种微量元素,每天适量吃,过量进食容易引发超重和肥胖,还要注意避免吃肉眼可见的脂肪。

④第四层:奶类及奶制品、大豆类及豆制品、坚果类——吃适量。

这类食物富含蛋白质与钙质,有助于小朋友生长发育,增强免疫力,每天适量吃,还要养成早晚喝奶的好习惯。

⑤第五层:盐、油类——减少吃。

油、盐能够调味,但我们要尽量少摄入,油类可多用植物油,少用动物油;饮食清淡,避免吃腌制的食品,如咸肉、咸蛋等。

同时,注意正确选择零食,选择天然新鲜、易消化的食物,少吃不健康的零食,如高脂肪、高热量、高盐、高色素、高添加剂的食品,少喝饮料,多喝白开水。

四、争做营养师,亲自操作、调整营养搭配

教师:现在大家都掌握了"营养金字塔"的知识,让我们帮小熊医生为三个小动物调整一下他们的"星星等级表"吧!(幼儿分组操作。)……在你们的帮助下,小动物吃得健康了起来,不再出现肚子痛、总是发烧或者长不大的情况了。

教师:请你调整自己的"星星等级表",与身边的同伴交流,看看怎么调整,才能让我们吃得健康又美味吧!

【活动延伸】

请幼儿回家和爸爸妈妈共同设计一份周末的饮食安排,并且拍下一日三餐的照片,周一与伙伴们一起交流分享。

【案例解析】

该大班饮食营养教育活动贴合幼儿年龄特点,从知到信,由信到行,层层递进,引导幼儿了解食物中的营养素及其与健康的关系,理解科学饮食对于人体健康的积极意义,并认识到偏食、挑食的危害,帮助幼儿养成不挑食、不偏食,均衡膳食的好习惯。

该活动首先通过生动的情境导入和师幼互动提问,引发幼儿思考并感受均衡膳食的重要性,由此引入"营养金字塔"概念,让幼儿系统认识科学饮食结构,掌握基本的营养搭配原则。活动加入了小组合作和动手操作,让幼儿不仅加深了对营养知识的理解,还培养了团队合作和解决问题的能力。最后,活动延伸部分鼓励幼儿将所学知识应用于家庭生活中,增强了教育的连续性和实效性,促进了家园协同。

任务 3
识别与处理幼儿特殊膳食需求

📋 **任务目标**

1. 了解特殊膳食需求幼儿的基本类型及特征。
2. 掌握特殊膳食需求幼儿的膳食与教育要点。

📋 **任务情境**

张老师班里有几名特殊的幼儿，每每到吃饭环节他们都会让张老师不由得心悬起来。

妞妞很瘦，妈妈说她是个"小萝卜头"，整个人瘦瘦小小的，也经常生病。她每次饭菜都吃得很少，张老师要变着花地鼓励，可到最后还得喂她才吃两口。

涛涛比较胖，人高马大，每次吃饭一碗还不够，总是要添饭加菜，平时也爱贪吃零嘴。教师们虽然喜欢看他香香地吃饭，但又总担心他吃得太多，会影响健康。

西西是班里的贫血宝宝，有比较严重的偏食和挑食习惯，尤其不爱吃肉。因为缺铁，妈妈每周还要去医院给她开铁剂，但效果还不是很理想。

冬冬是个"敏宝"，吃鸡蛋、海鲜以及一些水果都容易过敏，每次吃饭教师都要特别关注有没有不能吃的，就怕她误吃。

每次的进餐如同上战场，而胜利并不总是常态。张老师为这些幼儿捏把汗的同时，也在思考：

1. 这些幼儿为什么会出现这些情况？是先天因素还是后天因素呢？
2. 对于特殊膳食需求的幼儿如何进行膳食配置，有什么共性和区别？
3. 除了菜肴的变化，还有什么方法可以帮助这些有特殊膳食需求的幼儿？

请阅读以上案例，结合文中的问题进行思考交流。

📋 **任务支持**

幼儿园安排的常规膳食对于有特殊膳食需求的幼儿来说，已经无法满足其正常生理所需，需要额外进行膳食设计与就餐指导。这类有特殊膳食需求的幼儿一般包括两种：一种是营养性疾病幼儿，包括体弱儿、贫血儿和肥胖儿；还有一种是特异体质幼儿，即过敏儿。对于幼儿的特殊膳食需求，保教人员需要引起足够的重视，做好这类幼儿的膳食照顾与日常护理，以保证每一名幼儿都能获得充分且全面的营养。

一、体弱儿

(一)体弱儿识别

体弱儿,指的是由于先天不足或受后天反复疾病困扰而使生长明显受到影响的幼儿。这类幼儿往往存在轻度或中、重度营养不良的情况,在进餐时一般与普通幼儿有较大差距,他们常常表现出偏食、厌食且食量小、进餐慢等问题。

(二)体弱儿膳食配置与教育指导要点

在膳食配置方面,体弱儿体内的蛋白质和热能往往供给不足,因此,膳食以高蛋白、高热量的食物为主,营养丰富且容易消化。例如,为这类营养不良幼儿增加蛋白质、热能丰富的食物,如牛奶、蛋类、瘦肉、鱼类、豆制品及碳水化合物等。对于食欲欠佳的幼儿,适当增加一定的植物油或能量密度高的食物,如鱼虾、动物肝脏、鸡蛋等。

在教育指导方面,引导体弱儿规律作息,适量运动以增强体质。同时,改善进餐习惯,逐步提升食量。可以将营养不良幼儿与胃口好、习惯好的幼儿安排在一桌,通过榜样学习,改善体弱儿的进食状态。

二、贫血儿

(一)贫血儿识别

贫血儿,一般指营养性缺铁性贫血的幼儿,即由于体内铁缺乏,血红蛋白合成减少,引起低血色素性贫血。这是婴幼儿时期最常见的一种贫血。缺铁性贫血被世界卫生组织确认为世界性营养缺乏病之一,会严重影响幼儿的生长发育。

(二)贫血儿膳食配置与教育指导要点

在膳食配置方面,对于贫血幼儿的膳食调整,应重点增加膳食中铁的摄入。食物中,动物性食物含铁量高且吸收好,可以适量多吃动物肝脏、红色肉类(牛肉、猪肉、羊肉等)和鱼虾贝类等;蔬菜类食物中,黑木耳、大豆和菠菜等含铁量也较为丰富,但吸收率不算高。所以,为了提高铁的吸收率,可以在食用富含铁元素蔬菜的同时,适量摄入富含维生素 C 的食物。因为维生素 C 能促进非血红素铁的吸收,能使蔬菜中的铁吸收率增加 2~3 倍。富含维生素 C 的蔬果有樱桃、猕猴桃、橘子、红枣、大白菜、青椒等。

在教育指导方面,造成婴幼儿缺铁性贫血的原因有多种。有研究指出,学前期幼儿营养性贫血往往与自身饮食习惯和家庭喂养不当有关。有些家长对营养膳食的重视程度不够或存在饮食误区,如认为只要吃饱就不会营养不良,就不会缺乏营养素[1]。因此,教师除了日常对幼儿行为进行指导,还需要重视对家长的指导,改善家庭饮食现状。

三、肥胖儿

(一)肥胖儿识别

肥胖儿,一般指体重超过同年龄、同性别幼儿平均体重 20%,或两个标准差的幼儿。在肥胖症中,以饮食过多引起的肥胖为多见,称为单纯性肥胖症。学前儿童膳食中如果糖类摄入过多,就会导致肥胖。

《中国居民营养与慢性病状况报告(2020 年)》指出,我国儿童肥胖率不断攀升。6 岁以下儿童肥胖

---

[1]　杨苏强. 儿童营养性贫血的干预与治疗效果分析[J]. 医师在线,2018(2):48.

率为 3.6%,6~17 岁儿童青少年肥胖率为 7.9%;而 1982 年,我国 7~17 岁儿童青少年肥胖率仅为 0.2%。众所周知,肥胖是滋生许多疾病的温床,由肥胖引起的疾病可谓遍及全身各个系统。其中,尤与代谢性疾病如"三高"(高血脂、高血糖、高血压)、糖尿病关系密切,在幼儿期需要予以足够重视。[①]

(二)肥胖儿膳食配置与教育指导要点

在膳食配置方面,首先,肥胖儿的食谱定制需要控制总热量的摄入,适当减少每日主食量,可在原有基础上减少 1/5 至 1/4。例如,原食谱中定制了羹类,肥胖儿就改为汤类。其次,增加蔬菜水果比例。例如,增加粗纤维的蔬菜,如芹菜、菠菜、卷心菜等,在餐前食用水果,增加饱腹感。最后,在烹调过程中应多采用清蒸、水煮的方式,少用煎、炸,减少烹调油的摄入。

在饮食习惯方面,针对肥胖儿进餐速度快、饭量大的特点,鼓励他们餐前先喝汤或先吃菜,然后吃主食,同时注意使其养成细嚼慢咽的习惯,从而起到增加饱腹感、控制进餐量的效果。还应纠正幼儿经常食用甜点、糖果、干果、奶油类等高热量零食的习惯,特别是晚餐后不要再吃零食。此外,配合膳食调整应同步加强运动,增加能量消耗。

> **知识拓展**
>
> 《儿童青少年
> 肥胖食养指南
> (2024 版)》
> (节选)

四、过敏儿

(一)过敏儿识别

过敏儿,指的是幼儿对食物、接触物、吸入物和药物等成分出现过敏反应,主要表现为食物过敏、皮肤过敏和呼吸道过敏。在幼儿进餐环节,对于有食物过敏的幼儿,要针对其过敏原进行对症处理。常见幼儿食物过敏原主要有牛奶、鸡蛋、大豆、鱼类、贝壳类、坚果、小麦等。对于幼儿的食物过敏问题,不是简单挑掉不吃就可以,而是需要进行合理的膳食调配,在帮助过敏儿远离过敏原的同时,保证他们膳食均衡、营养全面。

(二)过敏儿膳食配置与教育指导要点

针对食物过敏的幼儿,可以有以下处理策略。

一是食物替代法。将营养价值相当的食物进行替换,保证幼儿摄入同样充足的营养。如,对牛奶过敏以豆浆代替,对牛肉过敏以猪肉代替,对鸡肉过敏以鸭肉代替等。二是调整烹饪方法。有些食物经过一定的加工处理,可大大降低致敏性,如水果、蔬菜内的致敏蛋白一般热稳定性低,通过加热处理即可破坏致敏成分。此外,有些水果(如桃、杏等)的致敏蛋白存在于果皮内,如果去皮食用可以减轻过敏症状。三是逐步添加法。由于幼儿的身体随着年龄的增长不断发育变化,通过适量比例的添加,由少到多,逐步过渡到正常量,让幼儿的身体逐渐适应致敏成分,可能降低其敏感性。

对于过敏儿的教育指导,教师可以鼓励年长一些的幼儿学习识别食物标签,了解哪些食物可能含有过敏原。同时,能够在感到不适时向成人求助,描述自己的症状。

总之,对于有特殊需求的幼儿,除了膳食配置和进餐习惯的指导,还可以为其建立个人健康档案,通过保教干预、定期评估、家校合作等多种方式相结合,逐步改善幼儿的健康状况。

📖 模块小结

本模块对学前儿童营养科学教育进行了全面且深入的探讨,旨在培养幼儿园教师在幼儿早期发展阶段提供科学、合理的营养指导能力。首先,我们明确了营养科学教育的内涵,包括其在幼儿成长中的重要性和基本目标。接着,深入探讨了与营养科学相关的核心概念,让教师能够准

---

① 中国居民营养与慢性病状况报告(2020 年)[EB/OL]. (2022-10-13)[2024-03-01]. https://www.chinanutri.cn/yyjkzxpt/yyjkkpzx/yytsg/2020/202210/t20221013_261579.html.

确把握营养素分类、产能与非产能营养素的功能,以及平衡膳食的原则。在此基础上,本模块特别强调了学前儿童膳食特点的识别和膳食要求的制定,确保幼儿能够获得与其成长需求相匹配的营养支持。本模块进一步介绍了学前儿童膳食营养教育的目标要求,指导教师学习如何设计教育内容,采用多样化的实施途径,包括日常饮食环节的自然渗透、专门的教育活动,以及富有教育意义的环境创设。针对具有特殊膳食需求的幼儿,如体弱儿、贫血儿、肥胖儿和过敏儿,本模块提供了详细的识别方法和个性化的膳食与教育指导要点。

综上,通过本模块的学习将使教师更加专业地理解和实施学前儿童的营养科学教育,为培养幼儿的健康饮食习惯,增进其终身福祉奠定坚实的基础。

岗课赛证

习题答案

一、单选题

1. 铁、锌与( )是婴儿生长发育过程中具有重要作用的微量元素。
   A. 钙　　　　B. 铝　　　　C. 碘　　　　D. 钛
2. 碳水化合物缺乏时,身体便动用( )作为能(热)量来源。
   A. 蛋白质和脂肪　B. 无机盐和微量元素　C. 碳水化合物　D. 维生素
3. 世界卫生组织建议每人每日食盐用量不超过( )。
   A. 10克　　　　B. 5克　　　　C. 6克　　　　D. 8克
4. 下列不是婴幼儿常见营养问题的是( )。
   A. 营养素缺乏　B. 营养素过量　C. 营养素不平衡　D. 营养素再生
5. 婴幼儿吃油炸食物易导致( )。
   A. 不易消化　　　　　　B. 营养素损失较多
   C. 影响婴幼儿的健康　　D. 以上都是
6. 让婴幼儿独立进餐能培养他们的进餐兴趣,原因是( )。
   A. 独立进餐可以使婴幼儿自己掌握进餐的速度
   B. 独立进餐可以使婴幼儿有独自挑选食物的机会
   C. 独立进餐的婴幼儿有充分品尝和咀嚼的时间
   D. 以上原因都包括
7. 必须结合孩子的活动量大小与热能消耗量的多少来妥善地配制食物,才能保证营养平衡,做到( )的平衡。
   A. 膳食　　　　B. 供给和消耗　　　　C. 细胞内、外液　　　　D. 电解质
8. 3~7岁儿童每天需水量约为( )ml/kg。
   A. 50~100　　B. 90~110　　C. 100~150　　D. 150~170
9. 谷物是膳食中何种维生素的重要来源?( )
   A. 维生素A　　B. B族维生素　　C. 维生素C　　D. 维生素D
10. 在婴幼儿进餐的过程中,下面语言表达适宜的是( )。
    A. "某某,吃饭的时候不要东张西望的"
    B. "其他小朋友都吃完了,就你最慢了,干脆别吃了"
    C. "小朋友们安静吃饭,看谁吃得最香"
    D. "某某,不想吃就别吃了"

11. 生病婴幼儿的饮食应选择（　　）。
　　A. 油炸食物　　　　　　　　　　B. 多吃鱼肉蛋来补充营养
　　C. 碳酸饮料　　　　　　　　　　D. 蔬菜、水果等清淡的食物
12. 如果婴幼儿患缺铁性贫血，不会使症状得到改善的食物是（　　）。
　　A. 肥肉　　　　　B. 瘦肉　　　　　C. 动物内脏　　　　　D. 绿色菜叶

二、实训题

1. 最近，中一班张老师发现每日点心环节的水果总有幼儿会剩，不是说"怕酸"就是说"不爱吃"。请结合《3—6 岁儿童学习与发展指南》要求以及本节所学，设计一次健康领域集体教学活动。

2. 近段时间，小二班徐老师发现幼儿的进餐问题比较突出，通过观察梳理出以下四点：第一，用餐时大声说话；第二，挑食现象普遍；第三，把餐具当玩具，喜欢敲敲打打；第四，普遍缺乏使用文明用语的意识。请结合《3—6 岁儿童学习与发展指南》要求以及本节所学，设计一次健康领域集体教学活动。

模块六

学前儿童心理健康教育

　　学前儿童心理健康教育对于培养幼儿良好的情绪管理能力、积极的自我认知以及初步的社会交往技能至关重要。首先,通过专业的心理健康引导和干预,可以帮助幼儿建立自信,学会面对和克服成长中的挫折与困难,从而形成乐观向上的生活态度。其次,学前儿童心理健康的维护还有助于预防心理问题的发生。幼儿在尚未形成固定的思维模式和行为习惯之前,通过心理健康教育,教师可以及时发现并纠正其不良的心理倾向,避免日后发展成严重的心理问题。最后,心理健康对于学前儿童智力发展、情感培养以及社会适应能力的提升具有不可忽视的作用。心理健康的幼儿更能专注于学习,更善于与人合作,更懂得如何表达自己的情感和需求,从而在未来的学习和生活中占据优势。

　　因此,我们应高度重视学前儿童的心理健康教育,为幼儿营造一个充满关爱、尊重和理解的成长环境。通过家庭、幼儿园和社会的共同努力,帮助幼儿建立健全的心理机制,为他们的幸福童年和美好未来奠定坚实的基础。这不仅是对幼儿个体的成长负责,更是对社会和谐与进步的重要贡献。

知识导航

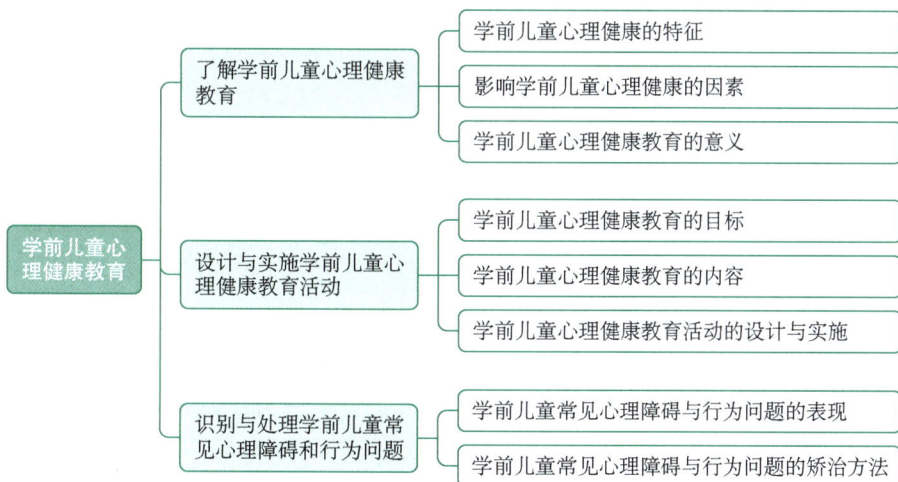

任务 1
了解学前儿童心理健康教育

任务目标

1. 掌握学前儿童心理健康的标准。
2. 理解影响学前儿童心理健康的因素。
3. 理解学前儿童心理健康教育的意义。

任务情境

    阿宝是一名小班幼儿,父母在他读幼儿园前离婚了。他一周跟爷爷奶奶生活,一周跟外公外婆生活,每周都要变换生活环境。最近,阿宝在幼儿园午睡时总是尿床,一周尿床的次数超过三次,这可让教师和家长都伤透了脑筋。为了帮助阿宝解决这个令人困扰的问题,每天午睡前教师都会提醒阿宝去小便,家长也和阿宝说了许多道理。

    这天,爷爷奶奶送阿宝来上幼儿园,临走前不断提醒阿宝:"想小便要告诉老师,赶紧去卫生间,今天千万别尿床了!"结果,阿宝还是尿湿了被子和衣服,爷爷回家后终于忍不住打骂了阿宝。外公外婆知道后,因为心疼外孙,和爷爷奶奶发生了争执。无论教师和家长怎么关注,阿宝依然会尿床。两位教师仔细回顾阿宝最近的表现,发现他除了尿床,还会发呆、撒谎,对同伴发起攻击性行为,特别反常。

    这是一个小班幼儿正常的表现吗? 是什么原因导致的呢? 教师和家长应该怎么做呢?

任务支持

一、学前儿童心理健康的特征

    心理健康的特征是心理健康概念的具体化,是心理健康教育目标定位、内容选择和体系构建的基础。学前儿童心理健康的重要特征是具有健康的体态、协调的动作、情绪安定愉快、具有一定的适应能力等。一般认为,学前儿童的心理健康可以从动作、认知、情绪、行为及人际关系等方面衡量[①]。

(一) 动作发展正常

    动作发展是幼儿整体发展的一部分,与脑的形态及功能的发育密切相关。幼儿动作的发展必然促进其他方面的发展,因此,幼儿从躯干大动作到手指精细动作的发展是否处于正常水平,是衡量学前儿童心理健康的重要特征之一。

---

    ① 庞建萍,柳倩. 学前儿童健康教育与活动指导[M]. 上海:华东师范大学出版社,2023:171.

学前儿童动作发展的进程遵循头尾原则,即先头、颈、上肢的动作发展,后下肢的发展。在3~6岁阶段,幼儿动作发展通常分为两类:大动作的发展和精细动作的发展。大动作,指的是牵动大肌肉和大部分身体的动作,包括走、跑、跳、骑车等。小动作,也称精细动作,主要涉及手的使用或者双手动作的灵活程度,如扣纽扣、使用筷子等。一般而言,动作技能随幼儿年龄的增长而发展。

(二)认知活动积极

认知是大脑反映客观事物的特征与联系,并揭露事物对人的意义与作用的心理活动。认知心理学将认知活动划分为五个阶段:外部感知、注意、记忆、言语以及思维。其中,思维在认知活动中扮演着核心角色。积极的认知活动是帮助幼儿与周围的生活、学习环境达到平衡和协调状态的基本心理条件。由于学前儿童的发展具有差异性,在现实生活中,认知发展显著迟滞的幼儿有时也可能伴随特定的心理困扰,如抑郁症、执行功能障碍等。

(三)情绪反应适度

情绪是幼儿心理体验的一个重要组成部分,具有帮助幼儿建立、维持和改变与外界关系的功能,这种功能即情绪能力。良好的情绪和情绪反应适度主要包括在不同的情境中能够表现出适当的情绪,能够识别自己和他人的情绪,能够尝试控制自己的情绪等。而心理不健康的幼儿常常伴随情绪反应异常,如焦虑、烦躁、过于敏感或迟钝。

(四)人际关系融洽

亲子关系、师幼关系和同伴关系是学前儿童主要的社会人际关系。人际关系融洽,对学前儿童身心健康和其他各方面的发展都具有重要影响。心理健康的幼儿能够与成人积极沟通,与同伴友好合作,快乐游戏,与他人保持健康的人际关系。如果幼儿出现远离集体或攻击同伴等异常人际交往行为,教师应及时与家长沟通,采取相应措施。

《3—6岁儿童学习与发展指南》中指出,家庭、幼儿园和社会应共同努力,为幼儿创设温暖、关爱、平等的家庭和集体生活氛围,建立良好的亲子关系、师生关系和同伴关系(见表6-1),让幼儿在积极健康的人际关系中获得安全感和信任感,促进其身心健康发展。

表6-1　《3—6岁儿童学习与发展指南》中的人际交往目标

目标	3~4岁	4~5岁	5~6岁
愿意与人交往	1. 愿意和小朋友一起游戏 2. 愿意与熟悉的长辈一起活动	1. 喜欢和小朋友一起游戏,有经常一起玩的小伙伴 2. 喜欢和长辈交谈,有事愿意告诉长辈	1. 有自己的好朋友,也喜欢结交新朋友 2. 有问题愿意向别人请教 3. 有高兴的或有趣的事愿意与大家分享
能与同伴友好相处	1. 想加入同伴的游戏时,能友好地提出请求 2. 在成人指导下,不争抢、不独霸玩具 3. 与同伴发生冲突时,能听从成人的劝解	1. 会运用介绍自己、交换玩具等简单技巧加入同伴游戏 2. 对大家都喜欢的东西能轮流、分享 3. 与同伴发生冲突时,能在他人帮助下和平解决 4. 活动时愿意接受同伴的意见和建议 5. 不欺负弱小	1. 能想办法吸引同伴和自己一起游戏 2. 活动时能与同伴分工合作,遇到困难能一起克服 3. 与同伴发生冲突时能自己协商解决 4. 知道别人的想法有时和自己不一样,能倾听和接受别人的意见,不能接受时会说明理由 5. 不欺负别人,也不允许别人欺负自己

(五)性格特征良好

性格是个性中最核心、最本质的表现,它在个体日常活动和交往中形成并表现出来。性格一旦形成,具有相对稳定性,但是早期儿童的性格是具有可塑性的。心理健康的幼儿,一般具有快乐、热情、勇敢、自信、勤劳、善良、独立等性格特征。在日常生活中,往往有如下表现:喜欢交往,文明礼貌,落落大方;能歌善舞,喜爱运动,爱阅读,爱提问;能在自己的位置上专心做事,不左顾右盼;不怕困难、不怕失败、不怕受批评;爱护动物,爱护自然环境。反之,心理不健康的幼儿,往往与周围的环境处于不协调状态,表现出冷漠、胆怯、自卑、自私、孤僻等性格特征。在日常生活中,表现出不能接受比赛中的失败,不能接受成人或者同伴的批评,或者易怒易暴躁甚至常常发生攻击性行为。

对于学前儿童的心理健康标准,人们更多地从情绪和人际关系两个方面予以关注。然而,学前儿童的心理是否健康是相对的,通过外界的帮助和自身的调适,幼儿的心理健康状态在不断地发展中。因此,教育者要以发展的眼光看待学前儿童的心理健康,而非以某一个标准直接评定幼儿。

二、影响学前儿童心理健康的因素

影响学前儿童心理健康的因素是多种多样的,可以将这些因素划分为生物学因素、心理因素和社会因素三个方面。

(一) 生物学因素

影响学前儿童心理健康的生物学因素主要包括遗传、先天素质、机体损伤或疾病以及生理发育迟缓。

1. 遗传

影响学前儿童心理健康的生物学原因主要有遗传、与遗传有联系的素质、生理生化改变以及有机体损伤等。遗传的分类有三种:第一类是直接遗传,指的是明显由于遗传因素而引起的行为异常,如单一突变基因异常或染色体异常;第二类是间接遗传,是指由于某一遗传性特征而引起的异常行为,如"十聋九哑";第三类是轻微遗传,是指某些行为主要受环境因素的影响,而遗传只起轻微的作用。

2. 先天素质

幼儿的先天素质既受遗传物质(DNA)的影响,也受胎儿期孕妇的健康状况以及直接或间接的环境影响。例如,妊娠期孕妇营养不良可使婴儿出生体重低。低体重的婴幼儿可能有脑细胞减少、智力发展迟缓、脑功能异常等缺陷,对身心健康发展有严重影响。

3. 机体损伤或疾病

在产妇分娩的过程中,如果遇到异常情况,可能使婴幼儿产生机体损伤或疾病,造成情绪和智力上的问题。例如,胎儿出生时缺氧,可能导致脑组织损伤,使早期智力和动作的发展明显落后于同龄儿童。一些意外伤害事件引起的脑损伤、并发症和后遗症也可引起神经系统的病变或心理障碍。

4. 生理发育迟缓

幼儿生理发育迟缓是指在生长发育过程中出现生长速度放慢或顺序发生异常的现象。生理发育迟缓的儿童在体格发育、运动能力、语言和智力发展等方面可能弱于同龄儿童,还可能形成孤独、退缩、自卑的性格,对心理健康产生不利影响。

(二) 心理因素

影响学前儿童心理健康的主要心理因素有需求与动机、情绪、自我意识。

1. 需求与动机

幼儿从出生开始就有了基本的生理需求,如呼吸、饮食、排泄、睡眠,这是人类最基本、最低层次的需求。随着身心及社会性的发展,幼儿的需求也越来越复杂,如安全的需求、社交的需求、尊重的需求、求知的需求等。动机是在需求的基础上产生的,当幼儿的某些合理需求得不到满足,就可能产生动机冲突。动机冲突在学前阶段经常发生,可能会产生不良的情绪,导致说谎、攻击他人等问题行为和心理障碍的发生。

2. 情绪

学前儿童心理的紧张状态往往与他们的消极情绪联系在一起。长期紧张、压抑、恐惧和焦虑会导致幼儿产生各种问题行为。恐惧是学前儿童常见的消极情绪，对其心理健康的影响比较明显。幼儿在恐惧状态下，会产生一系列生理变化，而生理功能的紊乱会影响机体的健康状况，使幼儿产生种种心理问题。

3. 自我意识

自我意识是人对于自身以及自己与周围事物关系的一种认识，也是人认识自己和对待自己的统一。正确地认识自我能够帮助幼儿调节自己的行为，适应生活环境，对幼儿个性的发展和行为的适应性具有重要的影响。

（三）社会因素

影响学前儿童心理健康的社会因素主要有家庭、托幼机构和社会环境等。随着学前儿童年龄的增长，他们的生活环境逐渐变得复杂。生存环境的变化可能有益于他们的心理健康，也可能带来不良影响。

1. 家庭

健全完整的家庭结构、温馨的家庭氛围往往给幼儿带来安全感，有利于心理健康的发展，幼儿通常表现出活泼、开朗、诚实、好学的品质。反之，家庭结构不健全、家庭氛围紧张会给幼儿的身心发展带来负面影响。例如，在离异的家庭，幼儿更容易出现孤僻、自卑、胆怯、冷漠等心理，甚至导致心理变态及问题行为。

2. 托幼机构

托幼机构是学前儿童最早加入的集体教育机构。托幼机构的活动包括生活、学习、游戏、运动，适宜而有趣的活动以及游戏化的学习方式有益于学前儿童身心发展。托幼机构教师的教育思想、教育态度、教学方法和人格特征，对学前儿童心理的健康发展也有重要影响。

3. 社会环境

现代社会，单元房或高层住宅在优化社会环境的同时，缩减了幼儿的活动空间和与同伴交往的机会，长期生活在单元楼房内的幼儿，更容易形成孤僻、脆弱的心理。此外，学前儿童每日接触屏幕的时间越来越长，由于幼儿在使用屏幕时往往是被动接收信息，缺少主动交流，容易产生沉默、退缩、自私等不良心理特征。

在学前儿童心理发展的过程中，生物因素是个体心理发展的基本因素，社会因素通过心理因素来实现，它们错综复杂地交织在一起，相互影响，相互制约。因此，在对学前儿童进行心理健康教育时，必须充分考虑各种因素的作用，采取合理有效的措施促进其心理健康的发展。

三、学前儿童心理健康教育的意义

（一）心理健康教育是应对幼儿心理和行为问题的现实诉求

联合国儿童基金会发布的《2021年世界儿童状况》报告显示，在18岁以下人群中，心理健康问题呈逐步上升的趋势[1]。近年来，疫情肆虐，停课、停工、隔离等措施影响了全球人群的心理健康，对儿童的影响尤为明显。我国最新调查数据显示，儿童青少年整体心理障碍流行率为17.5%，其中注意缺陷多动障碍占6.4%、焦虑障碍为4.7%、对立违抗障碍为3.6%、重性抑郁症为2.0%[2]，这些是儿童青少年中最常见的心理健康问题，揭示了我国儿童青少年正面临着严峻的心理健康挑战。对于学前儿童，心理健康教育需要更多心理健康技术、资源和政策的投入，教育者应引起重视并做好应对。

---

[1]　UNICEF. An open letter to the world's children[EB/OL]. (2022-03-12)[2025-04-22]. https://www.unicef.cn/open-letter-to-worlds-children♯mentalhealth.

[2]　静进. 当前儿童青少年心理健康状况解读与对策建议[J]. 中国学校卫生,2023,44(2):161-166.

（二）心理健康教育是幼儿心理发展的实际需求

学前儿童处在心理发展的关键时期，他们具有巨大的发展潜力与可塑性。然而，受到自我控制能力、调节水平较低以及自我意识还处于萌芽状态等因素的影响，学前儿童容易受外界因素干扰形成不健康的心理，如儿童焦虑症、注意力缺陷等。幼儿的心理健康与否，对未来认知、情感、个性的发展以及社会适应能力有重要影响。家庭和托幼机构是学前儿童生活、学习的主要场所，为学前儿童提供适宜的生活环境和教育，有助于其良好心理品质、健全人格及良好社会适应能力的形成。

（三）心理健康教育是现代社会对人才素质的迫切需求

随着我国社会经济高速发展，现代社会对人才的要求不断提高，传统的应试教育观念也随之发生了转变，从片面追求升学，转向鼓励学生"德智体美劳"全面发展。与此同时，教育部门对学生的心理健康状态也高度关注。学前儿童身心发展尚未成熟，在面对学习以及生活中出现的各种困难与挑战时难以独立应对，可能会出现焦虑、暴躁、抑郁等消极状态，如果没有得到成人的及时关注和处理，可能会引发心理问题，导致无法适应社会生活。这要求成人从小培养幼儿具有积极乐观的心态以及较强的心理耐受力，在与他人交往时能够具有竞争、合作、应变、创新的意识和能力。

总之，学前儿童心理健康教育不但是幼儿心理问题的现实诉求，更是现代社会对人才素质的迫切需求。作为教育工作者，应该掌握学前儿童心理健康教育的相关知识，为学前儿童身心健康发展提供支持和帮助。

任务 2
设计与实施学前儿童心理健康教育活动

任务目标

1. 理解学前儿童心理健康教育的目标和内容。
2. 掌握学前儿童心理健康教育的设计与实施。

任务情境

　　"六一"儿童节，小荷花幼儿园组织了一场亲子运动会，爸爸妈妈们带领幼儿参加了许多有趣的亲子运动项目，幼儿园里充满了欢笑声。可是，张老师也听到了一些不愉快的声音：小一班的豆豆没能拿到运动达人小贴纸，正在和妈妈发脾气；中三班的元宝不敢参加独木桥项目，受到了班级幼儿的嘲笑，委屈地躲在爸爸怀里哭鼻子；大一班的果果因为输了跑步比赛，恼羞成怒，不愿意继续参加运动会……

　　张老师为幼儿在活动中缺乏自信、难以调整情绪的表现感到担忧，决定在幼儿园开展一些提高幼儿心理素质，促进幼儿心理健康的活动。

　　请思考：学前儿童心理健康教育的目标是什么？包括哪些内容？通过哪些途径开展更加科学有效？

任务支持

一、学前儿童心理健康教育的目标

　　依据《幼儿园教育指导纲要（试行）》及《3—6岁儿童学习与发展指南》，学前儿童心理健康教育的总目标为促进学前儿童身心及社会适应方面良好发展，促使学前儿童拥有健康的体魄、愉快的情绪、协调的动作、良好的生活习惯和基本生活能力，培养学前儿童积极、乐观、向上的心理品质和健全的人格，保障学前儿童心理健康的发展[1]。具体而言，学前儿童心理健康教育的目标包括如下六条[2]。

　　（1）具有良好的自我意识，能够积极地进行自我调控，具有承受挫折、适应环境的能力。

　　（2）有自信心，有一定的独立性和坚持性。

　　（3）保持积极、乐观、开朗的性格。

　　（4）时常有积极的情绪情感体验，具有良好的情绪管理和调节能力。

　　（5）有一定的交往能力和关爱他人的品格。不仅学会关心自己、爱护自己，更要同情他人，关心和

---

[1]　苟增强. 学前儿童健康教育[M]. 武汉：华中师范大学出版社，2014：48.
[2]　饶淑园. 幼儿心理健康教育与指导[M]. 北京：高等教育出版社，2015：14.

帮助他人,特别是关心父母、教师和同伴。

(6)有广泛的兴趣,充满好奇心,具有求知欲和创造能力。

二、学前儿童心理健康教育的内容

学前儿童心理健康教育的内容是教育目标的具体化,为实现学前儿童心理健康教育的目标服务。心理健康教育内容的选择,一方面要考虑学前儿童心理健康教育的目标,另一方面要考虑学前儿童心理发展水平以及心理健康状况。具体来说,主要包括情感表达与情绪管理、社会交往技能、良好的人格特征与合适的性教育。

(一)学习情感表达与情绪管理的方法

微课

情绪小怪兽
变形记

情绪管理包括情绪表达、情绪控制以及情绪调节。引导学前儿童用适宜的方式表达自己的情感,抑制某些消极情绪,以及将消极情绪进行转化是学前儿童心理健康发展的重要方面。教师在幼儿园可以通过儿歌、故事、表演等形式带领幼儿学会以适宜的方式表达自己的情绪。例如,通过讲绘本故事《啊——我生气了》帮助幼儿了解当自己非常生气时,可以使用"从 1 数到 10"的方法缓解消极情绪,并在学习、生活中尝试运用这种方法,进而掌握情绪调节的技能。

(二)学习社会交往技能

在社会环境中,幼儿需要学习如何与他人互动以更好地适应社会生活。在社会交往中,能感知和理解他人,能与他人互助、合作与分享是基础。

1. 感知和理解他人

帮助学前儿童感知和理解他人的情感有助于增进幼儿的社会交往技能。在日常生活学习中,要鼓励学前儿童积极参加集体活动,体验与同伴活动的乐趣,在活动中引导幼儿感知与理解自己及他人的情感,并做出适宜的回应,初步学会人际交往技能。

2. 互助、合作与分享

在幼儿园一日生活中,教师可利用自主性游戏、区角活动、户外游戏等机会观察幼儿在同伴交往中的表现,了解班级幼儿社会交往现状,并根据幼儿的表现来设计活动,以促进幼儿互助、合作与分享等行为的出现。

案例 6-1

户外游戏的时候,孩子们在玩角色扮演的游戏。扮演警官的小王接到了希希的报案。小王警官接到报案后,立马就出警了。

"贝贝,你为什么偷东西?"小王警官到达案发地点后马上展开了调查。"我没偷,我没偷!"贝贝坚决否认自己"偷"了东西。

"你就偷了!你就偷了!你偷了迪士尼的皇冠!"希希一手叉腰,一手指着贝贝。"她就是小偷,警察同志,赶紧把她抓起来吧!"小王警官听到后点了点头。"贝贝,你是小偷,跟我走一趟吧!"贝贝见警察要把她带走,哇的一声哭了起来。这一哭可把希希和小王警官吓得不知所措了。

哭声把迪士尼的员工也吸引了过来。原来,今天迪士尼的老板同意希希也来当公主,可是公主皇冠只有一个,这才导致希希报警。一旁的小伙伴出主意:"希希,你可以和贝贝分享呀!""我才不要呢,今天是我当公主的"

这时,小妞取下了自己头上的皇冠,对贝贝说:"贝贝,你别哭了,我把我妈妈给我买的皇冠借给你,我们去美甲店玩吧!"贝贝擦干眼泪,和小妞去美甲店玩了起来。

游戏结束后,沈老师将这个游戏情境改编成情景故事,组织班级中的幼儿讨论:"如果只有一顶皇冠,怎么办?"并引导幼儿提出解决方案,如轮流戴、一起装饰新皇冠,用其他物品替代等。

（三）培养良好的人格特征

良好的人格特征是学前儿童心理健康的体现,表现在积极乐观、热情勇敢、意志坚强、自信独立。教师在幼儿日常生活、学习中要注意培养其对人、对事乐观向上的态度;遇到挫折能主动调整心态,想办法解决问题;坚持养成良好的生活、学习习惯;能适应环境的变化;喜欢自己并且对自己充满信心。

下文中"自制滑梯"的案例,体现出教师为幼儿创设开放、自主的环境,幼儿在探索与解决问题的过程中形成了乐观、勇敢、合作等良好的人格特征。

案例 6-2

就地取材——自制滑梯[①]

户外自主游戏时间到了,幼儿争先恐后地跑到运动场上。最近一段时间,他们特别喜欢使用可移动材料,用自己喜欢的方式进行游戏和探索。在游戏之前,欣欣、浩浩和其他几个幼儿已经通过小组讨论,提前做了游戏计划书,他们今天要玩一个叫"滑滑梯"的游戏。

片段一:创意组合,挑战搭建滑梯

欣欣、浩浩和同伴们提出想玩滑梯。

欣欣:"我要去拿平衡凳,小伙伴们一起来帮我搬。"

浩浩:"那我去拿个垫子还有轮胎,谁来帮帮我?"

大家开始分头行动,他们找来两个高低平衡凳、一块垫子、一个轮胎进行组合搭建,玩起了滑梯(图 6-1)。不料,由于垫子下半段没有支撑物,欣欣滑下去时垫子塌陷,跌在了地上,随即哈哈大笑起来(图 6-2)。

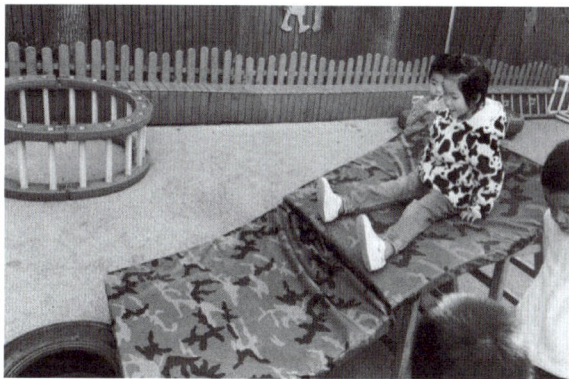

图 6-1　欣欣玩滑梯　　　　　　　　　　图 6-2　垫子塌陷

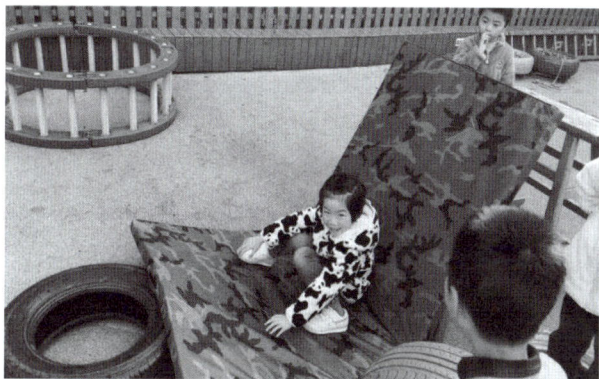

片段二:搭建滑梯时的"矛盾"

欣欣和在一旁观察的浩浩同时找到了滑梯搭建失败的原因。"我要用这个轮胎。"浩浩立马从旁边搬来了一个黄色轮胎。欣欣也搬来了一个绿色轮胎。两个人都想把轮胎放置在垫子下方(图 6-3),但欣欣抢先一步把轮胎放好了,浩浩只能把他拿来的黄色轮胎放回原处。幼儿对滑梯重新进行了组合搭建(图 6-4)。

---

① 案例提供:上海市宝山区盘古幼儿园　陆艳

图 6-3　材料选择分歧

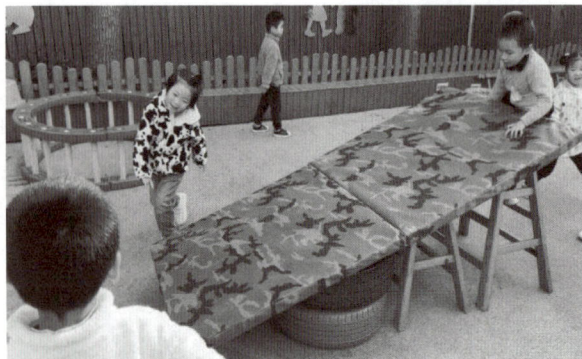

图 6-4　重新组合搭建滑梯

片段三：齐心协力解决新问题

很快，欣欣通过观察又发现了滑梯坡度低的问题。她踩了踩绿色的轮胎，对着浩浩说："你可以把红色轮胎放在这个绿色轮胎上面。"两个人开始合力搬动红色轮胎，由于红色轮胎比较大，有一定重量，一旁的——和瑞瑞也跑来主动帮忙搬轮胎（图 6-5）。在小伙伴们的帮助下，滑梯再一次组合搭建起来（图 6-6）。

图 6-5　合作搬轮胎

图 6-6　再一次组合搭建滑梯

案例分析：

从片段中，可以观察到欣欣、瑞瑞和浩浩一致建议在滑梯前方增加一个轮胎，防止人从滑梯滑下来摔在地上，说明幼儿具备自我保护能力。在增加轮胎的"争执"中，浩浩善于听取他人建议，和欣欣在遇到不同看法时能倾听和接受别人的意见，并说出自己不同的看法。

活动中幼儿始终保持愉悦的心情，学会了思考、探索、发现，并学会联系已有经验，独立解决问题，最终成功解决问题。

幼儿最后有序排队玩起了滑梯游戏，这一行为说明大班幼儿已具有一定的规则意识和能力。这些意识和能力，也恰恰是其日后学习必需的意识和能力。

（四）获得合适的性教育

学前儿童性教育的目的是让幼儿了解自己和他人的身体差异，树立正确的性别观念和道德观念，初步了解家庭成员的性别角色，学会保护自己的隐私和安全，预防受到性伤害。对学前儿童进行合适的性教育主要包括以下三个方面。

1. 认识自己和他人的身体差异

引导幼儿认识不同性别的人和动物,如爸爸和妈妈、公鸡和母鸡等,并向他们解释不同性别的外貌和行为特征。还可以教幼儿学会区分男孩和女孩及其不同的身体结构等基础知识。

2. 树立正确的性别观念和道德观念

成人可以向幼儿讲述或展示一些关于性别平等、尊重、合作、友爱等方面的故事,让其明白男孩和女孩是平等的,都有自己的优点和缺点,都应该互相尊重和帮助,不要歧视或欺负对方。用简单易懂的语言向幼儿解释什么是两性关系。

3. 学会保护自己的隐私和安全

向幼儿演示一些保护自己隐私和安全的方法,如不要让陌生人或不熟悉的人摸自己的身体,不要随便看别人的身体或让别人看自己的身体,不要跟陌生人或不熟悉的人单独去偏僻或危险的地方,遇到危险时要大声呼救或找大人帮忙等,让幼儿学会保护自己的身体,预防受到伤害。

三、学前儿童心理健康教育活动的设计与实施

(一)学前儿童心理健康教育活动的设计

教师在设计心理健康教育活动前,需先了解幼儿的需求,再确定活动目标,明确活动方法,做好物质与经验准备,设计活动过程等。

1. 了解幼儿的需求

为保证心理健康教育活动具有实效,教师需对幼儿的实际心理需求有充分的了解,因材施教,有的放矢。学前儿童心理健康发展的需求在某一年龄阶段存在规律性和普遍性,教师可以通过研究儿童发展心理学等相关资料来分析确定,也可以参考一些现成的优秀活动案例。此外,幼儿的心理健康发展受到自身和环境等多方面因素影响,有一定的差异性,需要教师根据本班幼儿的实际需求来设计心理健康教育活动。例如,本班幼儿或某些特殊幼儿群体,因遇到特殊事件的压力而需要解除困境,教师可以进行实地调查,收集有关信息。调查对象可以包括幼儿、家长及有关的社会机构等,调查方法可以是访谈法、问卷法、座谈会等形式。

2. 确定活动目标

活动目标是学前儿童健康教育总体目标的具体化,也是实施心理健康教育活动时在操作层面上的具体要求。活动目标需用规范、明确的语言表述,同时要注意以下四个方面:第一,活动目标应陈述全面的"三维目标",包括知识与技能、过程与方法以及情感态度与价值观;第二,活动目标应该陈述幼儿学习的结果,而不是幼儿学习的内容和教师做了什么,如"学会用恰当的方式表达自己的情绪",而不是"教幼儿用恰当的方式表达自己的情绪",即目标的主体是幼儿;第三,活动目标应当是明确、具体、可以观察和测量的行为,尽量避免使用含糊和过于宽泛的语言陈述;第四,活动目标要符合学前儿童年龄特征,并考虑到幼儿的实际情况和个别差异。

3. 明确活动方法

学前儿童心理健康教育活动的方法有很多,如游戏模拟法、随机教育法、讨论评议法、环境教育法等。教师在确定活动方法时,要综合考虑学前儿童的身心状况、活动目标、活动内容、活动的时间、地点以及场地等多种因素,灵活运用多种活动方法,根据具体情况和需求,将这些方法互相配合、协调一致,使它们能够共同发挥作用,从而更有效地实现心理健康教育活动的目标。

4. 做好活动准备

做好全面充分的准备,是学前儿童心理健康教育活动成功的基础。充分的准备应当体现在各个方面,包括教师的准备、幼儿的准备、环境资源的准备等。教师的准备包括对教育活动的内容、方法、途径进行选择,根据活动需要准备相应的物质材料以及对活动中的变化做好心理准备。幼儿的准备包括知识、能力和心理准备,即幼儿的经验准备,做好这些准备将有助于其在教育过程中集中注意力,保持强烈

的学习兴趣和探究的愿望。环境资源的准备包括环境的创设和物质资源的准备两方面。不同主题、不同内容的心理健康教育活动对于环境资源的需求不完全一样,应根据实际情况对活动所需的场地、现代教育设备、影视和录音材料、教具、玩具等做好准备。

5. 设计活动过程

活动过程是活动设计的主要部分,它规定了活动的具体步骤和实施程序。活动过程要符合学前儿童的认知发展规律,环环相扣、循序渐进,要做到既完整又系统。学前儿童心理健康教育活动的过程一般由"导入部分""基本部分""结束部分"构成。教师在活动过程中要考虑活动流程的先后顺序,使教育活动层层深入;要考虑何时且如何提问,以启发学前儿童思考;要考虑活动环节与目标的关系,使幼儿已有的经验获得提升。然而,在实际活动过程中会出现意料之外的问题和新的教育机会,教师要注意把握预设与生成的关系,不但要关注是否达成既定目标,也要灵活应对各种可能出现的变化,同时要能敏锐地发现新的、有价值的教育契机。

以上五个环节要注意紧扣活动目标,方能有效运行,获取理想的活动效果。此外,这五个环节只是学前儿童心理健康教育活动的基本环节,可根据不同类型、不同内容的心理健康教育活动的具体活动目标与内容进行调整。

(二)学前儿童心理健康教育的实施

1. 专门的心理健康课程

专门的心理健康课程是指根据社会发展需要和学前儿童身心发展的特点,有目的、有计划地引导学前儿童自主参与一系列活动,从而促进其心理健康发展的所有活动的总和。幼儿园心理健康教育既能够以集体的形式进行,也能够通过小组、个人的形式进行。由于学前儿童认知能力有限,年龄特点差异较大,教师需要根据不同年龄段幼儿心理发展特点以及幼儿心理健康教育的目标和内容,并结合当下面临的实际问题,采用多种方式和手段为幼儿讲解不易理解的心理健康常识。幼儿园心理健康教育重视幼儿直接经验的获得和在实践中的运用,让幼儿通过亲身感受、自主操作,在生活中运用情绪情感表达、人际交往等技能,帮助幼儿形成良好的人格品质。

例如,苗苗班教师以绘本《我的情绪小怪兽》为载体,设计了一系列符合托、小班幼儿认知特点的活动,让幼儿在色彩、游戏和互动中自然而然地认识情绪、管理情绪。该案例展示了如何通过专门的心理健康课程,将心理健康教育融入幼儿的生活,促进其情绪认知与社会性发展,具体内容请扫码观看。

实践案例

苗苗班健康
领域班本活动
方案

2. 全面渗透的心理健康教育

著名教育家陈鹤琴指出:"儿童离不开生活,生活离不开健康教育,儿童生活是丰富多彩的,健康教育应把握时机。"[1]学前儿童在幼儿园一日生活的各个环节都蕴含着丰富的教育内容:既包括德育、智育内容,也包括心理健康教育内容;既包含兴趣和情感的成分,又包含意志和个性的成分。幼儿园的一日生活是幼儿心理健康教育不可忽视的重要资源。教师科学、合理地安排和组织好学前儿童的一日生活,不仅有利于幼儿形成相对稳定的生活秩序,也可以满足幼儿的心理需要,培养幼儿的独立性、自我管理能力及形成良好的生活习惯。教师要善于挖掘和运用蕴含在一日生活中的心理健康教育因素,将心理健康教育有机地融合到幼儿教育的全过程,使一日生活的各个环节和教育工作的方方面面都体现出对幼儿心理健康的关注,并引导幼儿把积极的态度、情感落实在自己的实践活动上,真正形成健康的行为。

3. 家园共育

家庭和幼儿园是学前儿童生活、学习的主要场所,也是影响幼儿心理健康的重要社会因素。这两个因素就像一车两轮,只有同方向、同步调地前行,才能为学前儿童的身心健康发展创造良好的条件。一般而言,幼儿园具有幼儿心理健康教育的专业知识以及更丰富的教育资源,可以通过多种形式向家长宣传幼儿心理健康教育的重要性以及心理健康教育的途径,帮助家长树立科学的教育观念,掌握心理健康常识。例如,在召开家长会时渗透心理健康的内容,开设心理健康教育宣传栏,开展心理健康教育讲

---

① 张乃丹,莫群,满孝平.学前儿童健康教育[M].镇江:江苏大学出版社,2018:192.

座等。

学前儿童心理健康教育是家庭和幼儿园通力合作的结果,两者必须科学、有机地合作,才能保证学前儿童的心理健康教育行之有效。

以下案例"情绪游戏"通过简单易行的亲子游戏,帮助家长在日常生活中自然渗透情绪教育,让幼儿在温馨的互动中认识情绪、表达情绪。该案例展示了如何借助绘本和游戏材料,搭建家园共育的桥梁,使专业的心理健康教育在家庭场景中落地生根。

案例 6-3

情绪游戏①

【游戏目标】

1. 通过亲子阅读,引导宝宝认识一些基本情绪和对应表情,提高宝宝的情绪认知能力。

2. 引导家长与宝宝共同进行情绪小游戏,增进亲子情感。

【游戏准备】

情绪绘本《脸,脸,各种各样的脸》,情绪纸杯娃娃(图6-7)。

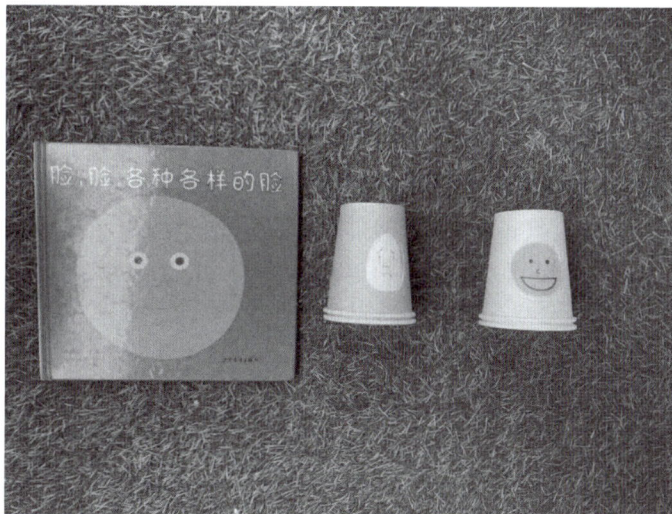

图 6-7 《脸,脸,各种各样的脸》及纸杯

【游戏玩法】

1. 家长和宝宝一起阅读《脸,脸,各种各样的脸》,引导宝宝说出对应表情的名称。

2. 家长和宝宝一起随意翻阅绘本玩表情模仿的游戏,鼓励宝宝一起做做绘本里不同的表情,可用装扮法进行引导,并尽量仿用绘本里的语句来提问。如翻开页面,逐页提问:"哈哈哈,笑的脸怎么做?""呜呜呜,哭的脸怎么做?"等。

3. 亲子一起玩情绪纸杯娃娃,转一转,玩一玩,引导宝宝说一说"娃娃很高兴""娃娃生气了"等。

【观察要点】

1. 宝宝在和家长互动时对表情的模仿情况如何?

2. 宝宝参与情绪纸杯游戏时的兴趣如何?

---

① 案例提供:上海市实验幼儿园

（三）进行学前儿童心理健康教育应注意的问题

1. 提升成人自身的心理素养

在快节奏、高压力的大环境下，人们的生活质量受到了极大影响，与此同时，心理健康问题也越来越成为我们无法忽视的问题。教师群体，尤其是幼儿教师群体，面临着职业倦怠、焦虑等心理隐患。而家长和教师的心理健康，直接影响幼儿的心理健康。成人与他人相处的方式、对待事物的态度，甚至走路的姿态和说话的语调等，都能成为幼儿行为习惯的模仿对象。因此，成人自身心理素质的提高，是幼儿心理健康发展的重要保证。幼儿园教师在工作中承受着一定的压力，要尽可能调整好自己的情绪，合理排解工作和生活的压力，以积极、乐观的态度面对幼儿，让幼儿在轻松、愉悦的氛围中学习与生活。应避免在幼儿面前宣泄不良情绪，这样不但会影响幼儿的情绪情感，还可能会导致其模仿错误的情绪处理方式，不利于身心健康。

2. 善于观察，及时疏导

在 3 岁以后，幼儿能够更好地理解自己和他人的情感，并掌握一定的情感表达技能。这时，幼儿可能会将外露的情绪隐藏，例如，伤心时忍住不哭出来。然而，幼儿情绪调节能力有限，语言表达能力不足，如果无法合理排解消极情绪，会影响精神状态和心理健康。这就需要教师善于观察幼儿的个性特点，能够发现幼儿的反常表现，并及时帮助其疏导负面情绪。如果幼儿采用错误的方式发泄情绪，如打人、踢东西，教师要注意理解其消极情绪，这是很正常的表现，然后通过拥抱、聊天、讲故事等方式帮助其调整心态，并引导其通过合理的方式宣泄情绪。

3. 师生平等，尊重幼儿

幼儿虽然年龄小，但在人格上和教师是平等的，教师与幼儿之间不再是传统上不可逾越的"上下级"关系。和谐的师幼关系建立在教师发自内心地关心、爱护幼儿的基础上，只有这样，幼儿才会从心理上真正地接受教师的教育。这种平等、和谐、融洽的师幼关系有助于促进幼儿心理健康发展。同时，教师对幼儿的尊重应当落实在教育实践中。例如，当有幼儿过于活泼好动，教师观察到异常后，应当及时联系家长，真诚而委婉地说明情况，提醒家长及时带幼儿做专业检查。不要妄下结论，当着他人的面指责幼儿有"多动症"，这可能会对幼儿的心灵造成伤害，影响其社会性发展。

4. 正确看待幼儿个体差异

受遗传、成长发育、生活环境等因素的影响，不同年龄阶段的学前儿童之间存在差异，同一年龄阶段的不同幼儿之间也有差异。随着年龄增长，学前儿童逐渐表现出明显的个性倾向，这是学前儿童心理发展的自然规律。幼儿园教师既要准确把握幼儿发展的阶段特征，又要充分尊重幼儿发展连续性进程上的个别差异，支持和引导幼儿在原有水平上向更高的目标发展。不要因幼儿个性有差异而表现出对一部分幼儿偏爱，更不要因此认为某些幼儿发展不正常。例如，因为气质的差异，有的幼儿热情而暴躁，有的活泼而好动，有的沉静而迟缓，有的敏感而细腻，这些都是正常的心理特征。教师不要因为幼儿较为活泼就认为其"调皮""多动"，并表现出不耐烦的态度，也不要因为幼儿略显迟缓而认定其"笨""不灵活"。教师给幼儿贴上的负面标签对其自我评价影响极大，因此教师要正确看待幼儿个体差异，因材施教，公平公正地对待每一名幼儿。

任务 3
识别与处理学前儿童常见心理障碍和行为问题

任务目标

1. 了解学前儿童常见心理障碍与行为问题的表现。
2. 理解并掌握常见心理障碍与行为问题的矫治方法。

任务情境

　　豪豪从进托班开始,就有一个习惯——咬手。眼看着小班都快上完了,豪豪不但没有改掉这个习惯,反而越咬越起劲:上课的时候咬,午睡的时候咬,甚至吃饭吃到一半就改成了"吃手"。张老师和豪豪的父母经常沟通这个问题,豪豪的父母也显得非常无奈。

　　"老师,我们在家里什么方法都试过了,又是涂苦瓜水,又是包创可贴,甚至还用过辣椒水,但他就是改不掉这个坏习惯!我们可怎么办啊?"豪豪的妈妈直叹气。

　　据张老师观察,班级里有不少幼儿都有过咬手的经历,而咬手指有许多危害,如引起甲沟炎、甲床受损、细菌感染等。请思考:对于学前儿童在幼儿园里常见的心理障碍与行为问题,有什么好的解决办法呢?

任务支持

一、学前儿童常见心理障碍与行为问题的表现

(一)孤独症

1. 孤独症的概念

孤独症又称自闭症,是发病于婴幼儿时期的精神发育障碍性疾病,以社会交往障碍、交流障碍、活动内容和兴趣局限、刻板重复的行为方式为基本特征,多数患儿伴有不同程度的精神发育迟滞。儿童孤独症通常发生在 3 岁之前,有的幼儿在一两岁时看起来很正常,到 3 岁左右才发现有异常表现。

2. 幼儿孤独症的表现

幼儿孤独症主要表现在三个方面。一是社会交往障碍,此类幼儿缺乏社会交往方面的兴趣和反应,不与他人眼神对视,不关注外界事物,极少通过玩具进行象征性的游戏活动。二是语言交流障碍,此类幼儿语言发育迟缓,并伴有特殊形式的语言障碍,如不会使用语言表达,也不会用手势与他人沟通。此外,这类幼儿的语言理解能力往往也是受损的,如听不懂指令,对别人的话也缺乏反应等。三是兴趣狭隘和重复刻板的行为,此类幼儿会极度专注于某些物件,或因对特定外形的物体特别喜好而一直保持专注状态。如果强行改变他们的重复刻板动作或姿势,幼儿会出现明显的烦躁和不安。除了以上三方面

的主要表现,孤独症儿童还伴有情绪障碍、攻击或自伤的行为,也有极个别的孤独症儿童发展出某种非常突出的孤岛才能[①]。

必须通过早发现、早干预、早矫治,才能帮助患有孤独症的幼儿缩短与普通幼儿的差距,使他们能早日适应社会,融入正常的社会生活。

知识拓展

《精神疾病的诊断和统计手册》(DSM-5)有关儿童孤独症的识别与诊断

1. 在各种情景下持续存在的社会交流和社会交往缺陷,不能用一般的发育迟缓解释,需符合以下3项:

(1)社会-情感互动缺陷:轻者表现为异常的社交接触和不能进行来回对话;中度者表现为缺乏分享兴趣、情绪和情感,社交应答减少;重者完全不能发起社会交往。

(2)用于社会交往的非语言交流行为缺陷:轻者表现为言语和非言语交流整合困难;中度者表现为目光接触和肢体语言异常,或在理解和使用非语言交流方面存在缺陷;重者完全缺乏面部表情和手势。

(3)建立和维持与其发育水平相符的人际关系缺陷(与抚养者关系除外):轻者表现为难以调整自身行为以适应不同社交场景;中度者表现为在玩想象性游戏和结交朋友上存在困难;重者明显对他人没有兴趣。

2. 行为方式、兴趣或活动内容狭隘、重复,至少符合以下2项:

(1)语言、动作或物体运用刻板或重复(如简单刻板动作、回声语言、反复使用物体、怪异语句等)。

(2)过分坚持某些常规及言语或非言语的仪式行为,或对改变过分抵抗(如运动性仪式行为,坚持同样的路线或食物,重复提问,或对细微变化感到极度痛苦)。

(3)高度狭隘、固定的兴趣,其在强度和关注度上异常(如对不寻常的物品强烈依恋或沉迷,过度局限或持续的兴趣)。

3. 症状必须在儿童早期出现。

4. 相关症状导致了患者在社交或其他重要领域的显著的功能损害。

(二)注意缺陷多动障碍

1. 注意缺陷多动障碍的概念

注意缺陷多动障碍又称儿童多动症,是一种常发生于儿童时期的神经发育障碍性疾病。它是指智力正常或接近正常的幼儿,表现出注意力明显不能集中,不分场合地过度活动,情绪冲动,伴有认知障碍和学习困难的一种综合征。

2. 幼儿注意缺陷多动障碍的表现

注意缺陷多动障碍在幼儿心理行为疾病中很常见,一般在6岁前起病,7岁前表现出来,6~10岁为发病的高峰期,主要症状为注意缺陷、多动、冲动,表现为活动过多、注意力不集中、任性、学习困难和问题行为。需要特别注意的是,要将幼儿多动症的行为表现和幼儿好奇心强、爱表现、粗心、急躁的个性特点与行为区分开来,不能轻易给学前儿童贴上"多动症"这一标签。幼儿园教师在一日活动中很容易发现某些幼儿具有多动倾向,务必及时提醒家长进行关注,必要时带幼儿去专业部门进行诊断,给予适当的干预与矫治。

---

① 饶淑园.幼儿心理健康教育与指导[M].北京:高等教育出版社,2015:14.

📚 **知识拓展**

　　儿童注意缺陷多动障碍的诊断需结合临床表现、发育史、量表评估及排除其他疾病,遵循标准化诊断标准。以下是美国《精神疾病诊断与统计手册(第五版)》(DSM-5)对儿童注意缺陷多动障碍诊断的核心要点(适用于儿童和青少年),需存在以下两类症状(注意力不集中、多动-冲动)中的至少一类,且症状数量达到诊断阈值。

　　1. 注意力不集中(≥6项,持续>6个月)

　　(1) 经常无法仔细注意细节,或在作业、活动中犯粗心错误(如计算错误、漏看题目)。

　　(2) 在任务或活动中难以维持注意力(如听课、做作业时容易分心)。

　　(3) 当别人对其直接讲话时,经常似乎没在听(如心不在焉)。

　　(4) 无法按指示完成任务(如学业、家务,非因对抗或不理解)。

　　(5) 难以组织任务和活动(如整理书包、规划作业步骤)。

　　(6) 逃避、不喜欢或不愿从事需要持续注意力的任务(如写作业、阅读),经常丢失任务或活动所需物品(如文具、课本、玩具)。

　　(7) 容易被外界无关刺激分心(如声音、他人活动)。

　　(8) 日常生活中经常忘事(如忘记传递消息)。

　　2. 多动—冲动(≥6项,持续>6个月)

　　(1) 经常坐不住,在座位上扭来扭去或离开座位(在需要久坐的场合,如课堂)。

　　(2) 在教室或其他要求保持安静的场合,经常擅自离座(如上课时频繁走动)。

　　(3) 经常在不适当的场合奔跑、攀爬或过度活动(如安静的博物馆内喧闹跑动)。

　　(4) 难以安静地参与休闲活动(如无法安静玩积木、看书)。

　　(5) 经常"忙个不停",或像被马达驱动一样(如不停地说话、小动作多)。

　　(6) 经常话多,打断或干扰他人(如别人说话时插嘴、打断游戏)。

　　(7) 在问题未说完时便急于回答(如老师提问未结束就抢答)。

　　(8) 难以等待轮到自己(如排队时插队、打断别人交谈)。

(三) 焦虑症

1. 焦虑症的概念

　　幼儿在预感到危险或不幸时,会产生强烈的负面情绪和紧张的身体症状,如烦躁、哭闹、不与人交流等,这就是一种焦虑的状态。幼儿焦虑症是非常常见的情绪障碍,是一种以恐惧不安为主的情绪体验,主要与心理、社会因素及遗传因素有关。

2. 幼儿焦虑症的表现

　　幼儿焦虑症的表现可分为两种。一种是分离性焦虑,是因为与亲人或最喜欢的事物分离而引起的一种焦虑障碍。有分离性焦虑的幼儿,会害怕新的环境。为了避免分离,他们会哭泣、尖叫,或者述说肚子疼、头疼等。在分离焦虑阶段,幼儿会表现出与父母寸步不离,不愿一个人待在房间里,晚上一定要和父母睡等异常行为。另一种表现为常出现恐惧、害怕、强迫性行为,这种焦虑或恐惧往往没有明确的指向。有一些焦虑是幼儿正常发展的一部分,例如,幼儿担心妈妈不能准时来幼儿园接自己回家。如果幼儿在一天的大部分时间以及在没有任何预兆的情况下,对很多事情和活动有着不能自控的过度焦虑和担心,并且无法缓解,有时还伴有肌肉紧张、入睡困难、精神不振等症状,那么这种情况家长及教师必须及时介入。有焦虑障碍的幼儿在生理、认知和行为方面会有不同的反应(表6-2),所造成的不良影响可能会延续到青春期和成年期。

▶ 微课

分离焦虑
急救包

表 6-2 儿童焦虑障碍的症状[1]

生理系统			认知系统			行为系统		
心率加快	眩晕	脸红	被惊吓或遭受伤害的想法	觉得没能力或能力不足	身体受到伤害的想法	回避	嘴唇颤抖	回避目光接触
疲劳	视力模糊	呕吐	鬼怪或野兽的想象或想法	注意集中困难	有关伤害到自己所爱的人的想象	哭泣或尖叫	吞咽	身体接近
呼吸加快	口干	肢体麻木	自我批评或自我贬低的想法	头脑空白或健忘	觉得要发疯了	咬指甲	不能动	咬紧牙关
恶心	肌肉紧张	出汗	觉得很愚蠢	觉得受到了污染	—	声音发抖	抽动	烦躁
胃部不适	心悸	—	—	—	—	结巴	吮吸手指	—

(四) 幼儿常见的不良习惯

幼儿不良习惯是指在幼儿发育过程中出现的异常行为,如吸吮手指、咬指甲、习惯性阴部摩擦、倔强、依赖行为、退缩行为等。这类行为多次重复,以致难以纠正,成为一种缺少控制的自动反应。一般而言,不良行为习惯往往随着年龄的增长或环境的变化而逐渐消失,但不良习惯的养成往往影响学前儿童心理的健康发展,应当引起成人足够的重视。幼儿园里常见的学前儿童不良习惯主要有以下三种。

1. 吸吮手指

吸吮是人类的一种反射动作。据儿童心理学的研究,胎儿在母体子宫内就有了吸吮手指的行为。刚出生的婴儿,用任何物体触碰其嘴唇,都会引起吸吮反射。婴儿早期由于吸吮反射的存在,可能有吸吮手指的行为,这属于正常的生理现象。到了 2~3 岁,随着幼儿动作和语言能力的发展,吸吮手指的现象逐渐消失。如果超过这一年龄,幼儿依然自主或不自主地反复吸吮手指,则视为异常。

幼儿吸吮手指主要是出于其自我安抚的需要,以及婴儿期不适当的教养方法所致。习惯性地吸吮手指会受到同伴和成人的非议,引发消化道或肠道寄生虫病,导致下颌发育不良以及上下牙对合不齐等后果。

2. 咬指甲

咬指甲可能在儿童期的任一阶段发生,学龄前阶段发生率较高,随年龄增大,症状可消失,但少数人养成顽习,可能终生难改。有咬指甲习惯的幼儿经常会不由自主地用牙齿将长出的手指甲咬去,有的还咬手指甲周围的表皮或足趾,甚至伴有多动、睡眠不安、吮吸手指、挖鼻孔等多种行为问题。

幼儿咬指甲的行为往往与紧张的心理状态有关。家庭不和、缺乏关爱、父母或教师管教过严、精神高度紧张、孤独寂寞等都会使幼儿产生强烈的心理压力,与咬指甲的习惯形成直接关联。

3. 习惯性阴部摩擦(夹腿综合征)

习惯性阴部摩擦,又称夹腿综合征,是幼儿比较常见的一种不良习惯,主要是指出现摩擦会阴部(外生殖区域)的习惯动作,多见于 1~3 岁的婴幼儿,一般女孩多于男孩。

出现习惯性阴部摩擦的行为有三种原因:一是由于会阴部的刺激,如局部湿疹、炎症、蛲虫感染、包茎引起的包皮炎等导致局部发痒而摩擦,以后在此基础上发展为习惯性动作;二是长辈缺乏卫生与儿童心理知识,有时为逗孩子玩,经常触摸男孩子的生殖器,对孩子玩生殖器也不阻止,使孩子认为玩弄生殖器无关紧要,偶尔产生快感后就会反复去做,从而形成不良习惯;三是与幼儿的心理因素有关,如儿童因为家庭氛围紧张、缺乏父爱母爱等原因,通过自身的刺激来寻求宣泄。

习惯性阴部摩擦一般随着幼儿年龄的增长会逐渐减少,6~7 岁后可消失,极少数幼儿持续到成年。面对幼儿此类行为,家长与教师应给予更多的安抚和关心,切勿大惊小怪或过分紧张恐惧,也不要严格控制和强行禁止,否则反而强化这一不良行为。

---

① 庞建萍,柳倩. 学前儿童健康教育与活动指导[M]. 上海:华东师范大学出版社,2023:195.

二、学前儿童常见心理障碍与行为问题的矫治方法

早发现、早诊断、早治疗对于幼儿的心理障碍与行为问题极其重要。积极有效的干预,有助于促进幼儿心理健康的发展。需要注意的是,学前儿童的心理特点决定了心理障碍与行为问题的矫治方法有一定的特殊性,要根据障碍类别和问题产生的原因,选择合适的矫治方法。常见的矫治方法有以下三种。

(一) 行为治疗

行为治疗也叫行为矫正法,是一种在行为学习理论的基础上通过学习、训练来改变或消除不良行为,并培养适应社会的良好行为的心理治疗方法。行为治疗的核心在于,人类的绝大多数行为无论正常与否,都是通过学习获得的。该方法以巴甫洛夫经典条件反射、斯金纳操作条件反射及班杜拉观察学习理论为基础,着眼于改变幼儿的行为,具有针对性强、易操作、疗程短、见效快等特点。

行为治疗的方法有很多,如强化法、代币法、脱敏法、模仿学习法等。提倡行为治疗法的研究者认为,学前儿童自我概念、认知、情感等方面尚未发展成熟,其行为主要受外在因素的影响,在对幼儿的行为进行矫治时,对其问题行为的分析应以其外在表现为基础,注意采用"非认知性"的行为治疗方法,尽可能少用内部强化系统和改变认知结构来矫正行为问题。例如,一个有攻击性行为倾向的幼儿,无法控制自己的行为,也不会为此而内疚、羞愧,成人想要通过改变幼儿的认知来改变其行为往往收效甚微,通过外控和强化的方式进行矫正效果更好。行为治疗目前在治疗幼儿心理问题上已被广泛运用,成人若能科学地进行实践,并有计划地坚持进行,疗效往往比较显著。

(二) 游戏治疗

游戏是幼儿的基本活动,幼儿在游戏中可以自然地发泄内在的心理冲突以及语言无法表达的情绪情感。游戏治疗是指引导幼儿通过游戏将内在的焦虑外显化,并通过与游戏治疗师的互动增加对自我行为和情绪的认识,增强幼儿面对困难时的信心和能力。当今的游戏治疗已经非常成熟,有非常多的治疗形式,如游戏、音乐、戏剧、舞蹈、运动、沙盘、故事疗法等。游戏治疗既可以进行短期干预,也可以进行长期治疗;既可以在专业的治疗环境中进行,也可以应用在日常的家庭环境里。

在现实生活中,幼儿面临的客观环境无法满足其无拘无束的探索欲望,父母的要求、教师的批评、幼儿园的规则往往使其产生恐惧、挫折、紧张或者焦虑。在游戏治疗的过程中,成人为幼儿创设游戏环境,幼儿不受规则限制,可以去做自己想做的任何事情,游戏中成人不进行评价和判断。对幼儿来说,游戏就是最自然的沟通媒介,也是表达自我情绪、想法的工具。在这种自然的情境中,幼儿能够把真实的自我完全展现出来,尽情发泄心中的各种抑郁,满足自己的各种欲望,释放紧张的情绪。在受过专业训练的治疗师陪伴下,幼儿在现实情境中被压抑的、不能满足的欲望和需求得到了补偿,幼儿的适应力会提升,因而更有能力来回应并解决心理的挫折和创伤,从而减少焦虑和抑郁,逐步地实现自我控制并能较好地适应社会。

游戏治疗适用于幼儿多动障碍、孤独症、攻击性行为、恐惧、焦虑、抑郁、父母离异、亲人死亡、灾难、虐待等造成的心理创伤。游戏治疗师必须受过专业训练,知道如何选择活动材料以及与幼儿保持安全信任的关系,从而使幼儿能用最自然的方式来沟通表达并解决心理的挫折和创伤。美国著名心理治疗师亚瑟兰提出,在实施游戏治疗时治疗者必须遵循以下八项原则[①]。

(1) 治疗师必须与儿童建立温暖、友善的气氛,并尽快建立良好、和谐一致的关系。
(2) 治疗师要接受儿童就是他本身。
(3) 治疗师要在关系上提供宽容的感觉,好让儿童能够完全地表达自己的感受。
(4) 治疗师必须警觉儿童所表达的情绪,并能做出回应,让儿童更加明白自己的行为。

---

① 庞建萍,柳倩.学前儿童健康教育与活动指导[M].上海:华东师范大学出版社,2023:193.

（5）治疗师要相信儿童有解决自己困难的能力，只需为其提供合适的机会，儿童有能力去做决定和改变。

（6）治疗师要跟随儿童的步伐，而非尝试以任何形式指导儿童的行动或对话。

（7）治疗师不用催促治疗的过程，游戏治疗的过程是循序渐进的。

（8）治疗师只规定必要的限制，这些限制是为了使治疗符合真实生活，以及让儿童认识自己在治疗过程中应负的责任。

（三）家庭治疗

家庭治疗是以家庭为对象而施行的心理治疗方法，把家长、幼儿及其他家庭成员当作一个自然单位，协调家庭各成员间的人际关系，通过交流、扮演角色等方式，改变家庭成员之间的交互作用，从而影响个体的变化。家庭治疗的主要观点是，如果把家庭看作一个系统的话，幼儿则是这个系统中的一部分。在这个系统中，幼儿的言行不断影响着周围的人，而幼儿本身也受到家庭其他成员的影响。因此，在进行家庭治疗时，治疗的对象是整个家庭的成员，而不仅仅是幼儿。不能只关注幼儿的行为，也要关注幼儿生活的环境以及父母的言行和教养方式，因为这些因素与幼儿的表现是息息相关的。如果发现幼儿出现退缩行为是因父母过于严厉的教养方式造成的，则要指导父母以更科学的方式养育孩子，使父母能从心理治疗的角度对幼儿施加影响，从而达到改变幼儿行为并能使其持久地保持下去的目的。家庭治疗能够帮助父母认识自己的角色，了解孩子的成长和发展。父母能够梳理好成员之间的责任与关系，健全家庭功能，这对幼儿心理障碍与行为问题的改善有很大的帮助。

作为学前儿童健康教育工作者，掌握以上心理障碍与行为问题的矫治方法非常重要。

模块小结

心理健康对于成长中的学前儿童来说尤为重要，由于学前儿童各器官、各系统尚未发育完善，他们对外界环境及其变化的影响比较敏感，容易受到各种不良因素的伤害。创设有利于学前儿童学习和生活的环境，了解学前儿童健康教育的目标和内容，掌握健康教育的设计与实施方法，将学前儿童的心理障碍、行为问题消灭在萌芽状态，能够促进幼儿认知、情感、社会适应等方面的和谐发展，进而使其成长为一个有益于社会的人。

岗课赛证

一、单选题

1. 婴儿动作发展的正确顺序是（　　）。
   A. 翻身—坐—抬头—站—走
   B. 抬头—翻身—坐—站—走
   C. 翻身—抬头—坐—站—走
   D. 抬头—坐—翻身—站—走

2. 孤独症儿童的典型特征不包括（　　）。
   A. 言语发展迟缓
   B. 对人缺乏兴趣
   C. 胆小怕生
   D. 重复性的刻板行为

3. 明明在幼儿园各种活动中总是无法安静下来，影响到班级活动的正常进行，经过医院诊断，明明患有注意缺陷多动障碍。明明的老师应该（　　）。
   A. 将其交保健医生治疗
   B. 配合医院进行矫治
   C. 要求家长将其带回家
   D. 让其痊愈后再入园

4. 通过家庭治疗干预学前儿童常见的心理障碍与行为问题时,要(　　)。

A. 关注儿童的行为　　　　　　　　B. 关注儿童的生活环境

C. 关注父母的言行及教养方式　　　D. 以上都是

5. 儿童咬指甲的行为通常与(　　)有关。

A. 营养过剩　　　　　　　　　　　B. 紧张的心理状态

C. 缺乏运动　　　　　　　　　　　D. 遗传因素

6.《3—6 岁儿童学习与发展指南》中,5～6 岁幼儿的人际交往目标不包括(　　)。

A. 有自己的好朋友　　　　　　　　B. 遇到冲突时能协商解决

C. 独占玩具不分享　　　　　　　　D. 接受他人的不同意见

7. 学前儿童心理健康教育中,培养"互助、合作与分享"行为的主要目的是(　　)。

A. 提高幼儿的智力水平　　　　　　B. 增强幼儿的社会适应能力

C. 训练幼儿的精细动作技能　　　　D. 减少幼儿的睡眠时间

8. 以下哪种方法适合矫治学前儿童的攻击性行为?(　　)。

A. 严厉惩罚　　　　　　　　　　　B. 行为矫正法(如代币奖励)

C. 忽视不理睬　　　　　　　　　　D. 限制所有游戏活动

9.《3—6 岁儿童学习与发展指南》中提到,4～5 岁幼儿在人际交往中应达到的目标是(　　)。

A. 能独立解决所有冲突　　　　　　B. 对大家都喜欢的东西能轮流、分享

C. 完全不需要成人指导　　　　　　D. 只与固定同伴玩耍

10. 教师发现幼儿在游戏中频繁咬手,正确的处理方式是(　　)。

A. 立即制止并当众批评

B. 涂抹辣椒水强迫其改掉习惯

C. 观察行为诱因,联合家长温和引导

D. 要求幼儿戴手套,禁止咬手

二、实训题

1. 小班幼儿入园初期常出现分离焦虑,请围绕"缓解分离焦虑"设计一个主题活动(含三个子活动),包含以下内容:

(1) 写出主题活动总目标。

(2) 写出其中一个子活动的活动方案,包括活动的名称、目标、准备和主要环节。

(3) 写出另外两个子活动的名称、目标。

2. 请根据所提供的教学材料和相关情况,按要求完成活动设计。

为了帮助小班新入园幼儿尽快适应集体生活,余老师准备开展"高高兴兴上幼儿园"系列主题活动。请围绕该主题为余老师设计三个子活动。

要求:

(1) 写出主题活动总目标。

(2) 写出其中一个子活动的活动方案,包括活动的名称、目标、准备和主要环节。

(3) 写出另外两个子活动的名称、目标。

模块七

学前儿童生活习惯教育

　　学前期是幼儿良好生活习惯养成的关键时期。生活习惯不是天生的,而是在后天的生活和学习中逐渐养成的,因此后天的教育引导很关键。"少成若天性,习惯成自然",是指一个人从小养成的习惯,慢慢会像其天性一样自然,从心理学的角度来看,是行为习惯的自动化。

　　学前儿童生活习惯的培养是幼儿园健康教育的重要内容,包括饮食习惯、卫生习惯、起居习惯、自理能力和自护能力等。这些最基本的生活技能与习惯对幼儿一生的成长和发展有着重要影响,正如叶圣陶先生所言:"什么是教育?简单一句话,就是要养成良好习惯。"实际上,很多已接受高等教育的成年人,并不具备良好的生活习惯。可见,良好生活习惯的养成,不能仅仅依靠学校教育,更需要多方面的引导和支持,以促进幼儿习得并保持良好的生活习惯。

知识导航

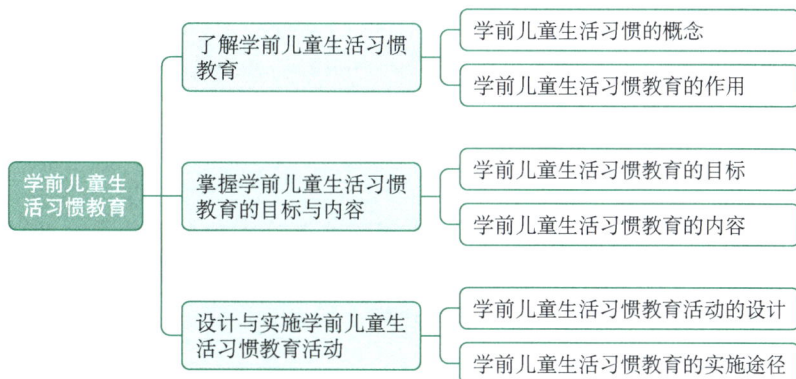

了解学前儿童生活习惯教育	学前儿童生活习惯的概念
	学前儿童生活习惯教育的作用
掌握学前儿童生活习惯教育的目标与内容	学前儿童生活习惯教育的目标
	学前儿童生活习惯教育的内容
设计与实施学前儿童生活习惯教育活动	学前儿童生活习惯教育活动的设计
	学前儿童生活习惯教育的实施途径

学前儿童生活习惯教育

任务 1
了解学前儿童生活习惯教育

任务目标

1. 了解学前儿童生活习惯的概念。
2. 理解学前儿童生活习惯教育的作用。

任务情境

　　A同学在中班实习时发现一种现象,即部分幼儿在家里和在幼儿园生活习惯方面表现不一致。以中班幼儿果果为例,他非常喜欢参加值日生活动,最喜欢做午餐值日生。每当轮到他做值日生时,他会特别认真和负责,主动提醒其他幼儿不能挑食,不能漏饭,保持正确就餐姿势等。果果在幼儿园吃饭时不挑食,基本能在规定时间吃完饭。但在家里就餐时,果果比较挑食,不吃胡萝卜、青菜等,喜欢一边吃一边玩。A同学感到很困惑:为什么果果在幼儿园和在家表现如此不一样?

　　1. 如何保持生活习惯教育的一致性?
　　2. 如何在家庭生活中发挥生活习惯教育的作用?

任务支持

　　良好的生活习惯,对于幼儿来说一生受益。我国著名教育家陶行知先生认为,"凡人生之态度、习惯、倾向,皆可在幼稚时代立一适当基础"[①]。学前儿童良好生活习惯的养成,应从幼年抓起。具体内容上,包括一日生活中的饮食、睡眠、盥洗、排泄和自理能力等方面。

一、 学前儿童生活习惯的概念

　　生活习惯,是指在日常生活和学习中形成的比较稳定的行为方式,如勤换衣、不乱扔垃圾的卫生习惯,不挑食、不偏食的饮食习惯,喜爱阅读、坐姿良好的学习习惯,早睡早起、不熬夜、不赖床的睡眠习惯等。

　　学前儿童生活习惯教育活动的概念,有广义和狭义之分。广义的学前儿童生活习惯教育活动,是指一切利于学前儿童养成良好生活习惯而开展的活动,如家庭教育中对于学前儿童生活习惯的引导,社区活动中开展的与生活习惯相关的活动等。狭义的学前儿童生活习惯教育活动,是指根据幼儿身心发展规律在幼儿园一日活动中有计划、有目的地围绕良好生活习惯的养成开展的系列活动,如养成良好进餐习惯的活动、学会盥洗方法的活动、学会自我服务和整理物品的活动等。

---

　　① 董宝良.陶行知教育名篇选[M].北京:人民教育出版社,2012:225.

总之,学前儿童生活习惯教育,是指针对学龄前儿童进行的系统化的、科学有序的引导和培养,以帮助其建立有利于身心健康和社会适应的日常行为模式的教育过程。

二、学前儿童生活习惯教育的作用

(一)利于幼儿形成良好的生活习惯

在幼儿园,通过主题活动、集体教学活动、值日生活动和专门的教育活动等,可较全面地培养幼儿良好的饮食习惯、睡眠习惯和卫生习惯等。例如,带领幼儿重复练习洗手、进餐、漱口、午睡、如厕和穿脱衣物等技能,使其掌握正确的方法,并逐渐内化成自觉的行动,进而养成良好的生活习惯。在家中,幼儿主要教养人有意识地引导幼儿养成良好的生活习惯,巩固和强化幼儿在幼儿园习得的好习惯。通过家园合作,最终帮助幼儿习得并保持良好的生活习惯。例如,在幼儿园吃饭不讲话,独立进餐,在家中也要鼓励幼儿坚持这些好习惯,通过家园共育,形成教育合力,促进幼儿养成和保持良好的生活习惯。

(二)利于培养幼儿良好的意志品质

生活习惯教育也包括学习并坚持遵守日常生活中的活动规则、具体要求和约定步骤等,如如厕需要排队等候,如厕和盥洗有规定的步骤和流程。学前儿童活泼好动,喜欢按照自己的喜好和习惯去行动,当自己的行为与良好生活习惯要求不一致时,幼儿需要发挥一定的自控能力和坚持能力。如刷牙,一些幼儿平时自己刷牙一分钟刷完,但是学习了正确的刷牙方法之后,知道应该如何刷,并坚持到规定的刷牙时长。这些生活习惯的练习间接地培养了幼儿的意志品质。

(三)利于提高幼儿社会适应能力

幼儿园一日生活中的多个环节涉及幼儿社会适应能力的发展。以中班午睡环节为例,需要幼儿按时休息、掌握科学的睡姿、自己穿脱衣物、整理和摆放衣物等;再如户外游戏环节,需要幼儿具备一定的安全意识、规则意识,也需要幼儿学会等待、学会协商、学会合作等。一日生活中的多个活动涉及幼儿的生活自理能力、自我约束能力、合作能力和遵守规则能力等,这些也是幼儿适应社会、立足社会和进行社会交往应具备的能力。在日常的生活习惯教育活动中,师幼、幼幼之间相互提醒,共同遵守活动规则,坚持良好的生活习惯,遵守班级的活动秩序等,潜移默化中提高了幼儿适应社会的能力。

(四)利于幼儿建立良好的安全感

安全感是幼儿最基本的需要。确定的、可预测的、可控的行为事件,是建立安全感的基础。生活习惯教育活动,需要一遍又一遍地重复相同的动作和要求,具有规律性,有迹可循,在这种确定、有序的活动中,幼儿有掌控感,知道该做什么和怎么做,更容易有安全感。如:盥洗活动怎么做?餐前餐后需要做什么?午睡需要做什么?户外活动要注意什么?幼儿在一次次的练习中掌握了具体的方法,培养了安全感,对于幼儿独立性和自信心的培养也有积极作用。

> **知识拓展**
>
> **学前儿童生活习惯养成情况相关研究**
>
> 学者张丽以 E 幼儿园的幼儿为研究对象,通过发放幼儿生活习惯调查问卷,了解该园幼儿生活习惯的总体情况。研究结果显示:该园幼儿生活习惯总体状况良好,但在饮食、睡眠、个人生活习惯方面存在一定的差异;男孩饮食与个人卫生习惯明显差于女孩,但睡眠习惯男孩和女孩无明显差异;

大班幼儿的饮食与睡眠习惯明显好于中、小班,但在个人卫生习惯方面各年龄班之间差异不明显;祖父辈教养的幼儿饮食习惯优于其他教养者教养的幼儿,但在睡眠和个人卫生习惯方面无明显差异①。

学者王晴语、赵静卉、高媛以797名学前儿童及其家长为研究对象,以幼儿居家与户外两方面为切入点进行幼儿卫生与生活习惯研究。研究发现,幼儿卫生与生活习惯养成现状良好。被调研的幼儿园,重视习惯养成的自然习得和有效监督以及评价落实;重视家园共育,达成一致的习惯养成共识。但也存在一些问题,如幼儿居家卫生自律习惯养成欠佳等②。

① 张丽.幼儿良好生活习惯现状调查与分析——以E幼儿园为例[J].早期教育(教科研版),2017(1):42-46.
② 王晴语,赵静卉,高媛.学前儿童卫生与生活习惯调查研究[J].教育理论与实践,2022,42(14):48-51.

任务 2
掌握学前儿童生活习惯教育的目标和内容

任务目标

1. 理解学前儿童生活习惯教育的目标。
2. 掌握学前儿童生活习惯教育的内容。

任务情境

午餐时,中班的朵朵把西蓝花挑了出来,嘟嘟把胡萝卜拨到了一边。李老师见状,提醒道："不挑食哟! 每种食物有自己的营养。西蓝花含有丰富的维生素 C,可以提高身体免疫力;胡萝卜可以保护眼睛,促进排便。"在教师的引导下,大多数幼儿吃完了午饭,少部分幼儿仍旧没吃不喜欢的食物。

请思考:教师的引导为什么作用不大呢? 生活习惯教育需要达到什么目标呢?

任务支持

一、学前儿童生活习惯教育的目标

幼儿是生活习惯教育活动的主体,其身心发展水平和规律是制定幼儿园生活习惯教育活动目标的根本依据。幼儿园组织开展的生活习惯教育活动,是实现学前儿童生活习惯教育活动目标的重要途径之一。制定生活习惯教育活动的目标时,既要关注幼儿身心发展的普遍规律,又要关注不同年龄段幼儿身心发展的普遍水平,还要关注不同个体的身心发展状况。

关于幼儿园生活习惯教育活动的目标,学前教育相关政策文件均有相应的指导精神和具体的要求。如《幼儿园工作规程》第十八条指出:"幼儿园应当制定合理的幼儿一日生活作息制度。"第二十二条指出:"幼儿园应当培养幼儿良好的大小便习惯,不得限制幼儿便溺的次数、时间等。"

(一)幼儿园生活习惯教育的总目标

《幼儿园教育指导纲要(试行)》明确指出,要"培养幼儿良好的饮食、睡眠、盥洗、排泄等生活习惯和生活自理能力"。《3—6 岁儿童学习与发展指南》也指出,幼儿应"具有良好的生活与卫生习惯,具有基本的生活自理能力"。《幼儿园教育指导纲要(试行)》和《3—6 岁儿童学习与发展指南》的要求,一是指明了生活习惯教育活动应包括的内容,即生活习惯、卫生习惯和自理能力;二是明确了生活习惯教育应达到的目标,即达到养成良好的生活习惯的目标。《幼儿园教育指导纲要(试行)》和《3—6 岁儿童学习与发展指南》为开展生活习惯教育活动指明了方向,是开展幼儿园生活习惯与生活能力教育的总目标。

（二）幼儿园生活习惯教育的年龄阶段目标

不同年龄段的幼儿，生活习惯教育活动的内容不同，目标也不一样。各年龄阶段具体目标的制定，可以参考《3—6岁儿童学习与发展指南》在健康领域"生活习惯与生活能力"目标1、目标2中的阐述（表7-1）。

表 7-1　生活习惯与生活能力目标

目标 1 具有良好的生活与卫生习惯		
3～4 岁	4～5 岁	5～6 岁
1. 在提醒下，按时睡觉和起床，并能坚持午睡 2. 喜欢参加体育活动 3. 在引导下，不偏食、挑食。喜欢吃瓜果、蔬菜等新鲜食品 4. 愿意饮用白开水，不贪喝饮料 5. 不用脏手揉眼睛，连续看电视等不超过 15 分钟 6. 在提醒下，每天早晚刷牙、饭前便后洗手	1. 每天按时睡觉和起床，并能坚持午睡 2. 喜欢参加体育活动 3. 不偏食、挑食，不暴饮暴食。喜欢吃瓜果、蔬菜等新鲜食品 4. 常喝白开水，不贪喝饮料 5. 知道保护眼睛，不在光线过强或过暗的地方看书，连续看电视等不超过 20 分钟 6. 每天早晚刷牙、饭前便后洗手，方法基本正确	1. 养成每天按时睡觉和起床的习惯 2. 能主动参加体育活动 3. 吃东西时细嚼慢咽 4. 主动饮用白开水，不贪喝饮料 5. 主动保护眼睛。不在光线过强或过暗的地方看书，连续看电视等不超过 30 分钟 6. 每天早晚主动刷牙，饭前便后主动洗手，方法正确
目标 2 具有基本的生活自理能力		
3～4 岁	4～5 岁	5～6 岁
1. 在帮助下能穿脱衣服或鞋袜 2. 能将玩具和图书放回原处	1. 能自己穿脱衣服、鞋袜、扣纽扣 2. 能整理自己的物品	1. 能知道根据冷热增减衣服 2. 会自己系鞋带 3. 能按类别整理好自己的物品

（三）幼儿园生活习惯教育的活动目标

开展幼儿园生活习惯教育活动，需要以具体的活动目标为指引。生活习惯教育活动的具体活动目标，应基于幼儿身心发展水平，以《幼儿园教育指导纲要（试行）》《3—6岁儿童学习与发展指南》的要求为依据，参考学前教育相关文件，如2022年教育部印发的《幼儿园保育教育质量评估指南》中的指标（表7-2），结合具体活动需要幼儿达到的目标拟定。

表 7-2　幼儿园保育教育质量评估指标（生活照料部分）

重点内容	关键指标	考查要点
保育与安全	生活照料	1. 帮助幼儿建立合理生活常规，引导幼儿根据需要自主饮水、盥洗、如厕、增减衣物等，养成良好的生活卫生习惯 2. 指导幼儿进行餐前准备、餐后清洁、图画书与玩具整理等自我服务，引导幼儿养成劳动习惯，增强环保意识、集体责任感 3. 制定并实施与幼儿身体发展相适应的体格锻炼计划，保证每天户外活动时间不少于 2 小时，体育活动时间不少于 1 小时 4. 重视有特殊需要的幼儿，尽可能创造条件让幼儿参与班级的各项活动，同时给予必要的照料。根据需要及时与家长沟通，帮助幼儿获得专业的康复指导与治疗

具体制定幼儿园生活教育活动目标时，首先，需要考虑到目标的适宜性，是否符合相应年龄阶段幼儿的发展水平；其次，应注意涵盖范围，一般包括认知目标、技能目标和情感目标；再次，注意语言表述，表述时需简洁精准，一般以幼儿为主体；最后，要注意科学性，设计的活动目标应科学、合理、可实施、可验证。

案例 7-1

案例一：　　　　　　　**小班生活习惯教育活动：我会穿套头衫**

活动目标：1. 认识套头衫，知道套头衫的组成部分。
　　　　　2. 掌握穿套头衫的顺序和方法。
　　　　　3. 体验自己的事情自己做的自豪感。

案例二：　　　　　　　**中班生活习惯教育活动：美味的西蓝花**

活动目标：1. 感知西蓝花的形状。
　　　　　2. 尝试制作西蓝花。
　　　　　3. 愿意品尝西蓝花。

案例三：　　　　　　　**中班生活习惯教育活动：快乐的小厨师**

活动目标：1. 能用果蔬切片大胆想象拼摆各种造型。
　　　　　2. 认识生活中的常见果蔬，喜欢吃各种果蔬。
　　　　　3. 通过自己操作，体验制作和品尝美食的快乐。

以上案例的活动目标统一以幼儿为主语，涵盖了认知目标、技能目标和情感目标；目标设定立足于幼儿当下发展水平，具有适宜性，同时又有一定的发展性；活动目标明确，有较强的针对性和可操作性；语言表述简洁，重点突出。

二、学前儿童生活习惯教育的内容

（一）《幼儿园教育指导纲要（试行）》中的相关论述

《幼儿园教育指导纲要（试行）》中关于健康领域，在"内容与要求"部分第 2 条的表述为"与家长配合，根据幼儿的需要建立科学的生活常规。培养幼儿良好的饮食、睡眠、盥洗、排泄等生活习惯和生活自理能力"。第 3 条的表述为"教育幼儿爱清洁、讲卫生，注意保持个人和生活场所的整洁和卫生"。《幼儿园教育指导纲要（试行）》中的要求可概括为要家园合作，培养幼儿良好的生活习惯、卫生习惯、自理能力和整理能力。

（二）《3—6 岁儿童学习与发展指南》中的相关论述

《3—6 岁儿童学习与发展指南》中针对生活习惯与生活能力的目标 1"具有良好的生活与卫生习惯"给出的教育建议为：让幼儿保持有规律的生活，养成良好的作息习惯；帮助幼儿养成良好的饮食习惯；帮助幼儿养成良好的个人卫生习惯；激发幼儿参加体育活动的兴趣，养成锻炼的习惯。针对目标 2"具有基本的生活自理能力"的教育建议为：鼓励幼儿做力所能及的事情，对幼儿的尝试与努力给予肯定，不因做不好或做得慢而包办代替；指导幼儿学习和掌握生活自理的基本方法，如穿脱衣服和鞋袜、洗手洗脸、擦鼻涕、擦屁股的正确方法；提供有利于幼儿生活自理的条件。《3—6 岁儿童学习与发展指南》中关于生活习惯的教育建议更具体，更有针对性。

（三）幼儿园生活习惯教育的内容

参考《幼儿园教育指导纲要（试行）》和《3—6 岁儿童学习与发展指南》的要求，结合学前儿童生长发育需要,可将幼儿园生活习惯教育活动的内容概括为睡眠习惯、饮食习惯、卫生习惯、体育锻炼、自理能力和关爱环境六个方面。

1. 睡眠习惯

良好的睡眠对于幼儿的健康成长至关重要。应引导幼儿养成良好的入睡习惯和正确的睡眠姿势;鼓励幼儿在相对固定的时间入睡和起床,保证充足的睡眠;引导幼儿早睡、坚持午睡,养成科学、有规律的作息习惯。

2. 饮食习惯

均衡的膳食是幼儿生长发育的基础。应培养幼儿养成不挑食、不偏食、按时进餐、文明用餐、专心进食的好习惯;鼓励幼儿爱喝白开水,喜欢吃水果和蔬菜;引导幼儿少吃或不吃油炸、高盐、高糖的食物。

3. 卫生习惯

良好的卫生习惯有助于幼儿健康成长。应帮助幼儿掌握正确的清洁方法,如正确刷牙、洗手、如厕等的方法;引导幼儿学会保持个人干净卫生的技能,如勤洗手、勤换衣,知道保持指甲清洁等;培养幼儿良好的卫生习惯,如餐后漱口擦嘴,咳嗽和打喷嚏注意遮挡等。

4. 体育锻炼

体育锻炼是幼儿改善体质、锻炼品格、增进健康的重要方式。应引导幼儿喜爱体育活动,掌握体育锻炼的基本方法;帮助幼儿理解基本的运动规则和安全知识,并学会遵守规则;鼓励幼儿在体育锻炼中培养团结协作、坚强勇敢等美好品格。

5. 自理能力

自理能力关乎幼儿自信心的培养。应引导幼儿形成自己的事情自己做的意识;帮助幼儿掌握基本的生活自理能力,如自主盥洗、自主进餐、独立如厕、独立穿脱衣物等;引导家长学会等待、学会放手,循序渐进提高要求。

6. 关爱环境

环境是人类赖以生存的基础,也是幼儿健康成长的基础。应引导幼儿关心周围环境,养成主动维护环境卫生的意识,如不乱涂乱画、不乱扔垃圾;帮助幼儿掌握关爱环境的方法,如节约用水用电,爱护花草树木等。

📖 知识拓展

学龄前儿童不良身体姿态与生活习惯相关吗?

赵修发等人采用 Body-Style 身体姿态评估测试仪(Model. S-8.0)和《学龄前儿童生活习惯调查问卷》对整群随机抽取的北京市 4 所幼儿园 406 名学龄前儿童进行体态评估和生活习惯调查,研究北京市学龄前儿童不良身体姿态与生活习惯的相关性。研究结果显示,学龄前儿童体态测评得分为 21.98 ± 3.01,不良体态检出率为 75.86%,其中骨盆前倾、高低肩、O/X 型腿检出率较高,占比分别为 39.41%、46.80%、58.37%;不良体态检出率在性别($\chi^2=10.28$)、年龄($\chi^2=16.57$)、身体质量指数($\chi^2=7.46$)上存在组别差异且均具有统计学意义($P<0.05$)。结论显示,学龄前儿童生活习惯对体态健康具有显著影响,通过改善体力活动、饮食习惯和睡眠时间,可促进其体态健康发展[1]。

日常生活习惯对儿童生长发育有影响吗?

王海红等选取 2022 年 10 月至 2023 年 3 月首都医科大学附属北京儿童医院内分泌特需门诊诊断为矮小症、生长迟缓、性早熟、青春期早发育等生长发育异常的患儿 183 例,对照组为同龄阶段健康儿童,以问卷调查的形式获取患儿基本信息及日常生活习惯,采用多因素 logistic 回归分析日常

① 赵修发,刘洋,赵修浩,等. 北京市学龄前儿童不良身体姿态与生活习惯的相关性分析[J]. 现代预防医学,2022,49(4):640-645.

生活习惯对儿童生长发育的影响。多因素 logistic 回归分析结果显示：挑食是儿童身材矮小的独立影响因素，运动及电子产品的使用频率不是儿童身材矮小的独立影响因素；食用高脂快餐频率、每日运动时长、使用电子产品频率均不是儿童早期发育的独立影响因素。研究显示，挑食是儿童身材矮小的影响因素，暂无证据表明食用高脂快餐频率、每日运动时长及使用电子产品频率可作为儿童生长发育的影响因素[1]。

---

[1]　王海红,邹娅欣,孟素芹,等.日常生活习惯对儿童生长发育的潜在影响分析[J].北京医学,2024,46(4):342-345.

任务 3
设计与实施学前儿童生活习惯教育活动

任务目标

1. 掌握学前儿童生活习惯教育的实施途径。
2. 能设计和实施学前儿童生活习惯教育活动。

任务情境

L 同学在大班实习，她发现一些幼儿的行为表现与《指南》中描述的发展水平有差距。例如，有些幼儿挑食，有些幼儿进餐时桌面不够整洁，有些幼儿不按照七步洗手法洗手，有些幼儿漱口方法不对，还有些幼儿午睡时入睡困难等。针对这些情况，L 同学在课堂讨论中提出了自己的疑问：为什么部分大班幼儿没有养成良好的生活习惯？

C 同学：这说明学前儿童生活习惯教育活动没有实现预期的目标，应该根据班级幼儿情况重新设计生活习惯教育活动的目标，选择适宜的内容组织活动。

F 同学：可能是生活习惯教育活动实施过程中出现了问题。

W 同学：幼儿不是学习了良好的生活习惯就能做到的，需要反复练习，经常督促提醒，可能有些幼儿还没形成习惯。

关于这个问题，你怎么看？应如何实施学前儿童生活习惯教育活动？

任务支持

一、学前儿童生活习惯教育活动的设计

设计科学、合理的生活习惯教育活动，有利于学前儿童养成良好的生活习惯。生活习惯教育活动应是循序渐进、全面渗透于一日生活中。针对不同年龄阶段的幼儿，生活习惯教育活动的侧重点不同，如小班幼儿需要更多的提醒、引导和帮助，中、大班幼儿基本能掌握各项生活能力的要点。生活习惯教育活动的形式可以是多种多样的，如日常生活习惯培养、简单家务练习、互动式游戏设计、情景模拟演练、趣味角色扮演等。在设计学前儿童生活习惯教育活动时，应遵循以下设计理念。

（一）引导幼儿主动练习，培养自理意识

幼儿是生活习惯教育活动的主体，在日常生活中要给幼儿提供充分尝试和多次练习的机会，避免出现教师急于教授的现象。生活习惯的养成需要时间，教师要多一些耐心，给幼儿摸索的机会，相信幼儿可以做得很好。以漱口为例：有些幼儿漱口不认真，餐后漱口匆匆吐掉，没有按照规范的漱口流程进行；在漱口后照镜子时，也没有仔细看。教师发现这种现象后，组织了"看看我的牙齿"等活动，引导幼儿发

现没有认真漱口,就会有食物残渣留在牙齿上,通过多种形式鼓励幼儿主动改掉不好的习惯。再如穿衣服,有些幼儿简单穿上后不加整理,衣服穿在身上会不舒服。但感受到穿衣的舒服和不舒服之后,幼儿会主动去练习穿得更舒服一点,自理的意识和能力也会随之提高。

> **知识拓展**
>
> ### 如何培养幼儿自理意识和能力?
>
> 有研究表明,通过开展主题绘本活动,可以促进幼儿生活自理能力发展。学者孙延永和甘思琦以合肥市 M 幼儿园小班 95 名幼儿为研究对象,采用单组前后测实验法及测量法,进行为期两个月的干预活动。研究显示,利用主题绘本活动干预后,幼儿在穿衣、盥洗、如厕、进餐及收拾整理五个维度存在统计学意义上的差异。因此得出结论:通过精选优质绘本,创设支持性环境,开展多元体验式的活动,深化务实的家园合作等形式,能够促进幼儿生活自理能力的发展[1]。
>
> 延伸阅读:张超超.运用生活主题绘本提高小班幼儿生活自理能力的实验研究[D].天津:天津师范大学,2016.

(二)生活中随机渗透,家园共育齐发力

生活习惯养成,涉及生活中的多个方面,与幼儿一日生活密切相关。教师在一日活动中应注意观察幼儿的发展水平和生活习惯如何,观察时要抓住重点,如入园时能否主动将物品放到相应位置,盥洗时能否正确洗手,能否主动喝水,能否主动整理自己的物品等,有针对性地在生活和游戏中引导幼儿,在自然的生活情境中,让幼儿不知不觉中形成良好的生活习惯。家长在家中也需要注意培养幼儿良好的生活习惯。一方面,家长需要学会放手。在日常生活中多给幼儿锻炼的机会,包办和代替会影响幼儿的积极性,也会让幼儿产生依赖的思想。另一方面,家长要主动学习。针对引导幼儿有困难的家长,教师可以将先进的教育理念和方法介绍给家长,并协助家长克服困难。如家长反映幼儿不认真吃饭,不喂饭就不吃,或者吃得特别慢,这时家长需要的是具体方法,即具体引导幼儿养成良好进餐习惯的方法,教师应提供指导,鼓励家长采用游戏化的方式引导幼儿练习。

(三)灵活运用多种教育形式和多样教育方法

技能的练习通常是枯燥的,生活技能和生活习惯的练习也是如此。结合幼儿年龄特点,可以尝试采用多种有趣的形式来进行练习,如活动中配上音乐、儿歌、动作、故事等;也可以采用多感官参与的方式,调动幼儿的积极性和参与意愿。以《洗手歌》("两个好朋友,手碰手,你背我,我背你。来了一只大螃蟹,大螃蟹,举起两只大钳子,大钳子。我和螃蟹点点头,点点头,螃蟹和我握握手,握握手。")为例,儿歌中把七步洗手法以形象化、趣味化的语言描述出来,幼儿一边洗手,一边做动作,在愉快的歌声中完成此次洗手活动。对于进餐漏饭的现象,通过故事《大公鸡和漏嘴巴》引导幼儿吃饭时要专心,不能东张西望,不浪费粮食,养成良好的吃饭习惯。待幼儿学会生活技能之后,要采用多种方法鼓励其反复练习,不断巩固良好的生活技能,从而内化于心。

(四)因材施教,注意个体身心发展差异

根据生态系统理论,幼儿生活在不同的系统中,环境不同,幼儿的身心发展情况和个性特点也不同。因此,幼儿的生活习惯和生活能力也存在个体差异,需要在日常生活中用心观察,因材施教。幼儿园一日生活是按照幼儿生理和心理的需求而制定出的科学合理的安排,利于幼儿在游戏和生活中逐渐养成

---

① 孙延永,甘思琦.促进幼儿生活自理能力发展的主题绘本活动设计与实践——以安徽省合肥市 M 园为例[J].陕西学前教育学院学报,2022,38(5):44-49.

良好的生活习惯、时间观念和规则意识,并逐步适应集体环境。同样的一日活动安排,幼儿呈现出来的状态不尽相同。如,有的幼儿食欲较好,能专心吃饭,可是吃得太快,常常狼吞虎咽;有的幼儿动手能力强,但时常丢三落四,用完物品忘记归位,上厕所忘记冲水等。因此在集体环境中,要关注全体幼儿,了解幼儿生活习惯方面存在的不足,师幼、幼幼相互提醒,不断强化,逐步改善生活习惯。如,有的幼儿在家中衣来伸手、饭来张口,生活自理能力较差,在开展活动时应对其降低期待和要求,多给予其耐心引导和练习的机会。在实施活动时,可以引导幼儿相互帮助,也可以开展互帮互助的主题游戏活动,如协助穿衣、协助如厕等。

二、学前儿童生活习惯教育的实施途径

(一) 一日生活活动

微课

洗手魔法师

一日生活中的多个环节与学前儿童生活习惯培养密切相关,如盥洗、进餐、午睡和个别化学习活动等环节。在一日活动中开展生活习惯教育活动,是最主要、最灵活、最直接的方式。例如,在如厕后,引导幼儿学会正确的洗手方法,养成便后要洗手的良好习惯;在午餐前,教师介绍饭菜时,注意引导幼儿养成爱惜食物、细嚼慢咽、安静进餐、不含饭、不漏饭等文明进餐习惯;在午睡时,引导幼儿按时午睡和起床,睡觉时不蒙头、不趴睡、不聊天,养成自主穿脱衣物、整理床铺等好习惯。

学前儿童生活习惯教育活动属于养成教育,需要在日常生活中反复进行、长期训练、逐渐渗透。科学合理的一日生活活动,利于幼儿健康知识、健康理念和健康行为的习得与养成。

(二) 集体教学活动

集体教学活动是以全班幼儿为对象,根据幼儿身心发展和健康成长的需要,开展的有目的、有计划的教育教学活动。良好生活习惯的养成,也可以通过集体教学活动来实现。如,根据小班幼儿洗手方法不正确、不爱洗手这一现象,开展关于如何洗手的集体教育活动,引导幼儿掌握正确的洗手方法,养成爱洗手的好习惯;又如,一些幼儿不爱吃蔬菜和水果,可以通过集体教学活动,让幼儿在活动中观察、操作和品尝各种果蔬,感知果蔬的味道和营养价值,提高幼儿对于果蔬的了解,让幼儿知道各种果蔬的作用,养成不挑食的好习惯。具体组织过程,可参考案例7-2"中班健康领域:快乐的小厨师"。生活习惯集体教学活动有明确的目标,针对性更强,关注到多数幼儿的需要,利于形成全班幼儿一起学习的好习惯、共同进步的好氛围。

案例 7-2

中班健康领域:快乐的小厨师[①]

【设计意图】

陈鹤琴先生在17条活教育教学原则中提到"你要儿童怎样做,就应当教儿童怎样学",强调幼儿要亲自动手去做,去亲身实践。在一日生活中发现,有些幼儿对蔬菜和水果有不同的认知,常出现挑食、偏食的现象。为了提高幼儿对果蔬的认识,让幼儿喜欢吃各种水果和蔬菜,设计了本次活动。

【活动目标】

1. 学会简单的果蔬拼盘方法。
2. 知道生活中的常见果蔬及其味道。
3. 体验拼盘的快乐和果蔬的美味。

---

① 杨蕊,崔聚兴,许慧芳.幼儿园教育活动典型案例及评析[M].长沙:湖南师范大学出版社,2020:16-18.

【活动准备】

1. 物质准备:干净的水果、蔬菜,塑料锯齿刀,不同大小的圆盘和托盘,PPT课件,桌布,纸巾,垃圾桶。

2. 经验准备:幼儿认识各种常见的水果、蔬菜,有使用塑料锯齿刀切果蔬的经验。

【活动过程】

一、创设"去小猫家做客"的故事情境

教师出示草地、小房子图片,讲述小猫邀请小朋友们去他家里参加果蔬品尝大会的故事,激发幼儿参与活动的积极性。

二、呈现形态各异的果蔬拼盘图片

1. 引导幼儿仔细观察图片,丰富幼儿的表象经验。

通过提问引导幼儿观察果蔬图片,并说出图案像什么。

教师:小猫为我们准备了好吃又好看的果蔬拼盘。看看,这做的是什么啊?

2. 引导幼儿有目的地观察果蔬拼盘的拼摆方法。

教师:你们看,这个拼盘用了什么水果和蔬菜?(请幼儿根据图片回答。)

教师:小厨师用这些水果、蔬菜做出了什么造型呢?(请幼儿回答。)

三、创设情境,激发幼儿参与果蔬拼盘制作的兴趣

教师:哎呀,今天来的客人太多了。他们都想要不同花样的拼盘,你们愿意当小厨师来帮忙做水果拼盘吗?

1. 通过游戏帮助幼儿回忆果蔬整体与部分的对应关系。

教师:做拼盘之前,要先通过小厨师的测试。

教师:第一关,抢答题,观看蔬菜和水果的切片图片,说出蔬菜和水果的名称。

2. 借助多媒体动画的方式,激发幼儿参与的欲望,培养幼儿的创造性思维。

教师:第二关,自由拼盘,电脑上有五颜六色的果蔬,你想用它们来拼摆什么造型呢?(鼓励幼儿大胆想象,动手操作。)

四、进行拼盘创作

1. 创设游戏情境,引导幼儿进行拼盘制作。

教师:一大批客人马上就要来了,请你们按照自己的想法来做拼盘吧!

2. 介绍材料和物品,引导幼儿及时整理。

教师:桌子上有桌布和纸巾,地上有小垃圾桶,当你需要擦桌子或扔垃圾时可以使用它们。记得用完放回原位哟!

3. 通过观察,适时提供帮助,鼓励幼儿大胆创新。

五、展示与品尝

1. 通过游戏情境引导幼儿大胆表达。

教师:小厨师们开始上菜了!请说一说,你拼出了什么造型呀?用到了哪些水果和蔬菜呢?(请幼儿回答。)

2. 通过互相赠送、品尝水果拼盘,一起分享制作的快乐。

教师:感谢小厨师们,现在请你和你的好朋友一起,分享美味的水果拼盘吧!

【案例解析】

活动以故事导入,通过"看""玩""做""尝"四个环节,引导幼儿去观察、去尝试,从而让幼儿发现果蔬之美、食物之美,利于培养幼儿发现美、欣赏美和创造美的能力。整个活动过程注重兴趣激发和主动参与,通过游戏的形式让幼儿沉浸式体验制作水果拼盘的快乐,在玩中发挥幼儿的积极性、主动性和创造性。

（三）游戏活动

游戏是幼儿最喜欢的活动形式,幼儿经常在角色游戏活动中重复练习生活习惯的相关技能。角色游戏是幼儿对于现实生活的观察和模仿,来源于在家庭、幼儿园、社区和影视媒体等场景中积累的经验。教师可以通过活动材料的投放和活动环境的创设,在角色游戏活动中,引导幼儿自觉探索和练习生活技能,巩固良好的生活习惯。如,幼儿会借助小宝宝模型、奶瓶、枕头、婴儿衣物、仿真医疗器械等玩具,开展游戏活动。有的幼儿会主动扮演起生病小宝宝的爸爸妈妈,并积极照顾小宝宝,帮小宝宝穿衣、给小宝宝喂饭、哄小宝宝入睡、协助小宝宝上厕所等。在游戏的情境里,幼儿练习了常用的生活技能,提升了生活自理能力,巩固了相关健康知识。在直接感知和实际操作中加深了对于生活习惯重要性的理解,也萌生了养成并坚持良好生活习惯的意识。

（四）环境创设

环境是重要的教育资源,通过环境的创设和利用,为幼儿营造一个舒适、温馨的成长环境,利于促进幼儿发展。良好的环境创设,在潜移默化中影响幼儿的行为习惯,如整洁有序的环境,利于身处其中的幼儿自觉保持环境的整洁;早操时地板上的圆点、洗手间的如厕步骤图、洗手步骤图等,利于幼儿下意识地按照示意去做,利于养成和巩固良好的行为习惯。环境创设应立足幼儿视角,紧密结合生活习惯教育活动的要求,清晰、简明、充满童趣,利于幼儿理解,利于激发幼儿学习与模仿兴趣(图 7-1 和图 7-2)。根据幼儿年龄、发展需求和季节等因素,适时更换环境创设的内容。除了物质环境的创设,心理环境的创设也至关重要,创设一个平等、接纳、尊重、温馨的心理环境,利于幼儿适应集体生活,快乐自信地积极探索。

图 7-1 漱口步骤示意图

图 7-2 擦嘴步骤示意图

（五）家园共育

学前儿童良好生活习惯的养成,离不开家长的支持和引导,是家庭、幼儿园和社会环境共同影响的结果,尤其是家园共同教育引导的结果。生活习惯教育活动的内容,贯穿幼儿家庭生活的每一个环节,如果家庭和幼儿园的要求一样,如提出同样的进餐要求、睡眠要求、盥洗常规等,则利于幼儿重温和巩固良好的生活习惯。幼儿园可以通过多种途径,如家长会、通知栏、专题讲座等形式,让家长了解幼儿在园生活习惯教育方面的要求,同时经常和家长沟通,反馈幼儿在园生活习惯方面的情况,引导家长在家中积极配合。如如厕,鼓励幼儿在家中自主排便,学习穿脱裤子和擦屁股的方法,避免出现幼儿在园期间不敢排便的现象。

案例 7-3

小班亲子活动:我会擦嘴巴

【设计意图】

小班幼儿初入园时在自我服务方面会遇到多重挑战,有的不会自主进餐,有的不会擦手、擦嘴巴,家长的过分呵护和过度包办,使得幼儿缺少锻炼机会。拟借助下午点心活动的契机,通过亲子活动的形式鼓励家长和幼儿一起学习正确擦嘴巴的方法,引导家长学会放手。家园合力,引导幼儿养成良好的生活卫生习惯。

【活动时间】

一个风和日丽的午后。

【活动地点】

幼儿园户外活动场地。

【参与人员】

父亲或母亲、幼儿、教师。

【活动准备】

桌、椅、桌布、餐巾、纸巾、垃圾桶、点心、润肤霜、《大手拉小手》音乐。

【活动目标】

1. 幼儿发展目标:①掌握正确的擦嘴方法;②知道保护嘴周皮肤的重要性;③乐意学习擦嘴巴的方法。

2. 家长学习目标:①学会正确擦嘴巴的方法;②认识到培养幼儿生活自理能力的重要性;③愿意放手让幼儿尝试。

【活动过程】

1. 儿歌导入,播放《大手拉小手》。

教师做示范,引导家长和幼儿根据音乐做互动游戏。

2. 洗手环节,说一说如何把小手洗干净。家长和幼儿相互提醒,一起学习正确洗手的方法。引导家长放手,理解自理能力对幼儿健康成长的重要性。

3. 品尝点心。

4. 学习擦嘴方法。教师边示范边念儿歌,指导家长和幼儿掌握正确的擦嘴方法。

5. 教师总结擦嘴方法,建议家长和幼儿平时多练习,以掌握正确的擦嘴方法,养成餐后擦嘴的好习惯。

《擦嘴巴》儿歌

小小餐巾双手托/对准嘴巴轻轻合/变成一块方手绢/擦擦折,擦擦折/照照镜子看一看/擦净嘴巴笑呵呵

【案例解析】

活动以儿歌导入,通过亲子互动游戏、洗手环节、点心环节和学习擦嘴环节,让家长在活动中看到幼儿的能力和成长,有助于家长在家尝试放手,给幼儿更多的锻炼机会。在整个活动中,家长和幼儿相互帮助、相互提醒,幼儿体验了"小老师"的角色,家长也看到了幼儿的能力,利于增进亲子关系,对于家长的教育观念和教养行为有一定的促进作用,也利于家园密切合作,帮助幼儿养成良好的生活卫生习惯。

（六）值日生活动

幼儿园值日生活动是幼儿园劳动教育的内容之一,是幼儿生活习惯教育的一项常规活动,具有独特的教育价值和意义,对幼儿个性品质的形成和发展有着积极的促进作用。《幼儿园教育指导纲要(试行)》在幼儿社会教育的目标与要求中提到,"(幼儿)能努力做好力所能及的事,不怕困难,有初步的责任感"。幼儿园常见的值日生活动包括天气值日生(图 7-3)、盥洗值日生、午餐值日生、漱口值日生、衣帽值日生和午睡值日生等。以盥洗值日生为例,具体的工作任务包括:巡视检查幼儿排队如厕与洗手的情况,发现问题并及时提醒;提醒整理衣裤;提醒整理袖子;提醒不奔跑、不喧闹等。值日生活动能有效地调动幼儿劳动的积极性,利于培养幼儿的责任感和为集体服务的意识,利于幼儿掌握生活技能,提高生活自理能力,同时还能培养幼儿的合作精神、责任感和自信心。

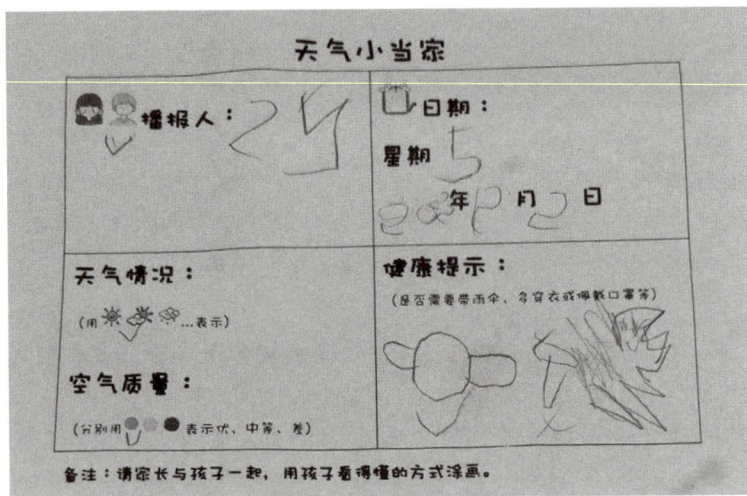

图 7-3　天气值日生播报卡

知识拓展

"小小值日生"活动

进入中班之后,幼儿各方面的能力显著提升,责任心和集体意识逐渐觉醒,经常可以听到热情而自信的"让我来""这个我会""我帮你"等。幼儿越来越喜欢帮助别人,愿意为班级做事情,有的会主动当起"小老师",表现欲望和主动行为越来越多。为了更好地激发幼儿的责任感,提升幼儿的动手能力,开展"小小值日生"活动。

"小小值日生"活动目标一般包括:了解值日生的具体工作内容;掌握做好值日生所需的技能;运用已有经验解决值日生工作中遇到的问题;通过多种形式表达自己的想法,并尝试记录下来;萌发为他人服务的自豪感等。活动过程一般先请幼儿一起讨论什么是值日生,值日生需要做什么,怎样才能成为一名合格的值日生,随着活动的展开,引导幼儿思考如何竞选值日生,如何评价值日生,如何调动兴致不高的幼儿参与值日生活动。

在开展"小小值日生"活动的同时,可以在区角活动、环境创设、家园合作、集体活动和日常活动中融入值日生活动的内容。例如,在美工区、角色区等投放相关练习材料;家园合作方面,家园及时沟通,家长有意识地为幼儿提供锻炼机会,引导幼儿掌握相关技能,利于增加幼儿完成值日生工作的信心和自豪感。"小小值日生"活动,利于调动幼儿参与劳动的积极性,利于幼儿在实践中提高动手能力和自理能力,也利于提升幼儿的责任感和乐于助人的品质。

模块小结

　　生活习惯拥有巨大的能量,会影响幼儿的一生。《幼儿园教育指导纲要(试行)》指出,幼儿的身体健康以具备基本的生活自理能力为重要的特征。生活习惯教育注重从各方面培养幼儿的生活自理能力,奠定幼儿美好生活的基础。

　　本模块主要从学前儿童生活习惯教育的概念、作用、目标、内容、设计和实施六个方面展开。概念和作用部分,需要理解;目标和内容部分,需要结合幼儿园实践经验加以理解和记忆,并尝试根据幼儿的年龄段拟定合适的教育目标;设计部分介绍了生活习惯教育需要注意的问题,要学会调动幼儿主体意识,注意因材施教、随机渗透和灵活运用多种方式;实施路径部分,介绍了六种常用的生活习惯教育的形式,需理解并学会运用。在实际教学工作中,应根据具体情况开展生活习惯教育活动。

岗课赛证

一、单选题

1. 为帮助幼儿掌握正确的洗手顺序和方法,王老师自编了儿歌:"清清水哗啦啦,卷卷袖子洗手啦,先洗小手心再洗小手背,个个手指都洗到,人人夸我讲卫生。"并引导幼儿边唱边练。该教师的做法未涉及以下哪一项?(　　)

　　A. 注重幼儿知识积累　　　　　　　B. 注重幼儿气质养成
　　C. 注重幼儿情境体验　　　　　　　D. 注重幼儿习惯培养

2. 午睡时幼儿要求不要午睡,你作为看午睡的老师,(　　)。

　　A. 必须让幼儿午睡　　　　　　　　B. 让幼儿自己去玩
　　C. 尊重幼儿的意愿　　　　　　　　D. 想办法把幼儿哄睡

3. 缺锌会导致婴幼儿(　　)。

　　A. 食欲减退　　　　B. 夜盲症　　　　C. 佝偻病　　　　D. 肌无力

4. 幼儿一日生活养成的途径不包括(　　)。

　　A. 家园合作　　　　B. 环境创设　　　　C. 游戏活动　　　　D. 自主练习

5. 幼儿园生活习惯教育活动的主要内容不包括(　　)。

　　A. 卫生习惯　　　　B. 体育锻炼　　　　C. 关爱环境　　　　D. 鼓励幼儿

6. 实施幼儿园一日活动最基本的途径是(　　)。

　　A. 教学活动　　　　B. 亲子活动　　　　C. 阅读活动　　　　D. 日常生活

7. 为帮助幼儿掌握正确的洗手顺序和方法,王老师自编了儿歌:"两个好朋友,手碰手。你背背我,我背背你。来了一只小螃蟹,小螃蟹。举起两只大钳子,大钳子。我和螃蟹点点头,点点头。螃蟹跟我握握手,握握手。"并引导幼儿边唱边练。该教师的做法是(　　)。

　　A. 采用了游戏法　　　　　　　　　B. 采用了学中玩
　　C. 注重幼儿情境体验　　　　　　　D. 注重幼儿习惯培养

8. 培养幼儿一日生活常规的方法不包括(　　)。

　　A. 榜样示范法　　　　　　　　　　B. 渗透教育法
　　C. 批评激励法　　　　　　　　　　D. 游戏练习法

9. 培养幼儿一日生活常规的意义不包括（　　）。
   A. 一日生活常规可以培养幼儿的生活规律，养成良好的学习习惯
   B. 一日生活常规可以帮助幼儿适应幼儿园环境，学习在集体中生活
   C. 一日生活常规可以培养幼儿的自律能力，维持班级的秩序
   D. 一日生活常规能够增强幼儿的安全感，有助于幼儿健康成长
10. 学前儿童生活习惯教育活动的作用，不包括（　　）。
   A. 利于幼儿良好生活习惯的形成　　　　B. 利于幼儿意志品质的培养
   C. 利于幼儿良好安全感的建立　　　　　D. 利于幼儿社会适应能力的提高

二、实训题

1. 有研究者对幼儿园园长、教师做了一个调查，调查题目是"要全面真实地了解你园的保教质量，你认为最好什么时间段到你园"。调查结果如图所示。请从幼儿一日生活的意义的角度，阐述你对这一结果的看法。

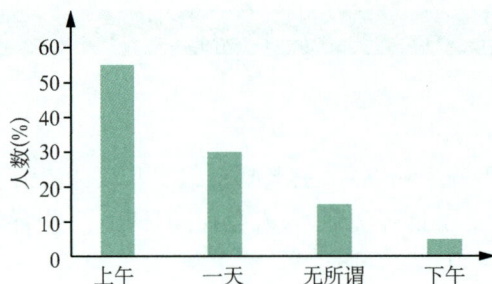

"什么时间段到园了解保教质量"的人数百分比图

2. 什么是幼儿园一日生活常规？试述培养幼儿一日生活常规的方法。

模块八

学前儿童健康教育评价

通过定期或不定期的评价,可及时了解学前儿童健康知识掌握程度、行为习惯养成情况等。基于评价结果,教师可以及时调整教育内容、方法和策略,确保健康教育活动的针对性和有效性;合理分配教育资源,确保健康教育活动的质量和效果;通过参与评价过程,教师还可以深入了解健康教育领域的新理念、新方法和新技术,从而提升自身的专业素养和教学能力;同时,可以向家长展示幼儿在健康教育方面的表现和进步,增强家长对教育的信任和支持。通过评价结果的反馈和交流,家长可以更加深入地了解幼儿的健康需求和教育重点,从而与幼儿园形成更加紧密的合作关系,共同促进学前儿童的健康发展。

学前儿童健康教育评价主要涉及两类评价:一类是学前儿童健康发展评价,主要目的是了解学前儿童健康知识、行为习惯等方面的发展情况;另一类是学前儿童健康教育课程评价,主要目的是了解健康教育课程设计、实施过程、方法和效果等方面的情况。

知识导航

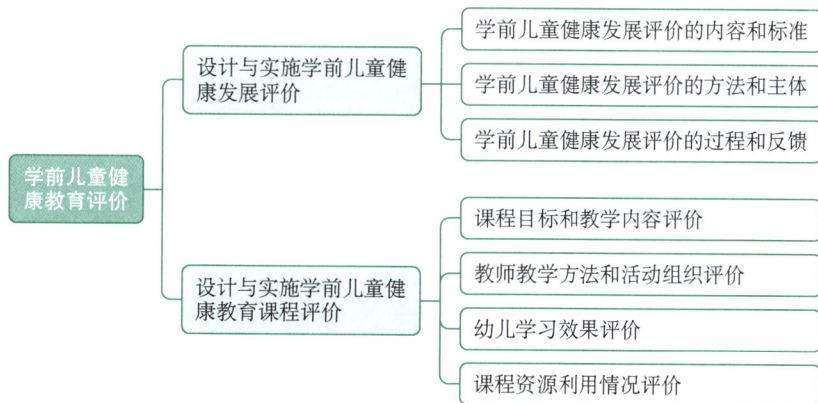

任务 1
设计与实施学前儿童健康发展评价

任务目标

1. 了解学前儿童健康发展评价的内容和标准。
2. 了解学前儿童健康发展评价的方法和主体。
3. 了解学前儿童健康发展评价的过程及结果反馈机制。

任务情境

　　某幼儿园为了更好地了解在园幼儿健康领域的发展情况,决定设计并实施一次综合性的健康发展评价。此次评价旨在运用科学的评估方法和工具,全面了解幼儿在身体健康、心理健康、社会适应以及健康行为等方面的表现,为幼儿园的健康教育工作提供反馈,并促进幼儿的全面发展。

　　完成本任务的学习后,请你拟订一份评价方案并尝试在一个班级中实施该评价。

任务支持

一、学前儿童健康发展评价的内容和标准

(一) 学前儿童健康发展评价的内容

　　学前儿童健康发展评价的内容是全面而多维度的,旨在全面了解幼儿健康状况并制订相应的健康教育方案。以下是学前儿童健康发展评价的主要内容。

1. 幼儿身体健康评价

　　幼儿身体健康评价是评估幼儿身体健康的状况,包括幼儿的身高、体重、视力、听力、牙齿健康等生理指标。通过对这些指标的评估,可以了解幼儿的基本生理健康状况,进而有助于根据评估结果制定相应的健康教育措施。

2. 幼儿心理健康评价

　　幼儿心理健康评价是评估幼儿心理状态的良好程度,包括幼儿的情绪表现、社交能力、认知发展等方面。通过评估这些指标,可以了解幼儿的心理健康状况,发现潜在的心理问题,进而采取相应的心理健康教育措施。

3. 幼儿社交健康评价

　　幼儿社交健康评价是评估幼儿与他人相处的能力和方式是否健康,包括幼儿在幼儿园或家庭中的社交行为、人际关系等方面的表现。通过评估这些指标,可以了解幼儿的社交健康状况,进而有针对性地进行社交健康教育。

4. 幼儿生活习惯评价

幼儿生活习惯评价是评估幼儿养成的日常生活中的行为规范,包括幼儿的饮食习惯、睡眠习惯、个人卫生习惯、户外活动习惯等方面的表现。通过评估这些指标,可以了解幼儿的生活习惯是否健康,进而有针对性地进行生活习惯教育。

5. 幼儿安全意识评价

幼儿安全意识评价是评估幼儿对自身安全和周围环境安全的认识与判断能力,包括幼儿对常见安全隐患的识别和应对能力、自救能力等方面的表现。通过评估这些指标,可以了解幼儿的安全意识水平,发现存在的安全隐患,进而进行相关安全教育。

(二)学前儿童健康发展的评价标准

学前儿童健康发展的评价标准可以参考政府发布的官方文件,也可以参考研究机构发布的评价标准,或者研究者发布的、经过较多实证研究证明较可靠的评估量表等。通常政府发布的官方文件具有全面性、系统性的特点,涉及的内容维度较全面,从幼儿发展的各个方面界定了一些阶段性特征,如教育部2012年颁布的《3—6岁儿童学习与发展指南》、上海市教育委员会2020年颁布的《上海市幼儿园办园质量评价指南(试行稿)》中包含的"3—6岁儿童发展行为观察指引"等。儿童发展的个体差异性较大,官方文件通常作为一种了解幼儿发展阶段的参考标准,但不宜直接作为幼儿发展的绝对衡量标准来使用。以《3—6岁儿童学习与发展指南》为例,其中涉及健康教育的有两个领域,分别是健康和社会。健康领域对应三个二级指标,即身心状况、动作发展、生活习惯与生活能力;社会领域对应两个二级指标,即人际交往和社会适应。每个二级指标下面还有对应的3~4个三级指标,根据年龄段分为三个纵向发展标准,即3~4岁、4~5岁、5~6岁参考标准,每个年龄段有具体发展参考标准的描述。例如,"人际交往"的目标1"愿意与人交往"中,3~4岁的发展界定为"愿意和小朋友一起游戏;愿意与熟悉的长辈一起活动"。4~5岁界定为"喜欢和小朋友一起游戏,有经常一起玩的小伙伴;喜欢和长辈交谈,有事愿意告诉长辈"。5~6岁界定为"有自己的好朋友,也喜欢结交新朋友;有问题愿意向别人请教;有高兴的或有趣的事愿意与大家分享"。这种用年龄段来界定发展阶段标准的方式,容易被错误地理解为该年龄段必须达到的发展标准,忽略了幼儿发展的个体差异性。2020年,上海市发布的《上海市幼儿园办园质量评价指南(试行稿)》中的"3—6岁儿童发展行为观察指引"部分(以下简称"指引"),将纵向年龄段发展标准用表现行为1、表现行为3、表现行为5来界定,避免了这种问题。例如,在"自我与社会性"领域的"人际交往"子领域的表现行为"愿意与人交往,能与同伴友好相处"中,有三个表现行为的界定。

表现行为1包含四种具体行为描述:"愿意与同伴共同游戏,参与同伴游戏时能友好地提出请求;愿意接受身边成人的照料和关心,并共同活动;在成人的指导下,愿意分享玩具;与同伴发生冲突时,能听从成人劝解。"

表现行为3包含六种具体行为描述:"喜欢和同伴共同游戏,有较稳定的玩伴;喜欢和长辈交谈发生的事情;能运用简单的交往技巧加入同伴的游戏;知道轮流、分享,会适当妥协,能在成人的帮助下和平解决与同伴之间的矛盾;愿意主动寻求成人的陪伴、帮助或安慰;能谦让比自己幼小和体弱的同伴。"

表现行为5包含六种具体行为描述:"有自己的好朋友,还喜欢与新朋友交往;有问题能询问别人,遇到困难能向他人寻求帮助;愿意与大家分享和交流高兴的或有趣的事;能想办法结伴共同游戏,活动中能与同伴分工、合作、协商,一起克服困难、解决矛盾;敢于坚持与别人不同的意见并说出自己的理由;能谦让和照顾比自己幼小和体弱的同伴,也不让别人欺负自己。"

表现行为1、3、5不等同于年龄,观察者可以根据幼儿实际的表现行为来界定其所处的表现水平等级,任何年龄都可能处于任何表现行为。也有可能处于表现行为1、3、5的中间,介于1、3之间可以界定为表现行为2,介于3、5之间,可以界定为表现行为4。

该"指引"共有六个领域,其中涉及健康教育的领域有三个,分别是"领域一:健康与体能""领域二:习惯与自理""领域三:自我与社会性"。每个领域由2~3个子领域、2~4个表现行为和表现行为描述组成,具体领域对应的内容如图8-1所示。

微课

如何避开"年龄陷阱"?

知识拓展

《3—6岁儿童学习与发展指南》

知识拓展

3—6岁儿童发展行为观察指引

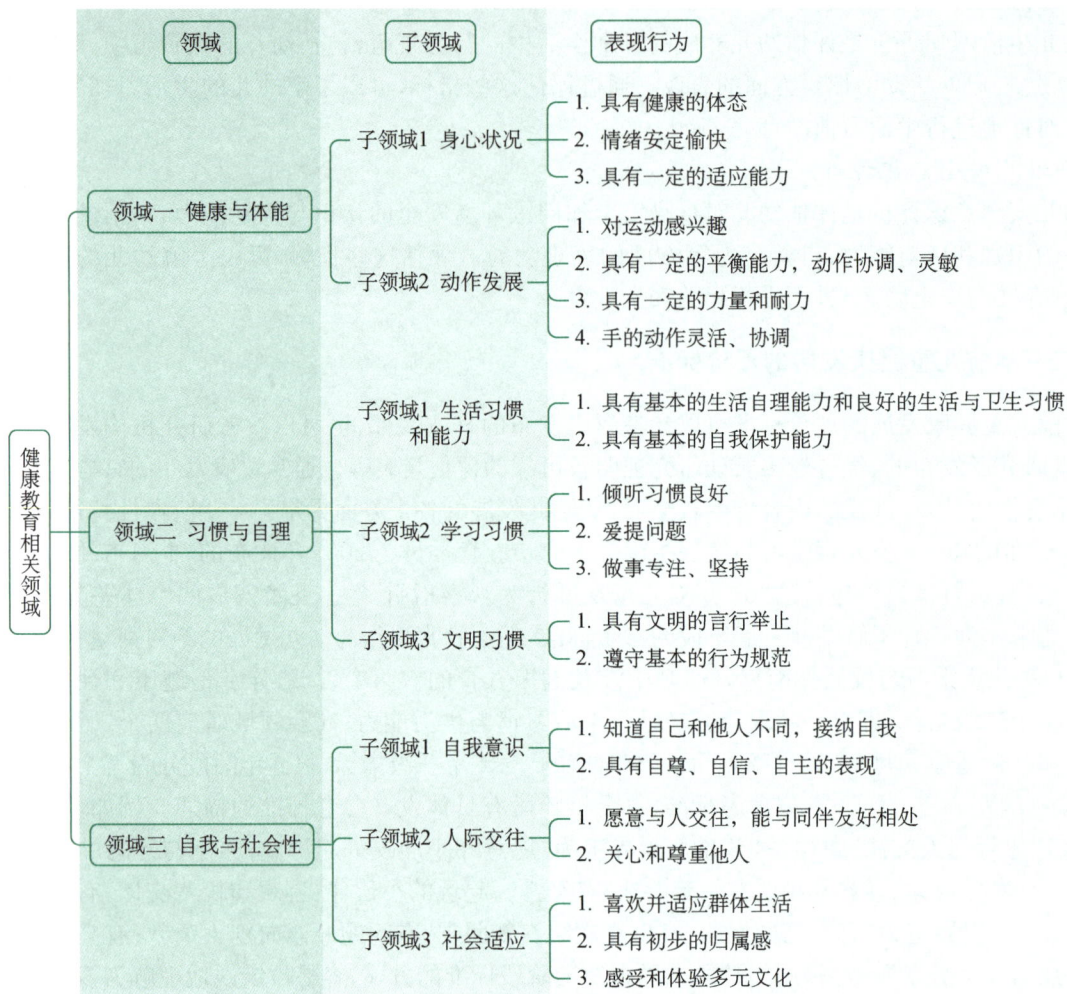

图 8-1 "3—6 岁儿童发展行为观察指引"健康领域指标框架图

除了政府发布的相关文件之外,在健康教育评价中,也可以使用研究机构或研究者发布的基于研究的一些评价标准、量表和工具。比如评价幼儿攻击性行为、注意力不集中、焦虑、多动和社会合作性行为等方面的"康纳斯教师评定量表";用于婴幼儿语言、大运动、精细动作和人际适应能力等方面评价的"丹佛发展筛查测试"(Denver Developmental Screening Test,DDST)及其修订试验(DDST‐R);用于筛查幼儿社交能力和行为问题的"阿肯巴克儿童行为量表"(Achenbach Child Behavior Checklist,CBCL);用于评价幼儿适应能力、大运动能力、精细运动能力、语言能力和个人社交能力的"格塞尔发展量表"(Gesell Developmental Scales);用于评价 0~42 个月婴幼儿智力发展、大动作和精细动作发展,记录幼儿情绪状态、对人和物体的反应性、注意力、坚持性、目标定向、活动程度和兴趣等的"贝利婴幼儿发展量表"(Bayley Scales of Infant Development,BSID)等。

以上这些与幼儿健康发展相关的量表、工具都包含评价标准,是可以直接使用的评价工具,并且大部分都是基于一定的实证研究,具有常模参照作用。在使用时,需要结合幼儿园、家长、幼儿及教师的实际情况,选用合适的评价标准,或者选用某一套评价标准中的一部分内容。

二、学前儿童健康发展评价的方法和主体

(一)学前儿童健康发展评价的常用方法

学前教育评价中的常用方法都可以应用在学前儿童健康发展评价中。这里主要讲解测量法、检核

法、观察法、谈话法、问卷法和表现性评价法。

1. 测量法

测量法是通过使用标准化的测量工具来评估幼儿的健康状况和体能水平。例如,可以使用身高、体重、BMI(体质指数)等指标来评估幼儿的生长发育情况,使用握力计、平衡木等器材来评估幼儿的体能水平。这种方法能够提供客观、量化的数据,有助于教师了解幼儿的健康状况和体能发展趋势。例如,在学前儿童体能评估中,教师使用标准化的测量工具,如平衡木、握力计等,来测量幼儿的平衡能力、握力等体能指标。通过对比测量结果和同龄幼儿的平均水平,教师可以评估幼儿的体能发展状况,并制订相应的锻炼计划。

2. 检核法

检核法是通过制定一系列具体的检查项目,逐一对照幼儿的表现进行评估的方法。在学前儿童健康教育中,可以制定健康行为检核表,如洗手步骤是否正确、是否按时作息等,以此评估幼儿的健康行为习惯。这种方法简单易行,有助于教师及时发现和纠正幼儿的不良健康行为。例如,为了培养幼儿良好的卫生习惯,教师制定了一份"卫生习惯检核表",包括洗手、刷牙、整理玩具等具体项目。每天,教师会根据幼儿的表现,在检核表上用符号标注完成情况(如"√"或"○")。通过定期查看检核表,教师可以了解幼儿在卫生习惯方面的进步和不足,并有针对性地给予指导和帮助。

微课

检核法 VS
观察法

3. 观察法

观察法是通过直接观察幼儿的行为和表现来评估其健康状况和学习情况的方法。在学前儿童健康教育中,教师可以观察幼儿在体育活动中的表现、饮食习惯、卫生习惯等方面,以此评估幼儿的健康状况和学习成果。观察法能够提供真实、自然的评估情境,有助于教师了解幼儿的实际发展水平。例如,在学前儿童健康教育活动中,教师观察幼儿在体育活动中的表现,如跑步、跳跃、投掷等动作是否协调,以及他们的呼吸和心率等生理指标是否在正常范围内。通过观察,教师可以评估幼儿的运动能力和健康状况,并为他们提供个性化的运动建议。

4. 谈话法

谈话法是通过与幼儿进行面对面的交流,了解他们的想法和感受的方法。在学前儿童健康教育中,教师可以通过与幼儿进行谈话,了解他们对健康知识的理解和应用情况,以及他们对健康教育的需求和期望。谈话法能够建立师生之间的信任和沟通,有助于教师更好地了解幼儿的需求和兴趣。例如,在学前儿童健康教育中,教师与幼儿进行了一次关于"我最喜欢的健康食物"的谈话。通过询问幼儿喜欢吃什么食物,为什么喜欢这些食物,以及这些食物对他们的健康有什么好处等问题,教师可以了解幼儿对健康食物的认识和态度,进而引导他们形成健康的饮食习惯。

5. 问卷法

问卷法是通过向幼儿或家长发放问卷,收集关于幼儿健康状况和学习情况的信息的方法。在学前儿童健康教育中,可以设计问卷了解幼儿的饮食习惯、睡眠情况、运动习惯等方面,以此评估幼儿的健康状况和学习成果。问卷法能够收集大量的数据,有助于教师了解幼儿的整体健康状况和学习需求。例如,为了了解家长对学前儿童健康教育的看法和需求,教师设计了一份问卷,包括幼儿在家的饮食习惯、运动习惯、睡眠情况等方面的问题。通过向家长发放问卷并收集反馈,教师可以了解家长对幼儿健康教育的期望和建议,从而优化教育内容和方法。

6. 表现性评价法

表现性评价法是通过观察幼儿在实际情境中的表现来评估其学习成果的方法。在学前儿童健康教育中,可以设计一些与健康相关的任务或活动,如制作健康食谱、进行健康宣传等,以此评估幼儿对健康知识的理解和应用能力。表现性评价法能够评估幼儿在实际情境中的表现,有助于教师了解幼儿的实际应用能力和创造力。例如,在学前儿童健康教育活动中,教师组织了一次"小小营养师"的角色扮演游戏。幼儿分组扮演营养师的角色,根据给定的食材和营养需求,设计一份健康的食谱。通过观察和评估幼儿在游戏中的表现,如食材选择、营养搭配、食谱制作等方面的能力,教师可以了解幼儿对健康饮食知识的理解和应用能力。

总的来说,学前儿童健康教育评价应综合运用各类方法,以全面、准确地评估幼儿在健康领域的学习和发展情况。同时,教师还应根据幼儿的实际情况和需要,灵活选择和调整评价方法,以确保幼儿健康教育评价的有效性。

(二)学前儿童健康发展评价的主体

1. 幼儿

幼儿是健康教育的核心受益者,也是评价过程的重要参与者。在健康教育中,教师和家长需要明确并尊重幼儿的评价主体地位,鼓励他们表达自己的感受和看法,并培养他们成为自己健康成长的评价者,参与健康教育的评价,增强健康自主意识。

培养幼儿成为评价主体,需要设计适合幼儿参与评价的方式,如观察法、角色扮演法、同伴评价法等。以幼儿为评价主体的角色扮演法是指通过角色扮演游戏,让幼儿模拟健康教育场景中的不同角色,如医生、患者、营养师等。在游戏结束后,让幼儿分享自己的感受和体验,评价自己在游戏中的表现,以及游戏对自己健康行为的影响。同伴评价法是通过组织幼儿进行小组活动或游戏,鼓励他们在活动中相互观察、相互评价,引导幼儿学习用正面、鼓励的语言评价同伴的表现,同时也接受同伴对自己的评价。

让幼儿作为幼儿园健康教育的评价主体,需要明确幼儿的主体地位,采用适合幼儿的评价方式,提供必要的支持和指导以及注重家园合作。通过这些措施的实施,可以激发幼儿参与健康教育的积极性和主动性,促进他们身心健康发展。

2. 教师

教师作为教育的直接参与者,对幼儿的健康状况和教育效果有深入的了解。他们作为评价主体之一,能够确保评价的准确性和客观性。通过教师的参与,可以及时发现健康教育中的问题和不足,从而推动健康教育改革的深化。这有助于形成更加科学、有效的健康教育模式,提高健康教育的针对性和实效性。教师的参与还能够促进家园共育。通过评价,教师可以与家长更加深入地沟通幼儿在健康教育方面的表现和需求,从而共同制订更加适宜的教育方案,促进幼儿的全面发展。

教师可以通过测量法、观察法、谈话法、问卷法、任务测试法、情境模拟法、档案袋评价、作品分析法等方法开展学前儿童健康发展评价。前四种方法属于常用方法,后四种属于以教师为主体的特定评价方法。任务测试法是设计简单的任务评估能力发展的方法。例如:让幼儿连续跳绳 10 次,测试肢体协调性;通过"食物分类游戏"(将卡片按健康/不健康分类),评估营养知识掌握程度。情境模拟法是指创设生活场景观察幼儿的应对能力。例如:模拟"超市购物"游戏,观察幼儿是否优先选择牛奶、水果而非糖果;通过"医生看诊"角色扮演游戏,观察幼儿是否掌握正确打喷嚏捂口鼻的方法。档案袋评价是系统收集幼儿健康相关的作品、记录和影像,分析幼儿健康发展情况的评价方法。例如:可以将幼儿绘画的"健康食物"作品与 3 个月前的对比,分析其对营养认知的进步;拍摄洗手步骤视频,评估卫生习惯养成情况等。作品分析法是通过幼儿创作的作品或行为痕迹分析健康意识的评价方法。例如:分析绘画中"健康的一天"是否包含运动、刷牙等元素;记录如厕后主动洗手次数,统计卫生习惯养成率。

3. 家长

家长通过参与学前儿童健康发展评价,可以更加全面、深入地了解学前儿童的健康状况、生活习惯以及心理需求,加强家园之间的沟通与联系,形成教育合力。家长也可以在参与评价的过程中,接触到更多的健康知识和育儿理念,掌握更多的育儿技巧和方法,这有助于家长根据幼儿的实际情况制订更加具有针对性的家庭教育计划,从而提高健康教育的实效性。例如,家长可以根据评价结果,调整幼儿的饮食、作息和运动习惯,帮助幼儿建立健康的生活方式。

家长参与学前儿童健康发展评价的方式通常包括直接观察与记录、问卷调查、访谈、参与幼儿园家长活动、家长互助交流、使用专业评估量表。前面三种为常用评价方法,后面三种为家长参与评价的特定方法。家长通过参加学校定期举办的家长会、健康讲座和活动、加入家长社群等方式,可以了解幼儿在学校的整体表现和健康状况,学习健康知识和育儿技巧,与其他家长分享交流育儿经验和心得。家长可以使用专业的心理健康评估量表,如儿童焦虑量表、儿童抑郁量表等,对幼儿的心理健康状况进行评估。这些量表通常包含一系列问题,家长可以根据幼儿的回答情况,判断其心理健康水平。家长还可以利用身体发育评估工具,如身高、体重测量仪等,对幼儿的身体发育情况进行监测。通过定期测量和记录,家长可以了解幼儿的生长发育趋势,及时发现并纠正可能存在的问题。

4. 管理者

幼儿园管理者包括幼儿园园长、保教主任等,他们作为评价主体之一,参与健康教育评价,可以监测和评估幼儿园整体健康教育的质量,确保教育活动的科学性、系统性和有效性。通过健康教育评价,可以发现幼儿园管理机制、师资力量、环境营造、教育计划等方面存在的问题,从幼儿园管理层面推动健康教育质量的整体提升,提高教师的专业素养和教学能力。

幼儿园管理者可以通过制订健康教育计划、营造健康环境、开展健康教育活动、加强家园合作、进行健康监测和评估等方式参与健康教育评价。

（1）幼儿园管理者应根据幼儿的年龄特点和身心发展需求,制订科学合理的健康教育计划,明确教育目标、内容和方法,确保健康教育活动的有序进行。

（2）幼儿园管理者应努力营造有利于幼儿健康成长的环境,包括家庭、幼儿园和社会三个方面。在家庭方面,应鼓励家长树立正确的育儿观念,为幼儿提供健康的饮食和生活环境;在幼儿园方面,应完善幼儿园的卫生设施,提供安全的运动器材和玩具;在社会方面,应加强与社区、医疗机构等部门的合作,共同为幼儿的健康成长提供保障。

（3）幼儿园管理者可以组织丰富多彩的健康教育活动,如体育锻炼、卫生习惯培养、安全教育等,让幼儿在活动中感受健康的重要性,并学会保持健康的方法。同时,还可以利用故事、游戏等寓教于乐的方式,提高幼儿对健康教育的兴趣和参与度。

（4）幼儿园管理者应加强与家长的沟通与合作,共同关注幼儿的健康成长。可以通过家长会、家访等方式,向家长传授健康教育的知识和技能,引导家长积极参与幼儿的健康教育过程,形成家园共育的良好氛围。

（5）幼儿园管理者应定期组织对幼儿健康状况的监测和评估,包括身高、体重、视力、听力等方面的检查,以及心理健康状况的评估。通过监测和评估,可以及时发现幼儿存在的健康问题,进而采取相应的干预措施,确保幼儿的健康成长。

三、学前儿童健康发展评价的过程和反馈

学前儿童健康发展的评价过程包括评价准备、评价实施、评价反馈三个阶段。

（一）评价准备阶段

评价准备阶段,需要做好组织工作准备和评价方案设计。幼儿园组织工作准备是指要根据不同的评价类型和预期评价的内容,确定参与评价工作的人员和工作开展机制、步骤、流程等。例如,对幼儿身体发育状况的评价,需要组织社区医生或保健医生参与评价工作,需要召集动员相关人员,布置评价工作任务、确定任务要求等。做好教师参与评价的动员工作,确保评价工作的顺利进行。评价方案设计,按照评价的目的和内容,确定评价标准,这些标准应基于学前儿童健康教育的目标和要求,具有可操作性和可衡量性。设计好评价工具,如问卷、访谈提纲、观察记录表等,以及需要的操作材料,确保评价工作的规范化和标准化。

（二）评价实施阶段

评价实施阶段,需要按照评价方案开展资料搜集和数据处理工作。资料搜集与数据处理是评价实施阶段的核心环节,需通过科学方法与系统分析将碎片化信息转化为可操作的结论。

1. 资料搜集

可以通过问卷调查、实地观察、对话访谈、数据挖掘等方式展开资料搜集。问卷调查,可以向家长和

教师发放问卷,收集幼儿的日常行为表现、生活习惯、学习兴趣等信息。问卷设计涵盖多个维度,包括合作性、兴趣性、协调性、记忆性和注意力等,以全面了解幼儿的健康发展状况。实地观察,是在幼儿园环境中对幼儿进行自然观察,记录其在游戏、学习和社交活动中的表现。这种方法能够获取幼儿在真实情境中的行为数据,补充问卷调查的不足。对话访谈,可以根据评价目的的确定对话访谈的对象,比如学前教育专家、幼儿健康专家、幼儿园管理者、教师、家长或者幼儿,获取幼儿健康发展的专业认知、发展情况等信息。数据挖掘,可以利用大数据技术收集幼儿的健康监测数据,如生理指标、运动习惯等,通过智能系统进行分析。

2. 数据处理

数据处理包括量化数据处理和质性数据处理。

（1）量化数据处理

量化数据处理需要经过数据清洗与预处理、标准化处理、统计分析、构建模型与预测等过程。

① 数据清洗与预处理是指对收集到的问卷数据、观察记录和监测数据等进行清洗,去除无效或异常数据。例如,对于问卷中的缺失值,采用均值填充或删除处理。

② 进行标准化处理是因为不同的指标有不同的单位和大小范围,所以需要用一种方法把它们统一调整到相同的单位和范围。学习兴趣这种正向的指标,数值越大,得分越高;而行为问题这种负向的指标,数值越小,得分越高;对于那些需要保持在一个适中范围内的指标(比如"适龄幼儿人数"),数值越接近这个适中值越好。在标准化处理过程中,需要运用正向型、负向型和适中型的标准化值公式将三类数据进行标准化值的计算,标准化值都在 0 到 1 的范围里。这样,不同单位和范围的数据能够统一在一个标准范围内进行统计分析和比较。

③ 对于统计分析,可以运用 SPSS 软件对数据进行描述性统计分析,计算各维度的均值、标准差等统计量,了解幼儿健康发展的整体状况。同时,采用独立样本 T 检验、卡方检验等方法分析不同性别、年龄幼儿的发展差异等。

④ 量化数据的模型构建与预测,可以根据评价目的来确定是否需要进行这一步。模型构建与预测需要基于数据挖掘技术,构建支持向量机(SVM)模型,对幼儿的行为和兴趣进行预测分析。例如,通过分析幼儿的活动时长和频率,预测其兴趣爱好,为个性化教育提供依据。

（2）质性数据处理

质性数据主要来源于观察记录、访谈记录以及案例描述等,这些数据能够提供丰富的背景信息和深入的行为细节。质性数据处理包括同步整理与分析、分类与编码、构建概念框架、数据解读和数据呈现。

① 同步整理与分析是指质性数据的整理和分析需要同步进行,以便及时发现数据中的关键信息和潜在模式。

② 分类与编码是将观察记录和访谈内容进行分类,形成初步的编码。例如,将幼儿的行为表现分为"合作性""独立性""情绪表达"等类别。

③ 构建概念框架需要通过对比、预测、匹配和判断等分析行为,构建完整的概念框架。例如,将"幼儿之间的表现差异""幼儿前后变化"等归入"对比"这一核心类属。

④ 数据解读包括在文本中寻找意义,开展案例分析和理论联系实际。可通过阅读原始记录,寻找数据中的意义。例如,在观察记录中寻找幼儿在游戏中的互动模式、情绪变化等。然后,结合具体案例进行深入分析。例如,通过分析幼儿在"娃娃家"游戏中的行为,解读其社交能力和角色扮演能力。理论联系实际是将观察到的行为与教育理论相结合,解释幼儿行为背后的原因。例如,通过托尔曼的中介变量理论(S-O-R 理论),分析教师在观察幼儿时的内隐分析行为。

⑤ 数据呈现包括撰写报告和可视化展示,可根据评价需求确定是否需要进行这一步。撰写报告是指将质性分析的结果以报告形式呈现,详细描述研究过程、发现的模式和理论解释。可视化展示需要使用概念构图法等工具,将质性数据的分析结果进行可视化展示,便于理解和应用。

（三）评价反馈阶段

评价反馈阶段包括撰写评价报告、解释评价结果、应用评价结果。

1. 撰写评价报告

评价报告是将评价过程和结果进行系统总结的重要文件。报告应包括以下四个部分。第一，评价目的和背景。说明评价的目的、对象和背景信息。例如，本次评价旨在全面了解某幼儿园大班幼儿的健康发展状况，为后续教育计划提供依据。第二，评价方法和工具。介绍使用的评价方法和工具。例如，本次评价采用了教师观察记录、家长问卷调查以及幼儿健康体检报告等方法和工具。第三，评价结果。详细列出各项指标的评价结果，包括量化数据和质性分析。例如，量化数据显示，80%的幼儿在社交行为方面表现良好，但在注意力集中方面有提升空间；质性分析发现，部分幼儿在小组活动中表现出较强的领导能力，但也有个别幼儿在合作游戏中存在困难。第四，建议和改进措施。根据评价结果提出具体的建议和改进措施。例如：建议增加注意力训练活动，如拼图游戏、听指令做动作等；对于合作游戏有困难的幼儿，建议教师在小组活动中给予更多引导和鼓励。

2. 解释评价结果

解释评价结果是将复杂的评价数据转化为易于理解的信息，以便家长和教师能够接受并采取行动。例如，在家长会上教师可以向家长展示评价报告中的关键数据和发现；可以指出幼儿在语言表达方面表现优秀，但在情绪管理方面需要进一步指导；可以解释情绪管理是一个重要的发展领域，通过一些简单的家庭活动，如情绪卡片游戏，可以帮助幼儿更好地理解和表达自己的情绪。又如，在教师会议上与同事讨论，可以详细分析评价结果，讨论如何调整教学计划：如果发现班级中有较多幼儿在运动协调能力方面存在不足，教师团队可以决定增加一些体育活动，如跳绳、平衡木等，以帮助幼儿提高运动技能。

3. 应用评价结果

应用评价结果是评价反馈阶段的核心，它是将评价转化为实际的教育和干预措施，主要包括两个方面。一是根据评价结果，为每个幼儿制订个性化的教育计划。例如，对于在数学学习上有困难的幼儿，教师可以提供更多的数学游戏和一对一辅导；对于在社交互动方面表现突出的幼儿，可以鼓励他们担任小组活动的小组长，发挥他们的领导才能。二是可以根据评价结果制订班级整体改进计划。例如，如果发现班级整体在健康饮食习惯方面存在不足，可以开展一系列健康饮食主题活动，如"健康食物周"，通过故事、游戏和亲子活动帮助幼儿建立良好的饮食习惯。评价不是一次性的活动，而是一个持续的过程。教师需要定期跟踪幼儿的发展情况，并根据新的评价结果调整教育计划。

通过撰写评价报告、解释评价结果和应用评价结果，能够有效地将评价数据转化为实际的教育行动，为幼儿的全面发展提供有力支持。学前儿童健康教育的评价反馈是一个系统而细致的过程，需要遵循一定的原则和方法，确保评价的科学性和有效性。通过评价反馈，我们可以更好地了解健康教育活动的实施效果，发现问题并提出改进建议，从而推动健康教育水平的不断提高。

以下案例展示了一个综合性的幼儿健康发展评价方案的设计框架。它严格遵循本模块任务1阐述的评价过程性要素，从评价准备阶段开始明确评价目的，界定评价内容，选择评价标准，运用多元评价方法与工具，并规划资料收集整理与结果反馈流程。该方案为实施任务情境中要求的"全面了解在园幼儿健康领域发展情况"提供了结构化范例。

案例 8-1

幼儿健康发展评价方案

一、评价目的

全面了解在园幼儿健康领域发展情况，发现存在的问题，提出改进措施，提高教育质量。

二、评价对象和内容

评价对象为某幼儿园的幼儿，评价内容包括生理健康、心理健康、社会健康、认知健康及行为习惯等方面的发展状况。

三、评价标准

采用幼儿的知识-态度-行为状况、生长发育指标达成情况、疾病统计指标以及卫生保健工作状况等作为评价标准。

四、评价方法和工具

观察法:观察幼儿的生活习惯、社交行为、游戏表现等,记录相关数据。

问卷法:向家长和教师发放问卷,了解幼儿的饮食、睡眠、情绪等方面的情况。

访谈法:与幼儿进行面对面的交流,了解他们的想法和感受。

测评工具法:使用幼儿身体发育测评表、心理健康测评问卷等工具进行评估。

五、评价资料搜集和整理方法

制订详细的资料搜集计划,明确搜集的内容、方式和时间。

建立分类存储和统计分析的资料整理方法,确保资料的完整性和准确性。

六、评价结果反馈

将评价结果以报告形式呈现给幼儿园管理层、家长和教师。

报告中应包含评价的结果、存在的问题、改进措施以及未来的发展方向。

组织家长会或教师座谈会,就评价结果进行深入讨论和交流,共同推动幼儿健康教育的发展。

案例 8-1 是本任务所讨论的系统性评价过程的具体体现。其主要特点在于三个方面。第一,内容全面。覆盖了身体健康、心理健康、社会适应、行为习惯等关键发展领域。第二,方法综合。整合了观察、问卷、访谈、标准化工具等多种评价方法,确保数据来源多样。第三,流程清晰。明确了从目标设定、资料搜集整理到结果反馈应用的完整闭环。该方案为幼儿园设计并实施科学的幼儿健康发展评价提供了可操作的模板,旨在通过评价结果驱动教育实践的改进。

任务 2
设计与实施学前儿童健康教育课程评价

任务目标

1. 了解学前儿童健康教育课程目标和教学内容评价。
2. 掌握教师教学方法和活动组织评价。
3. 掌握幼儿学习效果评价。
4. 了解学前儿童健康教育课程资源利用情况评价。

任务情境

　　某幼儿园以健康教育课程为特色。为了进一步打造特色、突出亮点,幼儿园决定对其现有的健康教育课程进行全面评价。此次评价旨在通过运用科学的方法和工具,系统评估其健康教育课程的目标与内容、组织与方法、幼儿学习效果等方面,以发现课程的优势与不足,为课程的持续优化和改进提供科学依据,确保学前儿童能够获得全面、有效的健康教育。

　　在设计整体的课程评价过程中,幼儿园要求教师对班级开展的健康教育活动进行自评与互评,并将班级的健康教育活动评价纳入幼儿园整体的课程质量评价的大框架。

　　完成本任务的学习后,请你帮助幼儿园拟订一份课程评价方案,需要包含教师可以使用的自评、互评相结合的评价方案。

任务支持

　　本任务聚焦于对幼儿园健康教育整体课程体系的评价,适用于具体教育活动,一学期、一学年或整体性课程的目标设定和教学内容评价,教师教学方法和活动组织评价,幼儿学习效果评价,课程资源利用情况、实施过程与资源保障评价,旨在通过科学方法评估其设计合理性、实施有效性及资源利用效率,从而优化课程质量,促进幼儿健康领域的全面发展。

一、课程目标和教学内容评价

(一) 课程目标评价

课程目标评价主要围绕目标的明确性、适宜性、全面性和可操作性四个维度。

1. 明确性

明确性是指评价目标需要清晰、具体,能够明确指出学前儿童在健康教育课程中应达到的知识、技能和态度等方面的要求。可以通过检查课程目标的表述是否简洁明了,是否使用了可操作、可测量的动词来描述预期结果,确定目标表述的明确性。例如,目标中是否明确指出学前儿童能够"说出三种常见蔬菜的名称及其营养成分""主动参与健康游戏活动"等。表8-1展示了目标明确性的修改。

表8-1　目标明确性的修改示例

原课程目标	存在问题	改进后目标
让学前儿童了解基本的健康饮食知识,养成良好的饮食习惯	目标较为模糊,缺乏明确性	能够正确识别五种常见蔬菜和水果,并能说出它们的主要营养成分;在日常生活中,能够主动选择健康的食物,每周有主动吃蔬菜水果的行为

2. 适宜性

适宜性是指目标要符合学前儿童的年龄特点、认知水平和生活经验,既具有一定的挑战性,又能够通过课程的学习实现。需要结合学前儿童的身心发展规律和实际情况,分析课程目标是否过高或过低。可以通过观察学前儿童在课程前对相关健康知识和行为的了解程度,来判断目标是否适宜。例如,在课程前对学前儿童进行简单的访谈或小测试,了解他们对健康饮食的初步认识,然后对比课程目标,判断目标是否与学前儿童的实际水平相匹配(表8-2)。

表8-2　目标适宜性的修改示例

原小班课程目标	存在问题	改进后目标
能够理解并解释食物金字塔的含义	这个目标可能过高,因为小班幼儿的认知能力有限,理解抽象的概念比较困难	能够认识几种常见的食物类别,如谷物、蔬菜、水果等,并能说出食物类别中的1~2种代表食物

3. 全面性

全面性是指目标涵盖了学前儿童健康教育的各个方面,包括身体健康、心理健康、社会适应等多个维度,以及学前儿童的健康意识、健康知识和健康行为。检查课程目标的全面性,即检查是否仅关注单一的领域,如饮食健康,而忽略了其他重要方面,如运动锻炼、心理健康等。可以通过列出课程目标的各个方面,对照学前儿童健康教育的全面要求进行逐一分析。表8-3展示了目标全面性的修改。

表8-3　目标全面性修改示例

原课程目标	存在问题	改进后目标
让学前儿童掌握正确的洗手方法	虽然这是一个重要的健康行为目标,但过于单一	掌握正确的洗手方法,了解洗手的重要性;养成良好的个人卫生习惯,如勤剪指甲、不随地吐痰等;理解保持个人卫生对身体健康的意义,提高健康意识

4. 可操作性

可操作性是指课程目标能够在实际教学中通过具体的教学活动和方法来实现,并便于评价和检测。可以通过分析课程目标能否转化为具体的教学任务和活动,能否通过明确的评价指标来衡量学前儿童达成目标的情况等方法来判断可操作性。例如,目标中是否包含了可观察、可测量的行为表现,如"能够在教师的引导下,主动参与健康游戏活动,并在游戏中表现出合作精神"。表8-4呈现了目标可操作性的修改。

表8-4　目标可操作性的修改示例

原课程目标	存在问题	改进后目标
提高学前儿童的健康意识	这个目标较为抽象,缺乏可操作性	通过健康教育课程,能够说出至少三种保持健康的方法,如合理饮食、适量运动、充足睡眠;在日常生活中,能够主动践行这些健康方法,如每天保证足够的睡眠时间,每周进行户外运动,养成规律运动习惯

（二）教学内容评价

1. 适宜性

适宜性是指教学内容符合学前儿童的认知水平和生活经验，能够以学前儿童可理解和接受的方式呈现，贴近学前儿童的实际生活，与他们的日常健康需求相符合。检查教学内容的难易程度，可从是否与学前儿童的年龄阶段相匹配，是否采用了直观、形象、生动的教学材料和方式进行判断，也可以通过观察学前儿童在学习过程中的反应和理解程度，来判断内容的适宜性。例如：在讲解食物营养时，是否使用了实物、图片、动画等直观材料，而不是单纯的文字讲解；学前儿童能否通过简单的语言或动作来表达对教学内容的理解。

2. 科学性

科学性是指教学内容准确无误，符合健康教育的科学原理和健康知识的最新研究成果，能够为学前儿童提供正确的健康信息和指导。检查教学内容的来源是否可靠，是否经过了科学验证，可以通过查阅相关的健康教育教材、专业书籍、权威网站等，对比教学内容是否与科学的健康知识相符。例如，在讲解预防近视的内容时，是否提供了正确的用眼卫生知识，如"眼睛与书本的距离应保持在 30 厘米左右，连续用眼 40 分钟后应休息 10 分钟"等。

3. 丰富性

丰富性是指教学内容丰富多样，涵盖了学前儿童健康教育的各个方面，如饮食健康、运动锻炼、心理健康、疾病预防、安全意识等，能够满足学前儿童在不同健康领域的学习需求。检查教学内容的丰富性，可以通过列出教学内容的各个模块，对照学前儿童健康教育的全面要求，进行逐一分析。例如，教学内容是否包括了健康饮食、适量运动、情绪管理、安全自护等多个方面的知识和技能。

4. 逻辑性

逻辑性是指教学内容的安排具有逻辑性，按照一定的顺序和结构进行组织，能够帮助学前儿童逐步建立起系统的健康知识体系，符合学前儿童的学习规律和认知发展顺序。检查教学内容的逻辑性，可通过检查教学内容的先后顺序是否合理，是否从简单到复杂、从具体到抽象进行安排来判断。例如：在讲解健康饮食时，是否先从认识常见食物开始，再逐步介绍食物的营养成分和健康饮食的重要性；在讲解运动锻炼时，是否先从简单的运动方式入手，再引导学前儿童了解运动的好处和注意事项。

二、教师教学方法和活动组织评价

（一）教学方法评价

1. 多样性

多样性，即教师是否采用了多种教学方法，如游戏教学、情景模拟、故事讲述、互动讨论、实践操作等，以满足不同幼儿的学习风格和需求，激发幼儿的学习兴趣和积极性。观察教师在教学过程中是单一地采用讲解法，还是综合运用了多种教学方法，可以通过记录教师在每一节课中所采用的教学方法的种类和频率，来判断教学方法的多样性。例如，在一节健康教育课中，教师是否通过游戏活动让学前儿童感知健康知识，是否通过情景模拟让学前儿童了解健康行为的实际应用，是否通过故事讲述来吸引学前儿童的注意力等。

案例 8-2

在讲解"良好的卫生习惯"时，教师采用了"情景模拟"的教学方法，让学前儿童模拟在餐厅就餐的场景，引导他们注意餐具的清洁、用餐的礼仪等卫生习惯。同时，教师还通过"故事讲述"的方法，讲述了一个因为不注意卫生而生病的小故事，激发了幼儿对保持良好卫生习惯的兴趣。这种多样化的教学方法能够更好地吸引学前儿童的注意力，提高他们学习的积极性。

2. 有效性

有效性是指教师所采用的教学方法能够有效地促进学前儿童对健康知识的理解和掌握,有助于学前儿童健康行为的养成,能够提高学前儿童的健康意识和能力。可通过观察学前儿童在学习过程中的表现和学习效果,来判断教学方法的有效性。例如,学前儿童能否积极参与教学活动,能否正确回答教师提出的问题,能否在实际生活中应用所学的健康知识和技能。可以参考学前儿童的课堂表现、任务完成情况、测试成绩等多方面的数据,来综合评估教学方法的有效性。

案例 8-3

在"健康饮食"课程中,教师采用了"实践操作"的教学方法,让学前儿童自己制作水果沙拉。通过这种实践操作活动,幼儿不仅了解了水果的种类和营养成分,还学会了简单的水果处理方法和搭配技巧。课程后,通过观察儿童在餐点环节的选择行为,发现其主动选择水果的频率显著增加,而且在日常生活中,他们也更愿意主动选择水果作为零食。这说明"实践操作"这种教学方法在该课程中是有效的。

3. 适应性

适应性是指教师所采用的教学方法能够适应不同学前儿童的特点和需求,考虑到了学前儿童的个体差异,如年龄、性别、性格、学习能力等,能够为每个学前儿童提供合适的学习机会和体验。可通过观察教师在教学过程中能否根据学前儿童的反应和表现灵活调整教学方法来判断适应性。例如,对于性格内向、不善于表达的幼儿,教师是否采用了更多的小组合作活动,让他们在小组中能够得到更多的支持和鼓励;对于学习能力较强、对健康知识有浓厚兴趣的幼儿,教师是否提供了更多的拓展学习资源和挑战性任务。

案例 8-4

在"心理健康"课程中,教师发现有一部分幼儿在表达自己的情绪时比较困难。于是,教师采用了"绘画表达"的教学方法,让学前儿童通过绘画来表达自己的情绪。这种方法适应了这些学前儿童的特点,使他们能够更加自然地表达自己的内心感受。同时,对于那些能够熟练表达情绪的幼儿,教师引导他们进行"情绪故事创作"活动,让他们能够更深入地理解和表达情绪。这种根据幼儿个体差异灵活调整教学方法的做法,能够更好地满足每个学前儿童的学习需求。

4. 创新性

创新性是指教师能够运用新颖、独特的教学方法,打破传统的教学模式,为学前儿童带来新鲜感和吸引力,能够激发学前儿童的创造力和想象力,引导学前儿童从不同的角度思考健康问题。可以通过观察教师的教学设计和教学实践,来判断教学方法的创新性。例如,是否利用了虚拟现实(VR)技术让学前儿童体验健康场景,是否采用了项目式学习的方法让学前儿童自主探究健康问题,是否运用了创意手工制作活动来帮助学前儿童理解健康知识等。

案例 8-5

在"运动锻炼"课程中,教师采用了"运动游戏编程"的创新教学方法。教师先向幼儿介绍了一些简单的运动动作,然后让其自己设计一个运动游戏,并通过编程软件将这些动作组合起来,形成一个完整的运动游戏。这种创新的教学方法不仅让幼儿在游戏中学习了运动知识,还激发了他们的创造力和想象力,使他们能够从编程的角度思考运动游戏的设计和规则。

（二）活动组织评价

1. 计划性

计划性是指教师制订了详细的活动计划，明确了活动的目标、内容、步骤、时间安排等，能够按照计划有条不紊地组织教学活动，能够合理安排活动的各个环节，确保活动的顺利进行。可以通过查看教师的教案、教学计划等资料，检查教师的活动计划是否完整、详细，是否具有可操作性，了解活动的组织安排是否合理。例如，活动计划中是否明确了每个环节的时间分配，是否考虑到了活动的过渡和衔接，是否预留了足够的时间用于学前儿童的自主探索和互动交流。

案例 8-6

在"健康饮食"课程中，教师制订了详细的活动计划，包括活动目标、内容、步骤和时间安排等。活动计划中明确指出，活动时间为 30 分钟，其中前 5 分钟进行导入环节，通过播放一段有趣的动画视频吸引幼儿的注意力；接下来 10 分钟进行知识讲解环节，通过图片和实物展示介绍常见食物的营养成分；然后用 10 分钟进行游戏活动环节，让幼儿通过"食物分类"游戏巩固所学知识；最后 5 分钟进行总结和反馈环节，让幼儿分享自己的学习收获。这种详细的活动计划能够确保教师在教学过程中有条不紊地组织活动，使活动的各个环节紧密衔接，提高教学效率。

2. 组织性

组织性是指教师在活动组织过程中能够有效地管理学前儿童，能够维持良好的课堂秩序，能够合理安排幼儿的座位和分组，能够确保每个幼儿都积极参与活动，能够及时处理活动过程中出现的问题和意外情况。可以通过观察教师在活动过程中的组织管理能力，包括对学前儿童的注意力引导、课堂纪律维护、活动秩序管理等方面，记录教师在活动过程中对幼儿的指导和管理行为，以及幼儿的参与情况和课堂秩序，来判断活动的组织性。例如，教师能否及时制止幼儿的不良行为，能否引导幼儿有序地参与活动，能否确保每个幼儿都能够获得平等的学习机会。

案例 8-7

在"运动锻炼"课程中，教师组织学前儿童进行"趣味接力跑"游戏。教师在活动前明确提出了游戏规则和安全要求，并合理安排了幼儿的分组和站位。在游戏过程中，教师时刻关注幼儿的运动情况，及时提醒他们注意安全和遵守规则。当出现个别幼儿不遵守规则的情况时，教师能够及时进行纠正和引导，确保游戏活动的顺利进行。这种良好的组织性能够保证活动的有序开展，使每个学前儿童都能够积极参与其中，进而保障活动的效果。

3. 互动性

互动性是指教师注重与学前儿童之间的互动交流，能够积极引导学前儿童参与课堂讨论、提问、回答问题等，能够鼓励学前儿童之间进行合作与交流，能够营造出轻松、愉快、民主的课堂氛围，促进学前儿童的主动学习和积极思考。可以通过观察教师在教学过程中是否采用了互动式的教学方式，如提问、讨论、小组合作等，记录教师与学前儿童之间的互动次数、互动方式以及学前儿童的参与度，来判断活动的互动性。例如：教师能否提出富有启发性的问题，引导学前儿童积极思考和回答；在小组合作活动中，教师能否及时给予指导和鼓励，促进学前儿童之间的有效合作。

在"心理健康"课程中,教师组织学前儿童进行"情绪分享会"活动。教师首先通过讲述一个关于情绪的故事,引导幼儿思考情绪的产生和影响。然后,教师鼓励幼儿分享自己曾经经历过的快乐、难过、生气等情绪,并引导他们讨论如何正确表达和调节这些情绪。在这个过程中,教师积极与幼儿进行互动交流,认真倾听他们的分享,并给予适当的反馈和指导。这种互动性的教学方式能够激发学前儿童的学习兴趣和积极性,促进他们对心理健康知识的理解和掌握。

4. 灵活性

灵活性是指教师在活动组织过程中能够根据实际情况灵活调整活动计划和教学策略,能够及时应对活动过程中出现的各种问题和变化,能够根据学前儿童的反应和需求,适时调整活动的内容、形式和难度,以更好地满足学前儿童的学习需求和兴趣。可以通过观察教师在活动过程中的应变能力,包括对活动计划的调整、对教学策略的改变、对学前儿童个别差异的关注等方面,记录教师在活动过程中对计划和策略的调整情况,以及调整后的效果,来判断教师的灵活性。例如:当发现学前儿童对某个活动环节不感兴趣时,教师能否及时调整活动内容或形式,吸引他们的注意力;当发现学前儿童在理解某个知识点上有困难时,教师能否改变教学方法,帮助他们更好地理解。

在"健康饮食"课程中,教师原计划通过讲解和图片展示的方式介绍食物的营养成分。但在活动过程中,教师发现幼儿对这种讲解方式兴趣不高,注意力不够集中。于是,教师灵活调整教学策略,改为让幼儿自己通过观察实物、品尝食物等方式来探索食物的营养成分。这种灵活的调整能够更好地吸引幼儿的注意力,提高他们的学习积极性,使活动更加符合学前儿童的学习需求和兴趣。

三、幼儿学习效果评价

(一)知识掌握

评价幼儿学习效果的首要维度是考查其对健康知识的理解与掌握程度。这包括学前儿童能否理解并记忆课程所传授的核心健康知识。例如,健康饮食的基本原则、常见疾病的预防常识、基本的安全自护知识等。评价的重点不仅在于幼儿能否正确复述或识别这些知识,更在于考查其能否在实际情境中初步运用这些知识。例如,能否解释"为什么饭前要洗手?"这样的简单健康现象,或回答"遇到陌生人给糖果怎么办?"这样的实际问题。这种对知识的理解和初步应用能力,是健康行为养成的基础。

在"健康饮食"课程结束后,教师通过测试法对学前儿童的知识掌握情况进行评估。测试题目包括"水果和蔬菜的主要营养成分是什么""为什么我们要多吃蔬菜和水果""请列举三种健康的食物和三种不健康的食物"等。测试结果显示:幼儿对水果和蔬菜的主要营养成分(如维生素、矿物质等)的掌握情况较好,大部分幼儿能够正确回答;但对于一些较为复杂的健康饮食原则(如食物的搭配原则),部分幼儿的理解还不够深入,回答不够准确。

在"疾病预防"课程中,教师通过观察法了解学前儿童对常见疾病预防知识的掌握情况。在课堂讨论环节,教师发现幼儿能够正确说出一些常见疾病的名称(如感冒、流感、手足口病等),但对于疾病的预防方法(如勤洗手、多通风、接种疫苗等)的表述不够全面和准确。在"预防感冒"情景模拟活动中,部分幼儿能够正确演示洗手的步骤和方法,但仍有部分幼儿存在操作不规范的情况。

(二) 行为改变

评价幼儿学习效果的第二个维度是幼儿是否形成了积极、稳定的健康行为习惯,评价的核心在于观察幼儿是否将在课程中学到的健康知识真正内化并转化为日常生活中的实际行动。这体现在多个方面。例如:能否规律作息,保证充足睡眠;能否形成均衡、适量的饮食习惯,减少挑食、偏食;能否积极参与户外运动和体育锻炼;能否自觉保持个人卫生等。关键的评价指标是这些行为改变的稳定性和持续性。我们需要观察幼儿的行为改善是长期、主动的,而非仅在课程进行期间或依赖于教师、家长的持续提醒和监督下才短暂出现。行为的持续改善是衡量健康教育实效性的黄金标准。

案例 8-11

在"运动锻炼"课程结束后,教师和家长共同使用行为记录法对学前儿童的行为改变情况进行评估。通过记录幼儿每天的运动时间,发现幼儿在课程期间的运动时间明显增加,大部分幼儿能够积极参与幼儿园组织的户外活动,每天的运动时间达到了 1 小时以上。但在课程结束后的一段时间内,部分幼儿的运动时间有所减少,需要教师和家长的提醒和鼓励才能继续保持运动习惯。

(三) 兴趣培养

评价幼儿学习效果的第三个维度是幼儿是否对健康主题产生内在兴趣和探索欲望,这也是其长期发展的动力源泉。有效的健康教育应能点燃幼儿的好奇心,使他们乐于参与各类健康活动,并在活动中表现出专注、投入和愉悦。更深入的评价应关注幼儿在课程之外的延伸表现。例如:是否会在课后主动翻阅健康主题的绘本,提出相关的疑问?是否会自发地与同伴或家人分享学到的健康知识?是否表现出对探索身体奥秘、了解健康生活的持续热情?这种主动、持久的兴趣,而非仅仅在课堂情境下被激发的短暂兴奋,标志着健康教育成功植入了积极的学习动机,为幼儿未来持续关注自身健康奠定了基础。

案例 8-12

在"心理健康"课程中,教师通过观察法发现学前儿童在课堂上表现出了浓厚的兴趣。在"情绪故事创作"活动中,幼儿积极参与,发挥自己的想象力和创造力,创作出了许多有趣的情绪故事。在课后,部分幼儿主动向教师借阅关于情绪管理的绘本,继续探索情绪相关的知识。这说明幼儿对心理健康课程产生了浓厚的兴趣,并能够主动延伸学习。

四、 课程资源利用情况评价

(一) 资源丰富性

资源丰富性是指课程中使用了丰富多样的课程资源,如教材、教具、多媒体资源、图书、游戏材料等,以满足学前儿童在健康教育学习中的不同需求和兴趣;课程资源能够涵盖健康教育的各个方面,如饮食健康、运动锻炼、心理健康、疾病预防等,为学前儿童提供了全面的学习支持。

案例 8-13

在"健康饮食"课程中,教师使用了丰富的课程资源,包括教材、食物模型、多媒体课件、健康饮食绘本、水果沙拉制作工具等。这些资源涵盖了健康饮食知识的讲解、食物的直观展示、实践操作等多个方面,为学前儿童提供了全面的学习支持。在教学过程中,教师能够根据教学内容灵活运用这些资源,如:在讲解食物营养成分时,通过食物模型和多媒体课件进行展示;在实践操作环节,让幼儿使用水果沙拉制作工具进行实际操作。幼儿对这些丰富的课程资源表现出浓厚的兴趣,积极参与各种活动。

(二) 资源适用性

资源适用性是指课程资源适合学前儿童的年龄特点和认知水平,以学前儿童能够理解和接受的方式呈现健康知识和信息;课程资源与教学内容和教学目标相匹配,能够有效地支持教学活动的开展,帮助学前儿童更好地理解和掌握健康知识。

案例 8-14

在"心理健康"课程中,教师使用的教材和绘本内容生动形象,语言简洁易懂,符合学前儿童的认知水平。绘本中的故事和插图能够吸引学前儿童的注意力,帮助他们理解情绪的产生和调节方法。在教学过程中,教师通过多媒体课件展示了一些简单的表情图片和动画视频,这些资源与教学内容紧密相关,有效地支持了教学活动的开展。幼儿在使用这些资源时表现出良好的理解和接受能力,能够积极参与课堂讨论和活动,正确表达自己的情绪和感受。

(三) 资源更新性

资源更新性是指课程资源能够及时更新,引入最新的健康知识和研究成果,保持内容的时效性和新颖性,以适应健康教育领域不断发展的需求和学前儿童不断变化的兴趣。

案例 8-15

在"安全自护"课程中,教师使用的宣传海报和图片内容及时更新,包含了最新的安全自护知识和技能,如规范的火灾逃生方法、交通安全的新规定等。这些更新的资源能够帮助学前儿童了解最新的安全自护信息,提高他们的安全意识和自护能力。同时,教师还通过多媒体课件展示了一些最新的安全自护视频,这些视频内容生动形象,能够吸引学前儿童的注意力,使其更好地理解和掌握安全自护知识。

通过以上对学前儿童健康教育课程的评价,可以全面、客观地了解课程的质量和效果,为课程的改进和优化提供科学依据。

模块小结

本模块围绕学前儿童健康教育评价展开,强调通过科学的评价手段全面了解幼儿在健康教育中的表现,包括知识掌握、行为习惯养成、心理发展等多个方面。评价不仅是监测幼儿健康发展的工具,更是优化教育内容、提升教育质量的重要依据。

评价内容涵盖幼儿身体健康、心理健康、社交健康、生活习惯和安全意识等多个维度,同时对健康教育课程的目标、内容、教师教学方法、幼儿学习效果以及课程资源利用情况进行全面评估。评价标准可参考官方文件或经过验证的量表,确保评价的科学性和客观性。

在评价实施过程中,强调评价主体的多元化,包括幼儿、教师、家长和管理者,通过多种方法(如观察法、问卷法、测试法等)收集数据,并通过科学的分析方法处理数据,以确保评价结果的准确性和有效性。

评价结果的反馈是评价过程的重要环节,通过向家长、教师和管理者反馈评价结果,可以增强家长对教育者的信任,提升教师的专业素养,优化课程设计,从而形成家园共育的良好氛围,共同推动学前儿童的健康发展。

总之,学前儿童健康教育评价是一个系统、动态的过程,通过科学的评价设计、实施和反馈,能够有效提升学前儿童的健康水平,促进其全面发展。

岗课赛证

一、单选题

1. 现场评价幼儿园教育活动最重要的依据是( )。
   A. 教具丰富性 　　　　　　　　B. 教育方法多样化
   C. 幼儿的表现 　　　　　　　　D. 教育过程有序性

2. 教育评价的主要目的是( )。
   A. 对教师考核 　　　　　　　　B. 对幼儿排名
   C. 促进幼儿发展 　　　　　　　D. 评估设施

3. 评价婴幼儿游戏参与度主要考查( )。
   A. 社交能力 　　　　　　　　　B. 认知发展
   C. 情感表达 　　　　　　　　　D. 兴趣持久性

4. 学前儿童健康发展评价内容不包括( )。
   A. 儿童社交健康 　　　　　　　B. 家长收入水平
   C. 生活习惯 　　　　　　　　　D. 心理健康

5. 最适宜评价幼儿洗手习惯的方法是(　　)。
    A. 检核表
    B. 标准化测试
    C. 问卷调查
    D. 体能测量

6. 家长参与健康评价的最佳方式是(　　)。
    A. 替代教师观察
    B. 填写家庭行为问卷
    C. 制定课程目标
    D. 管理幼儿园资源

7. 质性数据处理的核心步骤是(　　)。
    A. 数据清洗
    B. 均值计算
    C. 分类编码
    D. 模型预测

8. 评价报告中"改进措施"应依据(　　)。
    A. 教师主观意见
    B. 家长需求
    C. 评价结果分析
    D. 管理便利性

9. 亲子活动设计需重点考虑(　　)。
    A. 幼儿园场地大小
    B. 活动道具成本
    C. 教师个人偏好
    D. 家长学习目标

10. 评价反馈后,关键跟踪机制是(　　)。
    A. 调整后续教育计划
    B. 存档报告
    C. 奖励教师
    D. 公开排名

二、实训题

1. 为幼儿园"情绪周专题活动"(模块一案例 1-4)设计评价方案,要求包含评价目的、评价方法、评价工具、家长参与方式。

2. 基于以下数据撰写评价反馈报告片段,明确主要问题,并设计家园合作建议。
    观察记录:30％的幼儿在冲突时仍哭闹,60％能用语言表达情绪。
    家长问卷:40％的家庭未开展情绪话题讨论。